ここから はじまる 国語教室

達富洋二 編著

ひつじ書房

まえがき

国語科教育に求められていることは何でしょうか。

「言葉を教える」ということはもちろんです。しかし、記号としての言葉を教えるだけではなく、言葉の世界に生きる人を育てること、児童生徒が言葉を楽しみ、異なる考えや資質・能力をもった個人による相互のやりとりでコミュニティの関係をひらき、生涯にわたって言葉としなやかに生きていくことができるようにすること、これが国語科教育に期待されていることなのです。

では、教室で教えるとはどういうことなのでしょうか。教師の期待する正解を見つけさせるための教師の問い（発問）に反応できるようにするだけでは、本当の意味で、児童生徒の言葉の力を育成したことにはならないように思います。発問に依存した授業とは、記号としての言語の操作のしかたを教えているに過ぎないからです。

国語科教育は、「言葉を操作できること」だけを目的にしているのではなく、言葉の獲得（習得）と活用（習熟）を往還しながら、生涯、言葉の学びを楽しみ、人間関係をひらいていくことができるように「言葉の学び手として成長できること」を目指さなければならないのではないでしょうか。言葉を操作できるように教え、そして、操作できるようになったことをつないで役立つように生かし、言葉の学び手として成長していくように教えることが必要です。どちらかだけではなく、互いに高まっていくように教え、活用していけるようにしたいものです。

そのためには、「言語活動」を通して学ぶことが効果的です。

児童生徒は、記号としての言語を学びつつ、課題として目の前にある言語活動を自分のこととして捉えます。そして、1つのプロジェクトを成し遂げるように、自ら問いを立て、その解決に向かって学びを進めていくのです。言葉の単独の機能を知ることだけではなく、言葉を使ってどのように課題を探求していけるか、どのように人とつながっていけるかを学ぶのです。このようなプロジェクト型の活動を基盤とした学習こそが、これからの学際的な学びの中での「国語の学習」であり、役に立つ言葉を育てることだと考えられます。

もちろん学ぶための時間や環境、材料、行為を調えることも必要です。チャイムによって細切れにされた45分程度の短時間に行うドリルのようなプリントをこなすだけで活動が深まるはずはありません。教師の都合による輪切りにされた時間設定ではなく、「単元」という時間や内容のひとまとまりの中で児童生徒が学び浸ることが必要です。「単元」とは、「子どもの要求・必要感・関心傾向をとらえ、指導の目当て、目的などをめぐって、価値ある経験を組織した一連の学習の総体」(東京都青年国語研究会 1994)のことであり、1つのプロジェクトは、まさに「単元」として展開され、そのプロジェクトの具体的な課題こそが「言語活動」なのです。

児童生徒は、言語活動を通して《私の問い》を立て、その解決に向けて主体的に学びをデザインしていきます。だからこそ、教師は、言葉で考え、言葉で解決し、言葉でつながっていくことを実現する価値ある言語活動を設定する必要があるのです。児童生徒よりも言葉の学びを長く経験してきた教師が自分の知っていることだけを教えようとするのではなく、児童生徒の言語活動を通した学びの中で、教師が児童生徒の問いとその解決につき合い、一緒に言葉を学ぶことを楽しむことで、児童生徒は、誰もが言葉の学び手であることを実感し、自分も言葉の学び手として成長することを楽しむ「国語の授業」になるのです。今こそ、このような言葉の学びが必要なのです。

本書の各章では、まず私に届いた書簡(国語教室についての質問)を紹介しています。そして往復書簡の返信としてその質問についての私の考えを示しています。第1章から第15章では、授業改善を図った実践も紹介しています。実践は、はじめに書簡をくれた質問者のものもあれば、他の教師が行ったものもあります。第22章では、これまで個々の教師の経験に委ねられてきた「学習指導案」の立て方について検討しています。第23章は、学校長と教育委員会指導主事からのメッセージで、「言語活動を通して学ぶこと」に見られる成果の紹介と考察です。

さあ、本書で一緒に学んでいきましょう。言葉を使うことを通して言葉の力と人を育てる「国語教室」がここからはじまります。

目　次

第１章　「目標と年間計画」からはじめる

今日は、学習の年間計画について教えてください。

今年度より校内研究の教科が国語科になり、国語科の授業づくりに励んでいます。授業づくりにあたって、私が大切にしたいと思っていることは、それぞれの単元の「目標」です。日頃から国語の授業を通して「力のつく授業をしたい」、「目標をもって学習に取り組んでほしい」と考えています。そこで、「目標」を明確にするよう、職員一同取り組んでいるのですが、困ったことがあります。今更という気もしますが、それは、国語の授業のそれぞれの目標と年間計画をどのように決めていけばよいのかということです。

授業を考えるにあたって、教科書や指導書を参考にしています。授業研究をすればするほど、その単元で学んでほしいこと、教えたいこと、気付いてほしいこと、考えてほしいことがたくさん見えてきます。そうすると、1つの単元に3つも4つも目標ができてしまいます。これでは、何を目標にしてよいのか私たち教師も、子どもたちも分からないことになると思い、目標はなるべく1つか2つにするようにしました。そうは言ったものの、やはり教えたいことがたくさんあり、何を目標にしてよいのか、そしてそれらをどのように配列して年間計画としていいかわからなくなってしまいました。

書店に行き国語科に関する教育書をいろいろと読みあさりました。国語科の実践が紹介されている書籍を読むと、物語の学習指導の例では、学年を問わず、「心情理解」の目標や発問が書かれていることが多く、「登場人物の心情を理解すること」が大切であると考えるようになりました。

しかし、そうなると、年間を通して、どの授業でも心情理解が目標になってしまいます。実際、私の国語科の授業では、心情理解ばかりに偏り、他の力が付け足しのようになってしまっています。これでは、いけないと思いつつも、毎日の授業を準備する忙しさに追われ、結局、心情理解の目標や発問を並べてしまい改善することができていません。どうすることもできず、思い切って質問をさせていただきました。

子どもたちが国語の力を確実につけていく単元の目標は、どのように設定すればいいですか。ぜひ、教えてください。よろしくお願いいたします。

佐賀県 佐賀市立若楠小学校　古賀 太一朗

1. 単元の目標や年間計画はどのように決めればいいのでしょうか

単元の目標や年間計画は、自分勝手に作成するのではなく、学校教育目標の実現のために、学習指導要領の目標と内容をふまえて決めるのです。学習指導要領を正しく理解し、教科書を参考にして目標を設定し、年間計画を立てるのが現実的です。

登場人物の心情を想像させたいという教師の都合で目標を立ててしまうと、年間を通して設定する目標に偏りができ、指導しなければならない内容のすべてを扱うことができなくなるかもしれません。文部科学省のホームページには次のように示されています。

https://www.mext.go.jp/a_menu/shotou/new-cs/idea/1304372.htm
全国のどの地域で教育を受けても、一定の水準の教育を受けられるようにするため、文部科学省では、学校教育法等に基づき、各学校で教育課程(カリキュラム)を編成する際の基準を定めています。これを「学習指導要領」といいます。

小学校国語科の目標や内容は2カ年間分まとめて、中学校は1年ごとに示されています。〔知識及び技能〕と〔思考力、判断力、表現力等〕を合わせると、指導事項の内容はかなりの量になります。児童生徒がそのすべてを学習できるように配列したものが年間指導計画です。

教師が1人で白紙から年間指導計画を作成しようとすることは素晴らしいことですが、単元で目標とする指導事項の設定に偏りができたり、扱えない内容が残ったりしてはいけません。教科書や年間指導計画は、すべての内容を網羅し、学習を効果的に進めることができるように作成されていますから、この年間指導計画を大いに参考にしつつ、常に学習指導要領に戻って確認を行い、それぞれの学級の状況や教師の意図と責任によって修正と工夫を加えながら進めていくのが現実的です。

2. 日本中どこでも同じ授業をすることになるのですか

学習指導要領に準拠しても、授業は、学校教育目標の実現に向けて、その学級の児童生徒と教師とでつくるものですから独自のものになります。学習指導要領では、指導する内容は明確に示されていますが、指導方法は決められていません。言語活動についても例示であって、学級の傾向や言語活動歴、教師の指導の意図によって修正したり独自のものを設定したりします。

日本中、児童生徒の様子は同じではなく、教師もそれぞれに指導観をもっているわけですから、授業が同じになることはありません。学級の児童生徒が成長できる指導法を創意工夫して開発することが大事です。

同じ教科書を使用しても、教科書を教えるのではなく、教科書で教えるわけですから、学び方や教え方はそれぞれの教室で独自のものになります。同じ目標を設定しても、その目標を達成するまでの過程はそのクラスのよさがあふれたものになります。文部科学省の同ページには以下のような説明があります。

> 各学校では、学習指導要領や年間の標準授業時数等をふまえ、地域や学校の実態に応じて、教育課程(カリキュラム)を編成しています。

私たちは、学習指導要領に準拠して作られた教科書や年間指導計画に基づき、必要に応じて、それを修正して教育課程を編成するのです。このことは、教科書の目次の通りに作品や題材をこなすだけの授業を行うということではありません。常に、学習指導要領に示された資質・能力を育成することを目指した学習を実現するために教科書や年間指導計画を活用するということです。そういった意味でも、質の高い教科書が求められるのです。

3.「単元の目標」はどのように設定するのですか

> 単元の目標とは、単元で育成を目指す資質・能力のことで、〔知識及び技能〕、〔思考力、判断力、表現力等〕〔学びに向かう力、人間性等〕の３観点で設定します。

〔知識及び技能〕と〔思考力、判断力、表現力等〕の目標は、学習指導要領の〔知識及び技能〕、〔思考力、判断力、表現力等〕の指導事項から選んで設定します。

〔学びに向かう力、人間性等〕の目標は、すべての単元で学習指導要領の当該学年の目標を単元の目標とします。『「指導と評価の一体化」のための学習評価に関する資料』(文部科学省　国立教育政策研究所　教育課程研究センター、2020)には次のように示されています。

> 〔学びに向かう力、人間性等〕の目標については、いずれの単元においても当該学年の目標である「言葉がもつよさ～思いや考えを伝え合おうとする。」までを示す(小学校)。「言葉がもつ価値～思いや考えを伝え合おうとする。」までを示す(中学校)。

4. 教科書に複数の目標が示されている場合はどのようにすればいいですか

教科書や年間指導計画の通りに設定することを基本としますが、指導の偏りや漏れがないことを確認した上で、指導の効果を高めるために目標に重み付けをすることがあります。

教科書や年間指導計画には、取り上げる指導事項(目標)を、◎印、○印、・印などで区別して示してあることが多いです。例を挙げて考えてみましょう。(イ)や(エ)は、学習指導要領の指導事項に付けられた項目番号です。

例　小学校6学年(4月)の「読むこと」の単元では、(イ)と(エ)に◎印がついて、単元の重点目標として設定されています。

この単元では、(イ)【構造と内容の把握】「登場人物の相互関係や心情などについて、描写を基に捉えること」、(エ)【精査・解釈】「人物像や物語などの全体像を具体的に想像したり、表現の効果を考えたりすること」の2つが目標として設定されています。

教科書や年間指導計画の通りに目標を設定することを基本としますが、教育効果を高めることが期待できる場合は、年間を通して目標とする指導事項の設定に偏りができたり、扱えない内容が残ったりすることがないことを確認した上で、目標に重み付けをすることがあります。

5. 目標の重み付けをするときに気をつけることはどんなことですか

年間を通して目標の設定に偏りや漏れがないよう、十分に確認して重み付けをします。

中学校の場合は、1年間のバランス、小学校の場合は、「第5学年及び第6学年」のように2年間のまとまりのバランスを考えることが必要です。

先ほどの例で考えてみましょう。小学校6学年(4月以降)の物語を扱う単元の年間指導計画は次のようになっています。

例　6学年　4月　(イ)◎　(エ)◎
　　　　　　10月　　　　(エ)○　(オ)◎
　　　　　　3月　　　　(エ)○　(オ)○　(カ)◎

小学校学習指導要領には、物語を扱う単元の指導事項として、(イ)、(エ)、(オ)、(カ)の4つが示されています。しかし、教科書には、物語を扱う単元が3つしかありません。このような場合は、1つの単元で2つ以上の指導事項を扱うことになります。この例では、4月の単元には◎印が2つあり、両方を目標とすることになりますが、ここでは、重み付けをするならどちらが適切か考えてみましょう。

4月の単元で、◎印の(イ)の内容を取り上げ、(エ)は取り上げないことにすると、(エ)は年間を通して1度も◎印としては取り上げないことになります。ただし、10月や3月の単元では(エ)を○印で取り扱うことになっていますから、学習の機会がないわけではありません。一方で、4月の単元で、◎印として(エ)を取り上げ、(イ)を取り上げないことにすると、その後、(イ)は指導事項として扱う機会はありません。

学習機会のバランスという点で考えると、4月の単元では(イ)に重み付けをするのがいいと考えられます。(エ)に重み付けをする機会はありませんが、残りの10月と3月の2度の学習機会で扱うのです。

念のために、前学年(5学年)の年間指導計画も見てみましょう。小学校では2年間のまとまりで目標や内容が設定されているので5年生での学習履歴は、6学年の目標の重み付けをするときの手がかりになります。

例	5学年	4月	(イ)◎	(エ)○		
		9月		(エ)◎	(オ)○	(カ)◎
		3月	(イ)○	(エ)◎	(オ)○	(カ)◎

回数だけで判断はできませんが、5学年では、◎印として、(イ)の内容を1回、(エ)を2回、(カ)を2回学習しています。(オ)と(カ)の内容は、説明文を扱う単元でも学習しています。5学年での学習履歴からも、6学年の4月の単元で(イ)の内容に重点をおく判断は妥当だと考えられます。

6. 指導事項に示された内容の中からさらに内容を絞り込んでもいいのですか

内容を厳選して、目標を明確にすることで学習効果が期待できるときは、指導事項を絞り込むことが効果的です。

学習指導要領の1つの指導事項には複数の内容が含まれています。単元で目標とする指導事項を1つに選んだからといって、その指導事項に含まれている内容のすべてを扱えないこともあるため、扱う作品や題材の特性を考えて内容を絞り込むことは有効なことです。ただし、年間を通して扱わない内容ができないように注意が必要です。

ここでも例を挙げてみましょう。小学校「第５学年及び第６学年」の読むこと(エ)は次のように示されています。

例　人物像や物語などの全体像を具体的に想像したり、表現の効果を考えたりすること。

この指導事項には、「人物像を具体的に想像すること」、「物語などの全体像を具体的に想像すること」、「表現の効果を考えること」が含まれています。これらのすべてを扱える単元もあるでしょうが、内容を精選して絞り込むほうが効果的なこともあります。先ほどの例でいえば、５学年の９月、３月、６学年の４月の目標の◎印は、すべて(エ)ですが(６学年の４月の単元では(イ)に重み付けをしましたが元々は(イ)と(エ)に◎印)、それぞれ内容を絞り込み、５学年の９月の単元では「物語などの全体像を具体的に想像すること」(たずねびと)を、３月の単元では「表現の効果を考えること」(大造じいさんとガン)を、６学年の４月の単元では「人物像を具体的に想像すること」(帰り道)を学習するのにふさわしい作品が教科書には掲載されています。

このように、単元の目標を決定するには、学習指導要領に準拠した教科書や年間指導計画を基本とし、単元における目標の重み付けは、児童生徒の学習履歴と今後の指導計画、扱う作品や題材の特性に合わせて判断するのがいいでしょう。

7.〔知識及び技能〕の目標はどのようにして決定すればいいですか

〔知識及び技能〕の目標についても、教科書や年間指導計画に準じて決定することが基本です。

「漢字」や「語彙」のように、〔知識及び技能〕の指導事項がそのまま目標になっている単元(小単元)は、その通りに指導すればいいのですが、〔知識及び技能〕の指導事項が〔思考力・判断力・表現力等〕の言語活動に含まれている単元は注意が必要です。教師の意識が言語活動に向きがちになるため、評価のタイミングを見逃してしまうことがあるからです。

また、何らかの事情で、言語活動を変更する場合は、新しく設定した言語活動でも、その〔知識及び技能〕の目標を設定できるかどうかの点検が必要です。例えば、〔思考力、判断力、表現力等〕の目標達成のために「音読劇をする」という言語活動を通した学習で、そこに〔知識及び技能〕の指導事項である「音読、朗読」を設定しているような場合です。事情があって言語活動を「音読劇をする」から「音読の工夫を書く」に変更したとします。この場合、「音読の工夫を書く」言語活動の中で、十分な音読の学習の機会がないのであれば、この単元での〔知識及び技能〕の目標として「音読、朗読」を設定することは適切ではありません。「音読の工夫を書く」言語活動であれば、登場人物の行動を表す言葉を集めるという「語彙」の学習のほうが充実するでしょう。このようなときは、〔知識及び技能〕の目標を「音読、朗読」から「語彙」に変更するのがいいでしょう。「音読、朗読」は別の機会に設定することになります。

8. 教科書通りに進めるというのは教師として受け身ではないのでしょうか

教科書の目次の通りに作品や題材をこなすだけの授業を行うのであれば受け身です。学習指導要領に示された資質・能力を育成することを目指した学習を実現するために教科書を活用することは、教師として受け身であることや、指導法研究の手を抜くことではありません。

教科書通りの言語活動ではなく、斬新な言語活動を設定しなければならないと考えることもあるでしょうが、教科書通りに単元づくりを進めることが基本です。学習指導要領に示された資質・能力を育成することを目指した学習を実現するために教科書や年間指導計画を基本とすることで、細かな単元づくりや指導の手立ての準備に力を入れることができます。

ただし、教科書通りといっても、学校教育目標の実現に向けて教育課程を編成したり、学級の傾向や学習履歴などを考えて学習の最適化を図ったりしようとすると、少なからず修正したり工夫をしたりすることになります。その結果、教科書の言語活動とは違ったものになっていくことがあります、それこそが学級の傾向に応じた創意工夫なのです。

研究会で知った言語活動を真似したくなることや、書籍に載っているものを参考にすることは研究熱心なことですが、言語活動の型の模倣だけでは目指す資質・能力の育成につながらないことがあります。目標の精選や言語活動の属性の理解などについては、学級の傾向に合わせた調整をすることを前提として教科書通りに行うことが基本です。担任や担当者として目の前の児童生徒の「できるようになりたいのです」の声を聞き、教えなければならないことを丁寧に教え、真正な評価につながる記録を残すことなどを中心に授業改善を行うことが大事です。教えるということは、できるようにすることですから、教えすぎることなどありません。「教科書で教える」ことを全うすることはとても意味のあることなのです。

9. 何度も同じ指導事項を扱うのは定着が目的なのですか

その資質・能力を定着させることはもちろんですが、その資質・能力とその周辺の資質・能力をつないで活用していけるようになることも目指しています。

小学校第1学年の年間指導計画の説明文を読む単元を例に考えてみましょう。説明文を読む学習は、1年間に4つの単元があり、目標は次のように設定されています。ここでは、それぞれの単元をABCDとします。設定されている指導事項は(ア)と(ウ)と(カ)です。

(ア)時間的な順序や事柄の順序などを考えながら、内容の大体を捉えること。

(ウ)文章の中の重要な語や文を考えて選び出すこと。

例　1学年	6月	単元A	(ア)◎	(ウ)○	
	9月	単元B	(ア)○	(ウ)◎	
	11月	単元C	(ア)◎	(ウ)○	
	2月	単元D	(ア)○	(ウ)◎	(カ)○

指導事項(ア)は、単元Aと単元Cで◎印になっていますが、単元Aと単元Cにおける(ア)の扱い方は同じでしょうか。単元Cは(ア)の学習としては2度目ですが、単元Aでの学習内容の反復と定着だけが目的ではありません。

単元Aは、入学後、はじめての説明文を読む学習です。何の学習履歴もない児童が(ア)の内容を学ぶのです。しかし、単元Cの学習をする児童は、既に(ア)と(ウ)を1度ずつ学習しています。1度目の(ア)の学習を活用できる状態での2度目の(ア)の学習です。しかも、その間に(ウ)の学習もしていますから、(ウ)の学習経験をはたらかせた学習にもなります。単元Aでの(ア)の学習と単元Cでの(ア)の学習は同じでないのです。

このように考えると、年間指導計画通りに単元A→B→Cとしたときの

「単元Cの学習」と、仮に、単元Bと単元Cを行う順序を変え、単元A→C→Bとしたときの「単元Cの学習」とが、同じではないことも分かります。A(ア)→C(ア)→B(ウ)の「単元Cの学習」は、2度目の(ア)の学習ですが、(ウ)の学習の経験はありません。しかし、A(ア)→B(ウ)→C(ア)の「単元Cでの学習」は、(ア)と(ウ)の学習を1度ずつ経験した上での2度目の(ア)の学習です。当然、単元Cを学習する時点での「できること」は異なります。これまでの学習の蓄積の上に今からの学習があるのです。

年間指導計画は、学習をつないでいくものとして編成します。教師は、1つの単元において教育効果を高めるために目標に重み付けをすることがありますが、その単元を断片化して扱うのではなく、常に、年間指導計画を意識し、これまでの学習経験(学習履歴)を生かし、他の単元で学習した資質・能力とつなぐことができるように指導しなければならないのです。

児童生徒のこれまでの学びを蓄積し、今からの学習はこの蓄積された資質・能力を活用する学習として計画するのです。反復することで定着を目指すとともに、活用していくことが大切です。児童生徒は習得するとともに習熟していくのです。

〔知識及び技能〕の指導計画にも留意が必要です。「言葉の特徴や使い方に関する事項」や「話や文章に含まれている情報の扱い方に関する事項」は、どの単元においても指導可能です。それだけに評価が疎かになることがあります。それぞれの事項について指導計画と評価計画を立てておく必要があります。

「我が国の言語文化に関する事項」の「伝統的な言語文化」は、教科書の単元として位置づけられていることが多いので、年間指導計画の通りに進めるといいでしょう。「書写」は、授業時数にも留意する。とともに、言語活動としての書写を位置づけ、単元学習の中の書写学習を充実させることが必要です(第20章参照)。「読書」は、年間を通した読書指導計画(読書生活計画)を作成し、日常的な読書生活を定着させることが効果的です。

■実践　読むこと(オ)文章の内容と自分の体験とを結び付けて、感想をもつこと。：小学校第２学年

日々の授業づくりで大切にしていることは、単元での「目標」を明確にすることです。この目標は学習指導要領を基に、決めるようにしています。そこで気をつけていることは、目標を必要以上に欲張らないこと、年間で履修する指導事項に偏りや漏れを出さないこと、そして、何よりも目の前の子どもたちに必要な力を付けるための学習であることです。教師が「目標」を明確にした授業づくりをしていくことで、子どもたちは何を学ぶかをはっきりと見通し、自分自身の学びを自覚していきました。

さらに、国語の力のつく授業にしていくために、今は、１つの単元のことだけを考えるのではなく、１年間を見通し、どの単元でどのような国語の力を身につけるのかの年間指導計画を作成することからはじめています。学習指導要領と教科書を見比べながら、どのような資質・能力を育てる単元なのかを明らかにし、単元と単元を繋いでいく計画を立てるのです。

ただ、このように「力のつく授業づくり」を進めていくと、「１人１人が学べる単元とは」「子どもの問いをどう見取り、どう学びに活かしていくことが良いのか」など、教師としての問いが次々と生まれています。

単元づくりは、その単元のみで考えてしまいがちですが、１年間の国語教室での学びを見通すことで、単元と単元が繋がっていきます。単元と単元が繋がるということは学びが連続していくことです。長期的な視点で子どもたちの学びを見通すことは、今、目の前にいる子どもたちの学びを見取ることと同じくらい大切な教師の仕事だと感じています。

①　育成を図る資質・能力と言語活動／学習材「あなのやくわり」東京書籍

この単元では、「文章の内容と自分の知識や経験を結びつけて、感想をもつ」ことを目標とし、「これから考えたら面白そうな【？】をテーマにした感想文を書く」言語活動を設定します。具体的には、説明文「あなのやくわり」を読んで、内容と自分の知識や経験を結びつけながら、生まれた疑問を感想文として書く活動です。

この単元の目標は「文章の内容と自分の知識や経験を結びつけて、感想をもつ。」ことです。子どもたちは、１人１人読みの力が異なりますので、同じ文章を読んでも内容の理解にどうしても差が出てしまいます。教師の指導行為によって、内容の理解を個々に深めることはできると考えますが、全ての子どもたちの理解を一定に揃えることはやはり難しいです。文章のどの内容を結びつけるのかを予想したときに、「具体的な内容と結びつける子」から「内容を抽象化して結びつける子」まで様々だと考えました。そこで、ど

の子も取り組めるよう、読み取った内容と知っていることを結びつけ、疑問(ハテナ)をつくっていく言語活動に取り組んでいくことにしました。

1年間を見通したときに、学年末の単元だからこそ、自分の考えの形成に目標を置き、今まで学習した読みの力を発揮させてほしいと考えました。この単元では、自らの読みの力を発揮させ、本で得た知識を自分の知識や経験と結びつけることで、今まで自分の見ていた世界を広げるような経験をしてほしいという願いをもって、学習に取り組みました。

② 学習課題

14ページの学習計画に記載した学習課題を参照してください。

③ 《私の問い》を立てられるようにする教師の仕事

この学習では「自分の知識や経験、感想」にかかわった《私の問い》を立てることが必要です。

この学級の児童は《私の問い》を立てる学習の経験を4月から積んできました。子どもたちとの学習を通して、《私の問い》を立てるために、まずは見通しが必要だと考えました。そこで、言語活動である「これから考えたら面白そうな【?】」を初発の読みの段階でつくりました。初発の読みの段階での言語活動と教師が作成した言語活動モデルとを見比べながら、「できたこと」「まだまだなところ」「もう少し考えたいところ」を考え、学級全体で聴き合いました。《私の問い》は、児童が単元での学びを自らデザインしていくためのものだと考えます。闇雲に《私の問い》を立てるのではなく、学習課題に対する自分の現在地を教師と共に確かめ、自分自身に必要な《私の問い》を立てていきました。

―《私の問い》を立てることを導く教師の語りの例―

・試しの言語活動をやってみて「できたこと」「まだまだなところ」「もう少し考えたいところ」を教えてください。

・今の言語活動がもっと良くなるために必要なことは何ですか。

④ 《私の問い》

はじめに立てた《私の問い》
児童Ａ　分かったことのどの言葉から「？」をつくるか。
児童Ｇ　どの穴とどの穴がつながるか。
児童Ｍ　穴の役割を整理する。どの言葉が大切な言葉か。
更新した《私の問い》
児童Ａ　穴にも意味があるから例えば形にも意味があるか。
児童Ｇ　「外に出すための穴」や「空気を入れる穴」は他にどんな穴があるか。
児童Ｍ　もっとこう、あさい「？」5円玉とつなげたらなんか浅いな。だから、もっと深めるっていうか、まあ「？」はどう深めるか。だね。穴だけじゃなくて、丸とかで他にはないか。
児童Ｓ　昔、穴があったけど、今は、もうその穴はふさがっているものはある？

⑤　言語活動の実際

児童Ａは次ページの言語活動において、「穴には役割があること」を読み取り、「形にも意味があるのではないか」と考えたことを書いています。はじめの《問い》は、説明文のどこに視点を向けて疑問を作るかの《問い》でした。更新した《問い》は、読んで理解した「穴には役割があること」と自分の知識「形」とをつなげようとする《問い》になっています。穴の役割についての具体例よりもまとめに面白さを感じ、学習に取り組んでいる様子を見取ることができます。

児童Ｓは次ページの言語活動において、穴にはあいている理由があることを読み取り、反対にふさがった穴はあるのかという疑問を書いています。自分の知識からふさがった穴を探していましたが、それでは解決しないことに気づき、タブレット端末を使用して調べることにしていました。調べたことをもとに、役割がなくなってもまだ残っている穴はあるのかというさらなる疑問に辿り着きました。

児童は、4月から身に付けてきた国語の力をそれぞれに発揮させていました。1人1人がじっくりと考え、自分の力で言語活動に取り組む姿から、1年間の国語教室での学びを見通すことの大切さを改めて実感することができました。

児童 A の言語活動

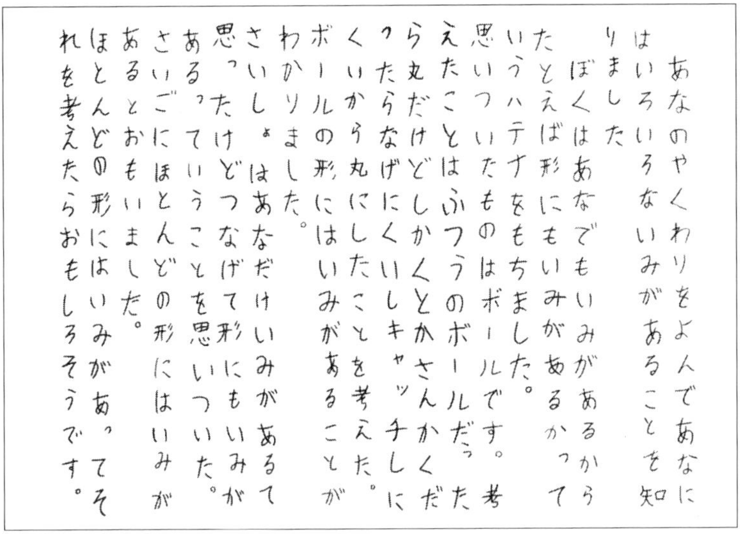
あなのやくわりをよんであなに
はいろいろないみがあることを知
りました
　ぼくはあなでもいみがあるから
たとえば形にもいみがあるかって
いうハテナをもちました。
思いついたものはボールです。考
えたことはふつうのボールだった
ら丸だけどしかくとかさんかくだ
ったらなげにくいしキャッチしに
くいから丸にしたことを考えた。
ボールの形にはいみがあることが
わかりました。
さいしょはあなだけいみがあるて
思ったけどつなげて形にもいみが
あるっていうことを思いついた。
さいごにほとんどの形にはいみが
あるとおもいました。
ほとんどの形にはいみがあってそ
れを考えたらおもしろそうです。

児童 S の言語活動

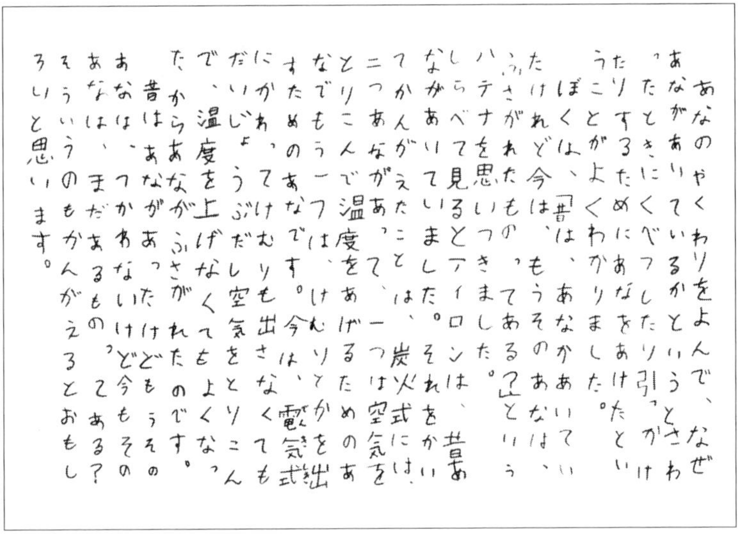
あなのやくわりをよんで、なぜ
あながあいているかというとさわ
ったときにくべつしたり引っかけ
たりするためにあなをあけたとい
うことがよくわかりました。
　ぼくは、「昔」は、あながあいてい
たけれど今は、もうそのあなは、
ふさがれたものってある「?」という
ハテナを思いつきました。
しらべて見るとアイロンは、昔あ
ながあいていました。それをかい
てかんがえたことは、炭火式には
二つあながあって、一つは空気を
とりこんで温度をあげるためのあ
なでもう一つは、けむりとかを出
すためのあなです。今は、電気式
にかわってけむりも出さなくても
だいじょうぶだし空気をとりこん
で、温度を上げなくてもよくなっ
たからあながふさがれたのです。
　昔はあながあったけどもうその
あなは、つかわないけど今もその
あなは、まだあるものってある?
そういうのもかんがえるとおもし
ろいと思います。

⑥　学習計画

単元　本で　せかいを　広げよう　　　　名前（　　　　　　　）

【学しゅうかだい】

学習課題

むすびつけて読むことができるようになる学しゅうをします
そのために、たいせつな　ことばや　文を　えらび、
知っていても知らなくても、
「これから考えたらおもしろそうな【?】」を　つくります。

「知る」
言葉には、物事の内容を表すはたらきがあることに気づく

【学しゅうけい画】　７時間くらい

0　【はじめに】「これまで　できるようになったこと」　と　「今から　できるようになること」　1時間

〇『たんぽぽ』　時間のじゅんじょを　考えて読む。
〇『サツマイモのそだて方』　時間のじゅんじょ　や　ことがらのじゅんじょを　考えて読み、自分のかんそうを　もつ。
〇『ビーバーの大工事』　たいせつな　ことばや　文を　考えて、えらび出す。
〇『あなのやくわり』　知っていることと、むすびつけて読む。

☆今の力で「あなのやくわり」を読んだらなにがわかるかな。　1時間

1　【見とおし】　これから　どんなことを　するのかな。　1時間

> 知っていることと　むすびつけて　読む
>
> 文しょうを　読む　ときは、自分の　知っている　ことや、したことと　むすびつけて　読むことが　大切です。文しょうと　会話するように　読みましょう。

2　【まず、やってみよう】今の力で、「これから考えたらおもしろそうな【?】」をつくる。　3時間
3　【考えどころ】　よりよくするために　どんな《わたしの問い》を　考えたらいいか　聞き合う
①「わたしの　とい」を立てる。
・できたところ・まだまだなところ・もう少し考えたいところを出し合う。
・「おもしろそうな【?】」を　書くために　ひつような　《わたしの問い》を　立てる。
4　【やってみよう】　「これから考えたらおもしろそうな【?】」をつくる。
①　だいじなことばをえらぶ。
②　だいじなことばから広げる。
③　「これから考えたらおもしろそうな【?】」をつくる
5　【ふりかえり・力のたしかめ】　どんな　学習を　してきたかな。　1時間
しけんに　ちょうせんする。

（古賀太一朗／こが・たいちろう）

第２章　「単元づくり」を計画する

質問です。
教職に就いて５年目、長崎で教師をしています。
「国語の授業って楽しいですね！」と言いたいところなのですが、思い描いていた理想の授業と現実の授業の差に、日々頭を悩ませています。
僕が思い描いていた授業は、もっと言葉を吟味したり、読み味わったりしながら、生徒どうしで「こんなふうに考えるほうがいいんじゃないかな」と絶えず対話があふれる国語教室でした。しかし現実は、一部の生徒は静かに学習に取り組むものの、何割かの生徒は「何のためにしているか分からない」と感じながら、とりあえず授業を受けているというような表情です。授業者のこちらがそう思うほどですから、きっと粗末で退屈な授業なんだと思います。生徒が自ら学習に向かうという姿はほとんど見られません。なんとかすべての生徒が全力で学びに向かうように改善したい気持ちでいっぱいです。
そんなときに、「単元学習」というものを先輩方から聞きました。ひとまとまりの学習で、文章を書いたり、話したりという活動を行いながら進めていくものだと知り、「これなら楽しい国語の授業ができるに違いない。」と密かに心躍らせました。
そこで、実際に「単元学習」をつくってみたのですがうまくいきませんでした。中学２年生の「読むこと」の単元で説明文の文章構成を学び、その次の「書くこと」の単元で、学んだ文章構成で意見文を書くというものです。説明文で学んだことを書く活動につないでいるので、うまく運ぶと思ったのですが、そうではありませんでした。何が原因だったのかは、未だによく分かりません。
大村はま先生や甲斐利恵子先生の実践例を、いくつも見せていただきましたが、どれもやってみたいと思えるだけでなく、「これなら確実に国語の力がつけられる」と思える単元ばかりでした。
まだ教師になって日も浅く、授業について分からないことだらけですが、この「単元学習」を勉強して、「国語って楽しい！」と思える授業をしたいです。そのために、「単元づくり」のポイントを教えていただけませんか。よろしくお願いいたします。

長崎県 長崎市立小ヶ倉中学校　桐谷 祥平

10.「単元づくり」とはどのようなことですか

単元づくりとは、目標の達成に向けて単元全体を具体的に構想することです。

①児童生徒の観察と理解、②学習指導要領の精読、③年間指導計画の確認、④単元名の決定、⑤単元の目標の選定、⑥学習課題の設定、⑦学習計画の作成、⑧言語活動モデルの作成、⑨評価規準の設定、⑩単元の総括、などについて事前に構想し、準備しておくことが必要です。

11.「単元づくり」に向けてまず何から取り組めばいいですか

とにかく聞いて、語って、観察して、児童生徒のことをよく知ることです。

現在の様子だけではなく、これまでの学習履歴を知ることも大切です。また、今からどんな成長をしていくのかを想像することも大事なことです。

次の３点については言語化し、記録を蓄積するといいでしょう。

・この学年で育成したい資質・能力についての現状はどうか

・これまでの単元や現在の単元の学習の様子はどうか

・これからの単元のためにどのように準備(下ごしらえ)することが必要か

12. 児童生徒の学習の様子はどのようにして捉えるといいですか

児童生徒の学習の様子は授業中に観察して捉えることが基本です。見たり読んだり、聞いたり語りかけたりして捉えた事実を記録として残すことです。

児童生徒に直接かかわって捉えた事実を記録することです。家庭学習の結果から知ることもありますが、児童生徒が家庭でどのくらいの時間をかけて、どのような姿勢で学習しているか分からないので、参考程度にするのがいいでしょう。

13. 学習指導要領や教科書をどのように活用すればいいですか

学習指導要領を精読することからはじめるのが本来の単元研究ですが、現実的には、教科書を中心に行うことになります。学習指導要領解説を横に置いて教科書を丁寧に読み、指導しなければならないことを正しく捉えることで学習指導要領の内容を深く理解することができます。また、学習指導要領と教科書のつながりを実感できます。

現行の学習指導要領に準拠し、児童生徒の一般的な傾向や社会の情勢をふまえて編集された教科書には安心感と安定感があります。教科書は、児童生徒にとってかけがえのない学習材であるとともに、教師にとっての最良の

「教えるてびき」でもあります。教科書を正確に理解することが単元づくりの基本です。しかし、このことは、教科書の目次通りに作品や題材をこなすだけの授業をするということではありません。単元で言葉の力を育てることを忘れてはいけません。

まず、教科書の編集の方針を正しく理解することです。編集の趣旨を捉えることで、「教科書を教える」ではなく、「教科書で教える」ことができるようになります。教科書が身近なものになります。

次に、児童生徒が使う教科書の全体像を捉えましょう。目次に示されている指導事項を見ながら、その都度、学習指導要領解説国語編の該当する指導事項のページを確認するのです。そして、教科書の各単元を開き、タイトルには何が書かれているか、学習のてびきはどのように構成されているか、評価はどのように示されているか、コラムでは何が取り上げられているか、巻末にはどのような資料が載せられているかなど、教科書編集の工夫を捉えましょう。単元づくりに大いに役立ちます。

14. 教科書の年間指導計画はどのように使えばいいですか

年間指導計画は単元づくりの基底となるものです。年間指導計画と学習指導要領の各学年の指導事項とを重ね、目標がどのように配列されているか確認することが必要です。

限られた授業時数の中で、どの指導事項がどの単元に設定されているのか、重点化されている指導事項はどれか、繰り返して設定されているのはどれか、複合単元ではどの指導事項がどのように扱われているのかなど、指導事項の各単元への配置を知っておくことで、年間の単元を関連付けて指導することができます。

15. 単元名は何をもとにして作ればいいのですか

単元での目標や言語活動をもとにして作ります。

教科書では、その単元での目標(指導事項)と言語活動を組み合わせて単元名にしてあることが多いです。言語活動を変更する場合は教科書の単元名と合わなくなるため、単元名も修正が必要です。単元名は、児童生徒にとって分かりやすく、興味をもって楽しめるようなものがいいでしょう。

16. 単元の目標はどのように決定するのですか

学習指導要領の指導事項から選んで設定します。教科書もそのように編集してありますから、基本的には、教科書通りの目標にするのがいいでしょう。

教科書に示されている単元とその目標の配列は、すべての指導事項を網羅するように綿密かつ周到に編集されたものです。私たちが単元をつくるたびに目標を選んでいては、扱う指導事項に偏りが出たり、扱うことがないままになったりするかもしれません。単元の目標は、教科書に設定してある通りに進めていくことが現実的です。

教科書では２つの領域を合わせて複合単元として設定していることがあります。複合させることで可能になる学習効果があるからこそ、複合単元化されているのです。例えば、「読むこと・書くこと」の複合単元であれば、先行する「読むこと」の単元において、目的を意識して、中心となる語や文を見付けて要約することができるようになったことを生かして、続く「書くこと」の単元で、書く内容の中心を明確にし、内容のまとまりで段落を作ったり、段落相互の関係に注意したりして、文章の構成を考えて説明文を書くことができる(「読むこと」の単元での作品が「書くこと」の単元での言語活動モデルとして活用できる)ようになる効果が期待されます。

児童生徒にも複合単元の意図は説明しますが、一連の学習を進めているとどうしても一方の領域の色が濃くなってしまうことがあります。そこで、必要に応じて、複合単元の目標はそのままで、複合単元を「効果的に関連して連続する２つの小単元」として考え、それぞれにめあて(学習課題)を設定するのです。めあてを分けることで、児童生徒も取り組みやすくなるようです。教師にとっても領域ごとの評価が明確になります。もちろん、複合のよさが損なわれないようにする必要があります。

このようにして目標を設定しますが、目標だけを児童生徒に示しても学びは立ち上がりません。すべての児童生徒が切実性をもって課題に取り組むことができるようにするには、単元を通しためあて(学習課題)の設定が必要です。

17. 学習課題はどのように設定すればいいのですか

学習課題とは、単元を通しためあてのことですから、この単元の目標(どんなことができるようになる学習なのか)と言語活動(どのような学習活動をする学習なのか)を示すことが必要です。また、児童生徒が主体的な学びをデザインできるように、思考の手立てである思考操作(どのように考えて進めるのか)も加えて構成します。

まず、年間指導計画にそって新規、あるいは繰り返して育成する資質・能力を「明解な指導事項」として選んで提示します。

次に、その資質・能力を育成できる「学びがいのある言語活動」を学びの場として提供します。言語活動は、学習として成立しないような安易な活動ではなく、粘り強く取り組むことができ、その過程で学習を調整しながら学びをデザインできる活動をその単元で扱う作品や題材の特性と重ねて設定します。

そして、この単元では何について、どのような考え方で、どこまでを目指してどのように考えるのかという思考の手立てである思考操作を具体的に提案します。「具体的な思考操作」は比べる、選ぶ、結び付ける、などの思考行為動詞によって示します。

このような3つの内容を合わせた単元のめあては、「これからどのような言語活動を行うのか。そのことを通してどのようなことができるようになるのか。そのためにはどのような思考の手立てが効果的なのか。」ということを文章化したものであり、児童生徒が単元を通して常に意識し、主体的に取り組んでいくための課題ですから学習課題と呼ぶのです。

18. 学習計画はどのようにして作るのですか

学習計画とは、学習指導案の「指導と評価の計画(単元の計画)」の「学習活動」の欄に記載した内容を中心に、学習の全体像が分かるように作ります。

学習計画は、全6時間の単元であれば、6時間分の学習の流れを1枚の表にして作成します。学習活動の流れに加えて、単元名、学習課題、学習履歴、学習を進めるにあたって参考になることがらなどで構成し、児童生徒が単元の全体像を捉えられるようにします。必要に応じて児童生徒が修正したり書き加えたりすることもあります。

19. 言語活動モデルとはどのようなものですか

言語活動モデルは、児童生徒が言語活動の進め方や完成をイメージできるもの、具体的な見通しをもてるもの、《私の問い》を立てるときの手がかりになるものです。

言語活動モデルとは、児童生徒が言語活動を行うときに学びのてびきとするものです。「どのようなことをするのか」がイメージできる活動のモデルと、「どのように思考するのか」の見通しになる思考のモデルのはたらきをするものです。活動モデルだけでは、スタイルをまねしただけの「形式のコピー」で終わってしまいます。しっかりと考えて、自分の考えや自分らしさを表現した「意味の創造」を実現するものだからこそ、《私の問い》を立てるときの手がかりになるのです。

単元を通して、常に手元に置いて活用できるものでなければなりません。

20. 評価はどのように計画すればいいですか

単元の評価規準は単元の目標と一体化させて設定します。評価規準を設定することだけではなく、いつ、どのような方法で評価するか、その評価をどのように活用するかを具体化しておくことが大事です。教師にとっての「評価」のタイミングは、児童生徒にとっての「がんばりどき」なのです。

いつ、どのような学びの事実を評価するのかを児童生徒に知らせると、児童生徒が評価を気にしてのびのびと学習できないと心配する声があります。しかし、児童生徒には教師に評価してもらいたい「がんばりどき」があるはずです。教師が行う評価は、児童生徒のマイナスをこっそり見つけることではなく、明瞭な規準をもって児童生徒を観察し、「今の学び」を真正に言語化することです。できていないことをできるようにすることや、できていることをもっとできるようにすることの手がかりでもあるのです。教師の評価のタイミングは、まさに児童生徒の「がんばりどき」なのです。

21. 自分が指導した単元の総括はどのようにすればいいですか

単元づくりをはじめたときから、単元の活用題の評価を終えたときまでの「教えたことの事実(教室の事実)」をライフヒストリーとして記述しておくことが大切です。

単元づくりを繰り返すことで、教師の単元づくりの力量は高まっていきます。教師としての日々の実践は、同じ道ですが毎日が新しい道です。日々の新しさを言語化して蓄積するからこそ、次の新しさが見えてくるのです。自分は何を望まれてこの単元づくりを行ったのか、児童生徒は教師の声をどのように受けて個別の学びをデザインしたのか、その教室の事実を言語化しておくのです。教師は単元づくりの小さな歴史を自分の成長として可視化することを忘れてはいけません。

■実践 読むこと(ウ)目的に応じて、文章と図表などを結び付けるなどして必要な情報を見付けたり、論の進め方について考えたりすること。
書くこと(エ)引用したり、図表やグラフなどを用いたりして、自分の考えが伝わるように書き表し方を工夫すること。：小学校第6学年

「主発問は何にしよう…。そうなると補助発問は？」子どもを正解に誘導し、決められた授業時数の中できちんと授業を完結することばかりを考えていました。他教科の授業時数や学校行事等との兼ね合いもあるため、国語科の授業時数だけを大幅に増やすわけにはいかないのです。そうなると、効率よく指導目標を習得させるには、発問に頼るしかありませんでした。

しかし、発問に頼るということは教師主導の授業、つまり子どもたちの主体性が育ちにくいということに気づきました。そこで今では、学習指導要領や年間指導計画に沿いながら、指導目標や子どもたちに身に付けさせる資質・能力を明確にした単元づくりを行っています。単元のめあて(学習課題)を教師と子どもが共通理解し、身に付けた資質・能力を活用しながら子どもが主体的に取り組める言語活動を設定することが大切です。

ただ、「子どもが主体的に学びを深めていく単元づくり」を進めていくと、「どのような言語活動を設定すれば、身に付けた資質・能力を生かしながら子どもが主体的に取り組めるか」「評価はどこでどのように行うか」「子ども主体の授業の中で教師の出番はどこか」など、教師側の新たな《私の問い》が生まれました。

教師の発問型授業ではなく、教師の工夫と子どもの主体的な学びによって創り上げられていく授業だからこそ、教師も子どもも日々主体的に学びを深められることが、次第に楽しみへと変わっていきます。

① 育成を図る資質・能力と言語活動／学習材「『鳥獣戯画』を読む」光村図書

この単元では、「筆者の考えや論の進め方、筆者の表現の工夫を捉えること」を目標とし、「筆者のスゴ技を紹介する『高畑勲ポップ』作り」を言語活動として設定します。具体的には、論の展開、表現、絵の示し方など各項目の工夫の効果について書く活動、さらに総括として筆者のスゴ技をまとめた【だからスゴイ！】を書く活動を通して、筆者の表現の工夫に価値付けをするだけでなく、ポップ形式にまとめることで筆者の表現の工夫をわかりやすく整理し、活用につなげることを目指しました。

見つけた筆者の表現の工夫や効果をわかりやすくまとめるという言語活動を通して、実際の書く活動においても見つけた工夫や効果を使いたいという思いを高め、見つけたスキルを活用していくことにつなげていくことが大切です。そこで単元びらきでは、教師が別の筆者のスゴ技について書きまとめたものを示したところ、児童は筆者の書く技術に高い価値を見いだし、読みを深めながら筆者の表現の工夫をわかりやすくまとめていきました。

② 学習課題

25ページの学習計画に記載した学習課題を参照してください。

③ 《私の問い》を立てられるようにする教師の仕事

この学習では、「筆者の表現の工夫(筆者のスゴ技)」を見つけられる《私の問い》を立てることが必要です。

《私の問い》を立てさせる際に私が最も心がけていることは、自分が得たい答えを想起させ、その答えを得るにはどのような問いにすればよいかを考えさせることです。学級には、問いを立てることが苦手な児童もいるため、全員が《私の問い》を立てることができるよう、まずは小グループで思いついた問いを出し合い、共有する時間を取りました。グループ内で共有した問いを参考に《私の問い》を立てても良いとすることで、得意不得意に関わらず、全員が《私の問い》を立てることができます。

《私の問い》を立てたら、ICT端末を活用して《私の問い》を投稿し、全員の《私の問い》を瞬時に学級全体で共有できるようにすることで、「どのような問いがあるのか」や「誰がどんな問いを立てているのか」などを把握することができます。編集することも可能ですので、「筆者の表現の工夫を捉えることができるような《私の問い》になっているか」をグループや学級全体で検討し、文末に着目しながら《私の問い》を修正させました。そうすることで、全員が目的に合った《私の問い》を立てることができました。

―《私の問い》を立てることを導く教師の語りの例―

・最も詳しく知りたい筆者の工夫を、キーワードとして入れましょう。
・考えた《私の問い》だとどんな答えが得られるかを考え、文末に着目して、問いを整えましょう。

④ 《私の問い》

はじめに立てた《私の問い》
児童Ａ 筆者が絵巻物のことや歴史を詳しく説明していることには、どのような意図があるのだろうか。
児童Ｂ 筆者が「漫画の祖」や「アニメの祖」も交えて説明していたのには、どのような効果があるのだろうか。
児童Ｊ つながっている絵を分けて、重ねて提示しているのには、どのような効果があるのだろうか。
児童Ｋ 筆者が「～ごらん」などの読者に誘いかけるような表現を使ったのには、どのような意図や効果があるのだろうか。
更新した《私の問い》
児童Ａ 筆者が使った「～だろうか」や「めくってごらん」などの工夫した言葉には、どのような効果があるのだろうか。
児童Ｂ 筆者が、鳥獣戯画の絵を分けて、さらに重ねて提示したのには、どのような効果があるのだろうか。
児童Ｊ 漫画やアニメなどのことを出しながら絵巻物の説明をすることには、どのような効果があるのだろうか。
児童Ｋ 筆者が、絵を分けて重ねて提示したのには、どのような効果があるのだろうか。

⑤ 言語活動の実際

児童Ｋが、最初に見つけた工夫は、読み手に語りかけるような文章の書き方だったので、はじめの≪問い≫では、文章の書き方に関する問いを立て、解決に向かいました。しかし、読みを深めていったり、友達と意見交換をしたりするにつれ、絵の提示の仕方や、論の進め方にも工夫があることに気づきました。そこで、更新した≪問い≫では、絵の提示の仕方に関する問いを立てて解決しました。解決後はさらに、論の展開に関する問いを立て解決するといった、≪問い≫の解決と≪問い≫の更新を幾度か繰り返しました。そうしたことで、筆者の様々な表現の工夫を見いだすことができ、筆者のスゴ技を総括した【だからスゴイ！】を書く言語活動では、筆者の表現の工夫を多様な視点からまとめていくことができ、より充実した言語活動へつながっていることが分かります。

児童の言語活動例

高畑勲さんのスゴ技紹介！　【だからスゴイ！】

小学六年生　児童K

『鳥獣戯画』を読む」を読んで、絵巻物について家族に教えたいと思った。そう思えたのは、筆者の様々な表現の工夫にあった。

特に、読者に語りかけるような表現をたくさん使うことや、漫画やアニメを用いながら絵巻物の特徴を説明していくことで、『鳥獣戯画絵巻物』をより身近なものに感じることができた。また、本来は一枚の絵巻物であるにも関わらず、その絵を分けたり重ねたりして提示することで、絵が動いているように見え、場面の移り変わりを確認しながら読むことができた。

筆者の表現の工夫があったからこそ、『鳥獣戯画絵巻物』を身近なものに感じさせ、絵巻物のおもしろさや素晴らしさを家族に伝えたいと思えたのだ。

高畑勲さんのスゴ技紹介！　【だからスゴイ！】

小学六年生　児童J

「『鳥獣戯画』を読む」を読むと、絵巻物は大切にされなければならないという気持ちになった。それは、筆者の表現の工夫にあった。

読み手を引き込み、興味がわくような文の始まり方や、絵が動いて見えるような出し方をすることで、絵巻物に関心をもちながら作品を読むことができた。また、私たちにより身近な漫画やアニメと関連づけて絵巻物について説明をすることで、説得力が増し、納得しながら読み進められた。

筆者の表現の工夫があったからこそ、絵巻物が素晴らしい物であることを感じさせ、次の世代に伝えていくために、自分たちも絵巻物を大切にしていきたいという気持ちになれたのだと思う。

⑥ 学習計画

単元　筆者の表現の工夫をとらえ、スゴ技を『高畑勲ポップ』で伝えよう！

学習課題

この単元では、筆者の表現の工夫をとらえることができるようになる学習をします。そのために、筆者の表現の工夫がある場合と無い場合を比較して読み、筆者のスゴ技を紹介する『高畑勲ポップ』を作ります。

［知る］話や文章の構成や展開に注意して読み、種類やその特徴について理解すること。

1時間

【学習計画】八時間くらい

1　単元の見通しをもつ。

これまで	文章以外の資料を用いた効果を考えながら読む。
今から	筆者の考えと資料や言葉の使い方の工夫をとらえる。

2　「『鳥獣戯画』を読む」を読んで、筆者の工夫を見つける。
・・・一人で・グループで・みんなで

・論の進め方や筆者の考えをとらえる。
・「『鳥獣戯画』を読む」から、自分の見方を読者に伝えるための筆者の工夫を見つける。
（論の進め方、表現の仕方、絵の出し方など）

2時間

たいせつ **筆者の考えと表現の工夫をとらえる**

●筆者の伝えたいことと、絵などの資料の使い方との関わりを考えて読む。
●取り上げたものの、どこに目を向けて、どのような言葉で説明や評価をしているかをとらえる。

3　《私の問い》を立てる。・・・一人で・グループで
※筆者の表現の工夫の効果をとらえることにつながる問いを立てよう。

1時間

4　《私の問い》を解決し、筆者の工夫の効果をとらえる。・・・一人で・グループで・みんなで
・《私の問い》を解決し、筆者の工夫の効果をとらえる。
・筆者の表現の工夫がある場合と無い場合を比較して読むことで、工夫の効果を考える。
・見つけた筆者の表現の工夫をグループで共有し、様々な視点から工夫をとらえる。

2時間

5　『高畑勲ポップ』を書く。・・・一人で
・筆者がどのような工夫をしていたかが伝わるように書く。
・筆者の表現の工夫には、どのような効果があるかをわかりやすく書く。
・友達と読み合って、よりよい表現にしたり、誤字がないかを確認したりする。

1時間

6　まとめ・・・みんなで
・単元と作品のふり返りをする。
・「一枚に書く」を書く。

1時間

7　力を確かめる（試験）

（六年生「『鳥獣戯画』を読む」思C（1）ウ）

（上戸亜紀／かみと・あき）

■実践　読むこと（ア）文章全体と部分との関係に注意しながら、主張と例示との関係や登場人物の設定の仕方などを捉えること。：中学校第２学年

国語教師として勤めて五年、特に教材研究が大事だと思い込み、きちんと取り組んだ上で私が作り上げたものは、教師の都合だらけの授業でした。もちろん、子ども達が主体的に学ぶ姿からは程遠いものでした。

単元づくりの考え方を学び始めて、教材研究はあくまでも国語教師の１つの仕事に過ぎないことに気づきました。子ども達のこれまでの学習履歴を把握した上で、今から行う単元ではどんな力を身につけていくのかを吟味する。その力を身につけるために、この教材でどのような言語活動を行うか精査する。単元中の子どもの姿を想像して、評価の仕方を明文化し、単元終了後に別の教材で作成した適用題を設定する。そこまでの見通しがついたら、単元に必要な語彙を洗い出し、事前に指導する。それから…といったように、単元に入るまでの国語教師の準備は、教材研究だけに留まらないことがわかります。

単元づくりを勉強すると、自分の授業の粗さに気づきます。「学習課題の伝え方が甘かった。」「《私の問い》の立てさせ方は、こっちのアプローチがよかったかもしれない。」のように、単元を進めていく中でも、単元を終えてからも課題は常に山積しています。

単元づくりは、子どもの「これまで」を把握し、そして「今から」を見通すことが必要です。そんな大変さを伴う単元づくりだからこそ、教師が子どもとともに考え続けていける、子どもとともに成長していける大きな喜びがあるのだと思っています。そしてそんな授業だからこそ、毎時間新しい発見であふれているのだと思います。

①　育成を図る資質・能力と言語活動／学習材「クラスメイツ〈前期〉〈後期〉」

この単元では、「物語の設定を捉えて読むことができる。」ことを目標とし、「『クラスメイツ』の作り方の冊子を作成する」言語活動を設定します。「クラスメイツ」とは、森絵都さんが書かれた、中学１年生１学級24人がそれぞれの視点で捉えた中学校生活を語る、２冊24章から成る物語です。その２冊を何度も読みかえして考えなければ、物語の設定や設定の意味を捉えることが難しい作品です。この単元では、生徒１人１人が「クラスメイツ〈前期〉」「クラスメイツ〈後期〉」をまるごと読み、その本で設定されている登場人物や場面を捉え、その設定の意味を考えながら、どのようにその本が作られているかを対話形式でまとめる活動を行いました。

対話形式は、著者である森絵都さんと生徒の対話の形式をとり、生徒が、

2冊の本を読んで捉えた設定や設定の意味を問いかけ、森絵都さんがそれに答えるという想定の対話を書く中で、生徒達は「物語の設定を捉える力」を身につけていきました。

単元に入るまでに2冊を読み通し、「登場人物の設定」「場面の設定」に関わる気づきをノートに書き留めておくことを課題としました。意欲的な生徒は、ホッチキス留めした20枚ものノートいっぱいに、人物相関図を書いたり、些細な疑問をメモしたりしていました。単元に本格的に入る前から、大きな手応えを感じました。

② 学習課題

30ページの学習計画に記載した学習課題を参照してください。

③ 《私の問い》を立てられるようにする教師の仕事

この学習では「場面や登場人物の設定」にかかわった《私の問い》を立てることが必要です。

この学級の生徒は《私の問い》を立てる学習の経験はありましたが、教科書教材ではなく、2冊の本を教材にして取り組むという慣れない形でしたので、《私の問い》を立てる段階で戸惑いが見られました。そのため、教師が作成した20例ほどの問いを一覧にして示し、どの視点でこの単元の問いを立て始めるとよいかを伝えました。

生徒達は一覧の問いを安易に選び取ることはしませんでした。《私の問い》を立てる段階までに、時間をかけて教材を読み込み、一生懸命考え続けてきた自負、言い換えると少しの「プライド」があったように見えました。問いの例を参考に、生徒1人1人の学びの過程にあった《私の問い》を立てていました。そして、学習の深まりに伴い、《私の問い》を更新しながら、自分が考えなければいけないことを明確にしていました。

―《私の問い》を立てることを導く教師の語りの例―

・2冊を読む中で「設定」に関する些細な気づきは《私の問い》につながります。ノートに書き留めておきます。

・《私の問い》の一覧を配ります。しかし、皆さんのノートに書かれている気づきをもとにすれば、先生が立てた問いよりもはるかに学びが深まる

《私の問い》を立てられるはずです。

④ 《私の問い》

はじめに立てた《私の問い》
生徒A　登場人物の設定の問いを立てるには、どうしたらよいか。
生徒B　どのように考えると、うまく設定を捉えることができるか。
生徒C　話を深掘りしやすい章の立て方はどのようにすればよいか。
生徒D　窓ガラス事件の順番に関して、どのような意図で物語の初めに設定されているのか。
生徒E　人物設定が物語にどのような影響を与えているかを考えるにはどうしたらよいか。
生徒F　私が選んだ場面設定の効果を説明するためには、どこに注目するとよいか。
更新した《私の問い》
生徒A　楓雅が自分では居場所がないと思っているように書かれているが、実際は居場所がある設定になっていることを伝えるにはどうしたらよいか。
生徒D　なぜ客観的な視点と主観的な視点が書かれた人物設定がされているのか。

⑤　言語活動の実際

次ページは、生徒Aが書いた原稿です。大きなサイズの単元だったので、はじめに立てた《私の問い》は、漠然としたものになっていました。しかし更新した《私の問い》を見ると、学習が進むにつれて、自分の考えなければならないことが明確になっていることがわかります。この立てた問いを解決すべく、生徒Aは20枚の束ねたノートに書き留めておいた、ちょっと立ち止まって考えたい人物関係や設定に関わる内容を見直しました。その見直しを通して《私の問い》を解決し、右図の2段目「気づいてくれましたか。」から始まる設定の意味を見いだすことができていました。

生徒の言語活動例

〇〇〇・・・本言語活動に取り組んだ中学生
森絵都・・・架空の森絵都さん

〇〇〇…私からは、「クラスメイツ」の里緒の人物設定で疑問があります。里緒がアリスの告白相手は誰なのかと十二人の男子を思い浮かべていく時に、なぜ二人の男子、陸とノムさんを思い出せない人物設定となっているのでしょうか。全員の名前を思い出した設定でも変わらないと思うのですが、どうでしょうか。

森絵都…そうですね…。二人の男子だけ思い出せない人物設定にしたのは、里緒が思い出せない二人は誰なのか、どんな男子なのか読者に興味をもたせるのと、陸とノムさんがクラスで影が薄い存在という事を強調したいと考えたからです。

〇〇〇…それはどういうことですか。

森絵都…里緒が十二人のクラスメイツの顔とイメージを思い浮かべていきます。クラスで目立つ子。お笑い系の子。癒し系の子。ガリ勉の子。そこで、二人を思い出せないのです。陸も自分自身の事を大人しくて目立たない男子といっていたり、タボもノムさんの事を教室にいるかいないかわからないほど地味な存在だといっているところを、里緒が忘れている場面と関係づけると、自他ともに認める程、目立たない存在だという事を印象づけています。陸とノムさんは前期の後半に出てくるので、読者に里緒が思い出せなかった男子二人は誰なのだろう、どういう人物なのだろうと興味をもたせ、ひきこんでいく効果があると考えました。陸とノムさんのように、クラスの中で存在感が薄い子っていいます

よね。そんな現実味も与えられるようにしました。

〇〇〇…二人の人物の影が薄いことを強調していたんですね。その里緒が思い出せなかった男子の一人、陸の章でいうと、陸が虫の「すみわけ」の話を長くすると思うんですが、何か意図があるんですか。

森絵都…それは、陸が「昆虫ってみんながちゃんと縄張りをとりあわないようにちょっとずつちがう場所で共存しているんだ。」という場面ですよね。ただ昆虫の話をさせたかったわけではなく、「すみわけ」の話を不登校である田町にすることに意味があるんです。陸と田町の共通である体が小さいことも昆虫の世界なら有利な条件だと励ましています。里緒やクラスの中では、思い出せないほど地味な存在でも、田町にとっては昔から知っている自然体でいられる幼馴染みなんです。

〇〇〇…田町にとって、ずっと陸は大切な存在なんですね。あと、陸の「すみわけ」の話の場面と楓雅の場面とがつながっている気がしました。

森絵都…気づいてくれましたか。楓雅が「いつの間にかそれぞれが自分の場所をちゃんと確保し、守っている。」といっている場面につながりをもたせました。どこにもおさまれず、ジョーカーみたいにはみだしているという楓雅も、自分では気づいていませんが、クラス委員長決めで久保由佳への一票で、直接ではないけれど、勇気を与えた存在だし、美奈とゆうかの仲直りのきっかけを作ったり、誰にでも自分の居場所があるという所を伝えたかったんです。クラスメイツ二十四人、それぞれ性格も違うけれど、それぞれが生き生きとした個性のある人物像にしたいと思って書きました。

⑥ 学習計画

単元 『クラスメイツ』の作り方 ～ Making of classmates ～

学習課題

この単元では、物語の設定を捉えることができるようになる学習をします。課題は、「人物像を表す描写や関係を表す描写」と「登場する場面」を関係づけながら、「『クラスメイツ』の作り方」の冊子を作成することです。

〔知る〕話や文章の構成や展開について理解を深めること。

【学習計画】6時間くらい

0　本単元までの学習を振り返る（「これまで」と「これから」）　一時間
　これまで　登場人物の設定、表現の効果、登場人物の言動の意味
　今から　「設定」の意味を考える
　人物像…作品全体を通して描かれる、人物の性格や、ものの見方・考え方などの特徴を総合的に捉えたもの。

1　単元の見通しをもつ

学習の窓

人物像に着目する

人物の言動や心情が、場面が展開する中でどう描かれているか、どう変化したかを読み取ることが大切である。

【主】の変化
冒頭　「人の心は、あてにならない。」
↓
結末　「真実とは、決して空虚な妄想ではなかった」

【着眼点の例】
人物の描写・会話
心の中の言葉など

どの場面で、何をきっかけに、どのように変化したのだろう。

2　内容のモデルを見て、見通しを立てる　三時間程度
3　章立てについて、6人で相談をする
　①　設定について考えることができそうな話題を共有する（ペア→全員）
　②　話題の中から、ペアで担当する章を決める。

4　章に関わる、森絵都さんとの対話内容を書く　一時間程度
5　原稿を推敲し合い、清書する（全員→個人）

6　完成した冊子を読み、ふりかえりをする　一時間

・①「走れメロス」を使った活用題で、さらに学びを深める　単元終了後

（桐谷祥平／きりたに・しょうへい）

第３章　「単元びらき」を調える

「単元びらきで大切なこと」について教えてください。子どもたちにより効果的な「単元びらき」ができるようになりたいのです。

「主体的、対話的で深い学び」を実現させるために最も大切なことの１つとして「単元びらき」、つまり、単元の導入があると考えています。「単元びらき」を通して、子どもたちが学んでみたい、この単元を学ぶことには価値がありそうだぞという思いを抱かせることができれば、必然的に「主体的、対話的で深い学び」につながっていくと考えているからです。

「単元びらき」の重要性については、教師であれば、誰もが理解していることと思います。私も、初任者時代から先輩たちに教えてもらいました。これまでの教師生活の中で、子どもたちが必要感を感じることのできる「単元びらき」を意識して取り組んできたつもりです。しかし、私の実践やこれまで目にしてきた実践をふり返った時、以下のような課題が見えてきました。

・「単元びらき」の後、授業を進めるにつれ、意欲が低下してしまうのはどうしてでしょうか。
・「単元びらき」で目指したこととその後の展開がずれてしまうのは何が原因でしょうか。
・見通しが曖昧なため、「単元びらき」の後にもう１時間が必要になるのはどうしてでしょうか。

「単元びらき」で子どもたちに学習の必要感を抱かせるために、様々な手立ての工夫をして授業に臨んでいます。その１時間だけを見ればうまくいったように感じても、その後の単元の展開とのつながりが薄いのです。子どもたちの「主体的、対話的で深い学び」を実現していくためには、「単元びらき」の段階で、学習の価値が分かり、学び方が分かり、自身のゴールの姿が見える必要があると考えます。さらには、「単元びらき」とその後の単元の展開にずれがなく、子どもたちが明確な見通しをもって授業に臨めるようにしていく必要があるはずです。そういった視点で授業を構想するとき、やはり「単元びらき」が重要だと確信するのです。しかし、今の私には具体的な手立てが乏しいのです。

「単元びらきで大切なこと」はどんなことでしょうか。教えてください。子どもたちにより効果的な「単元びらき」ができるようになりたいのです。

長崎県 西海市立西海東小学校　坂本 大地

22. 単元びらきとはどのようなものですか

単元びらきとは、児童生徒が「学習」と出会う時間のことです。「作品との出会い」も大事にしなければなりませんが、「学習との出会い」こそが、単元びらきの目的です。単元びらきとは、学びが立ち上がるときだからです。

単元びらきとは、単元のはじめに、教師と児童生徒が一緒に、学ぶ意欲と憧れと期待を高め、単元の流れを知り、扱う作品や題材と出会い、見通しをもって《問い》を立てることにつないでいこうとする時間のことです。教師が一方的に単元をひらくのではなく、１人１人がそれぞれに、また互いにかかわり合ってひらいていくからこそ、学びが立ち上がるのです。

そのために教師は、この単元で目標とする資質・能力がこれからの生活にどのように役立つのかを分かりやすく述べることが必要です。単元びらきの冒頭に限らず、最適なタイミングで、児童生徒に今からはじまる単元で学ぶことの価値が伝わるように語るのです。「なぜ、国語の勉強をしなければならないのか」「この学習は何の役に立つのか」と思う児童生徒がいます。学ぶ価値を分かりやすく説明するのは教師の仕事です。今までにやったことがない言語活動だから楽しそうという安易な食いつきや、挿絵がマンガだからできそうというのりを誘うのではなく、単元びらきでは、児童生徒の「できるようになりたい」「これまでの経験を生かせばできそうだ」「これからの生活に役に立ちそうだ」という切実性が生まれるようにするのです。《問い》を立てて学びたいという胸の高鳴りを喚起することが大切です。

23. なぜ単元びらきが必要なのですか

児童生徒が見通しをもって学びをデザインしながら粘り強く取り組むことのスタートになるからです。学習課題を自分のこととして捉え、「できるようになりたい」「やってみたい」「できそうだ」「このようにやっていこう」と思い描けるような単元びらきが主体的な学びを実現するのです。

教師の都合による一方的な進め方で今からはじまる単元をスタートさせても、児童生徒が学ぶことに興味や関心をもつことは少ないでしょう。しかし、教室のみんなで単元の扉をひらき、学習のゴールを確認し、《私の問い》を立て、その解決に向けて動きはじめることで、児童生徒は自分が今からの学習の主人公となり、学びをデザインしていこうとするでしょう。

そのためにも、単元がはじまる早い段階で、児童生徒が「今からの単元での学習は何ができるようになる学習なのか」「具体的にどのような活動を行うのか」「これまでの学びを生かしてどのように思考していけばいいのか」を学習課題として確実に理解できるようにしなければなりません。

24. 単元びらきではどのようなことをするのですか

①学習履歴の振り返り、②作品や題材との出会い、③言語活動(言語活動モデル)との出会い、④学習課題の理解、⑤学習計画の修正が中心です。

単元びらきでは教師の語りが重要なはたらきをします。生涯、学び続けることができる人を育成するのですから、最終的には、自分自身で学びをひらくことができるようにならなければならないのですが、そのようになるためにも小学校の低学年では教師が児童とともに丁寧に単元をひらいていくのです。そして、徐々に、児童生徒自身の手で単元をひらいていくことができるよう、いざなっていくことが必要です。はじめのうちは教師のかかわりが大きくて当然です。

単元びらきでは、①児童生徒の学習履歴を振り返るとともに、②作品や題材との出会い、③言語活動(言語活動モデル)との出会い、④学習課題の理解、⑤学習計画の修正を行います。

これらをどの順序で行うかは、領域や単元の目標、児童生徒の言語活動の経験などを考慮して決定します。とりわけ「読むこと」の単元の場合、「②作品との出会い」と「④学習課題との出会い」の順序は、設定する目標によってふさわしさが異なるため、十分に検討する必要があります。

何が先であっても、単元の全体像を教室全体で共有し、すべての児童生徒が学習課題を自分のこととして捉えるようにしなければならないわけですから、丁寧なやりとりを通して単元びらきをしなければなりません。予定以上の時間がかかることがありますが、この過程をいい加減に行うと、単元の見通しをもつことや、学習課題から《私の問い》を立てるときの足場になる学習のかまえをつくることができず、児童生徒にとって、単元が楽しく学びがいのあるものにならなくなってしまいます。教師が計画している学習を児童生徒に押しつけようとするのではなく、教師は、児童生徒の内側におのずと学びの世界が立ち上がり、学習の流れが《私の問い》を立てることに向かうように調えることが必要です。

単元びらきは教師の都合だけで行うものではありません。児童生徒の学習が動きはじめるための時間ですから、目的は、児童生徒が今からはじまる単元に学ぶ意欲と憧れと期待をもつことです。教師の一方的な語りだけで進めることは慎むべきです。

そのためにも、①学習履歴の振り返りが大切です。これまでの児童生徒のこの単元にかかわる資質・能力の育ちを丁寧に把握しておくことが十分でなければ、児童生徒の「できそうだ」という見通しは生まれてこないでしょう。

また、今から取り組む言語活動についても、十分な準備をしておく必要があります。児童生徒のこれまでの言語活動歴の経験を事前に知っておくと単元びらきでの説明が具体的なものになります。余計な説明をすることや必要な解説を漏らすことなく、この単元で必要なことをしっかりと伝えることができます。そのことで児童生徒は、見通しをもちやすくなります。

言語活動モデルを示すことも重要です。具体的な言語活動モデルによって、児童生徒は、⑤学習計画として単元の全体像を把握するとともに、問いを立てることにつないでいくことができるのです。

25. 作品や題材との出会いで注意することはどんなことですか

作品と出会ってから学習課題を提示するか、学習課題の提示と作品との出会いを往還的に行うか、検討する必要があります。

「作品や題材との出会い」と「学習課題との出会い」の順序はしっかりと考えるようにしましょう。まず作品と出会ってから学習課題を提示するか、学習課題の提示と作品との出会いを往還的に行うか、児童生徒の学習履歴や単元の目標、作品の特徴などと関連させて決定する必要があります。

26. まず作品や題材に出会わせることのよさはどんなことですか

作品や題材と素手で出会うことにより、自由な発想の感想が生まれます。ただ、感想が広がりすぎたり、目標から逸れたりすることも少なくありません。

まず作品や題材に出会わせる方法とは、教師が作品を音読するなどして作品に出会わせたあと、児童生徒から作品の感想を集めて単元びらきを行う方法です。「面白かったこと」や「感動したこと」など、はじめの感想を交流し、集約して学級のめあてつくり、学習を進めることがよくあります。矢印で表すと「作品との出会い→学級のめあて(学習課題)」となります。

素朴で感動的な作品との出会いが期待でき、自由な感想や疑問（問い）が集まります。ただし、児童生徒が学習の目標（めあて）を知るのが作品と出会ったあとになるため、感想が広がりすぎていたり、学習の目標からは少し離れた問いをもつことになっていたりすることもあります。

作品との出会いのあと、教師が学級のめあてを示したり、児童生徒と教師とで学級のめあてをつくったりしますが、児童生徒の感想や問いが多岐にわたるため、まとめるのが困難です。結果として、学級のめあてとして取り上げられるのは一部の児童生徒の感想や問いになりがちです。教師は、みんなの考えを取り入れたように構成しようとしますが、すべての児童生徒の思いや考え、問いを全体のめあてに取り入れることは簡単なことではありません。学級全体のめあてと称したものに自分の思いや考え、問いが含まれていないと感じる児童生徒も出てくるでしょう。

学習の目標から逸れた思いや考え、問いをもってしまった児童生徒は、その後、学級全体の目標にそった学習をはじめるときに、再度、作品を読み直すことが必要になります。中学校の「読むこと」で扱う小説などは、一読するのに30分以上の時間を要するものも少なくなく、再読する時間をどのように作るかという新たな問題も出てきます。

27. 学習課題と作品との出会いを往還的に行うことのよさはどんなことですか

今からはじまる学習と感動的に出会うことにより、学びの世界が立ち上がります。ただ、教師としての専門性（単元をつくる力と児童生徒に語る力）を高めることが必要です。

学習課題の提示と作品との出会いを往還的に行う方法とは、必ずしも「作品→学級のめあて（学習課題）」の流れだけで行うのではなく、作品との出会いの前後に学習課題の提示を織り込みながら単元びらきを行う方法です。まず学級全体で児童生徒（自分たち）の学習履歴を振り返ります。そして、自分たちができることを確認することや学習課題の内容について納得できるまで話し合ったり、教師が音読して作品に出会わせたり言語活動モデルを紹介したりすることを行きつ戻りつしながら往還的に単元に入っていく方法です。学習課題にかかわった感想の交流に加えて、学習課題について分かることだけではなく分からないことについて話し合いながら学習を進めることになります。矢印で表すと「作品⇄学習課題」となります。

児童生徒が学習課題についてしっかり話し合い、今からはじまる単元の学習内容や流れを知り、学習課題の解決に向けた「学習のかまえ」をもって作品と出会うわけですから、すべての児童生徒の感想や考えは学習課題に関連しています。

作品との感動的な出会いの前に、学習課題を提示することや児童生徒と一緒に「学習のかまえ」つくるために教師が語ることで児童生徒の感動が薄れ、児童生徒の自由な発想が制限されてしまい、授業が面白くなくなってしまうとの声もあります。しかし、それは杞憂に過ぎません。その原因は学習課題を提示するタイミングにあるのではなく、教師の単元をつくる力と学習課題を提示して説明するときの語る力による問題です。私たちはプロの教師です。児童生徒の学びが立ち上がるように単元をつくる力と語る力を高める努力を厭うはずはありません。

「作品との出会いによる感動」ということについても再考が必要です。〔思考力、判断力、表現力等〕の「読むこと」の学習材として作品と出会うことと、読書するときに自由に選んだ作品に出会うこととは同じではありません。その違いについても児童生徒に教え、今からの単元での学習材(作品)との出会いが充実するようにいざなうことが大切です。児童生徒と一緒に学習のかまえをつくるからこそ、単元びらきにおいて学びが立ち上がるのです。

28. 言語活動(言語活動モデル)との出会わせ方はどのように行うのですか

言語活動モデルとの出会いで大事にしたいことは、児童生徒が「やってみたい」「できそう」「こんなふうに進めていこう」と憧れと見通しをもち、《私の問い》を立てることにつながるようにすることです。

児童生徒にとって、言語活動モデルは活動のゴールです。何よりも「やってみたい」と憧れと見通しをもち、《私の問い》を立てられるような出会いにすることが大事です。

これまでの学習履歴と重ねて「できそう」「こんなふうに進めていこう」と見通しをもつことができるようにするためにも、「言語活動をどのような様式で表現するのか」という活動モデルと「言語活動で何をどのように考えて進めるのか」という思考モデルの両面をもった言語活動モデルを準備することが必要です。

そして、言語活動モデルを詳しく見て分析し、そのように取り組むためには、何について考え、どのように表現すればいいのかという《私の問い》を立てられるようにすることです。

29. 学習課題の理解はどのように行うのですか

児童生徒に学習課題を暗唱させることではなく、学習課題の内容について質問させたり、これまでの学習課題と比べさせたりして、児童生徒が正しく理解できるようにすることです。

学習課題を理解するということは、学習課題の全文を暗唱することではありません。学習課題を見ながらでいいので、学習課題の内容を自分の言葉で言い換える(再構成する)ことができるくらい理解し、今からの学習をどのように進めていこうとしているのか、1人1人が語れることが大事です。それが単元の見通しをもてていることであり、学びをデザインしようとしていることなのです。そのためにも、学習課題は提示するだけではなく、学習課題の内容について学級全体で質問と話し合いを繰り返し、これまでの学習課題と比べたりつないだりして十分に納得できるようにすることが必要です。

30. 学習課題の提示の仕方にはどんな工夫がありますか

学習課題の3フレーズを一括で提示する方法と、各フレーズを分割して提示する方法があります。指導の意図によって適した提示方法を選ぶようにします。

学習課題は「A：明解な指導事項」「B：具体的な思考操作」「C：学びがいのある言語活動」の3つのフレーズで構成します。3フレーズを2文または3文で構成して学習課題を作成するわけですが、指導の意図によって、3フレーズをそのまま提示することもあれば、フレーズを分割し、フレーズごとにタイミングを変えて提示することもあります。

明解な指導事項は、児童生徒にとっての「できるようになること」ですから、「作品や題材・言語活動との出会い」の前に提示すると、読みのかまえ(学習のかまえ)ができます。例えば「作品の展開を踏まえて人物像を捉え、その生き方について考えを深めることができるようになる」というAフレーズ(指導事項)を作品通読の前に知っておくことで、「作品の展開を踏まえてルロイ修道士の人物像を捉える」「ルロイ修道士の生き方について考えを深める」という読みのかまえができるでしょう。ルロイ修道士以外の登場人物について思いを巡らせたり、題名に込められた作者の思いについて推測したり、表現の効果について感想をもったりすることも読書としては楽しいことですが、この単元で重点的に扱う内容ではありません。このようにAフレーズ(指導事項)を先に提示することは、学習のかまえをつくることになり、学習を効果的に進める有効な方法だと考えられます。

Bフレーズ(思考操作)だけを先に提示するということはあまり考えられませんが、小学校の低学年では、まず、Cフレーズ(言語活動)を紹介することで、児童の学習の意欲を高めることができます。言語活動モデルを紹介しながら「このような活動をしよう」と呼びかけることは、児童を学習にいざなうことに効果的です。ただ、その場合でも、のちにAフレーズ(指導事項)やBフレーズ(思考操作)を提示し、「活動あって学びなし」にならないようにすることが大事です。

31. 学習課題の効果的な提示方法にはどのようなことがありますか

学習課題はすべての単元で提示するものですから、年間を通して、同じ形式(フレーズごとに文字の色を決めておく)で作成することが効果的です。

作成した学習課題の掲示物は、単元が終わった後も二次活用することができます。Aフレーズだけを切り取って教室に並べて掲示しておくと、自分たちの「できるようになったこと」を実感できます。Bフレーズを掲示しておくと、他教科で効果的な思考を試すときや、国語の学習課題でBフレーズを自分たちで決めるときの手がかりになります。

32. 学習計画は修正してもいいのですか

単元びらきで紹介する学習計画は、教師が作った原案です。これを児童生徒と一緒に修正していくことが大切です。

修正する必要がないこともありますが、児童生徒が、今からはじまる学習を自分のこととして捉えるために、単元全体の流れを確認し、児童生徒と一緒に修正することはよくあることです。年間指導計画とのかかわりもありますから、むやみに時間数を増やすことはできませんが、必要に応じて時間配分を見直したり、学習の順序を入れ替えたりすることはめずらしいことではありません。

33. 単元びらきのあと児童生徒の意欲が低下するのはどうしてですか

単元びらきのあと、静かな状態になることがあるとすれば、それは児童生徒がまだ単元の全体像がつかめず、見通しが定まっていないためでしょう。

単元の全体像を知り尽くしている教師とはちがい、児童生徒は、そのときはじめて単元について知ったわけですから動き出せないこともあります。

そんなとき、頼りになるのが言語活動モデルです。教師の説明だけでは見通しをもてなくても、具体的な言語活動モデルを見ることで単元の全体像をイメージしやすくなります。どのようなことをするのか、どのように考えていくのかがイメージできる言語活動モデルは児童生徒が見通しをもつための大きな手がかりになります。

言語活動モデルはプリントにして、1人1人に配布することが多いですが、単元びらきでは拡大したものを黒板に掲示したり、電子黒板に映したりして、互いの疑問や考えを出し合って話し合うといいでしょう。分からないことをぶつけ合う時間に児童生徒は学ぶからです。

34. 単元びらきで目指したことがずれていくのはどうしてですか

教師が目指していることと児童生徒の活動にずれを感じるのは、児童生徒の活動が言語活動モデルの形式のコピーになってしまっているときが多いです。言語活動はしているけれども十分に考え切れていないということです。

児童生徒の考えることが作品のある場面に限られたものになりがちになるのは当然のことです。しかし、教師はその作品を通して、汎用的な資質・能力を育成することを目指しています。扱っている作品に限った学習ではなく、どの作品にでも対応できる力を育成したいと願っているのです。

言語活動が形式のコピーになりがちなときこそ、学習課題のAフレーズ(指導事項)の確認とBフレーズ(思考操作)の活用が必要です。「何ができるようになる」学習なのか、そのために「どのような思考の手立て」を活用するのか。1人で点検するのではなく、他者と点検するのがいいでしょう。児童生徒は、互いに相手の活動や相手の思考のしかたを踏み台にするからこそ、気づくことがたくさんあります。

35. 単元びらきが1時間で終わらないのはどうしてですか

内容を整理して簡潔な単元びらきを心がけるのがいいでしょう。

この単元で学習することの価値を語り、児童生徒の学習意欲を高めるとともに学習課題を説明し、作品や題材・言語活動モデルとの出会いをつくり、学習計画を児童生徒と一緒に修正していくわけですから時間はかかります。しかし、児童生徒は長い単元びらきを好みません。作品の通読にかかる時間は別としても、単元での学習を効果的に進めるための単元びらきにすることは絶対ですが、可能な範囲で短くする工夫をすることが必要です。

教師としては、単元びらきにおいて、児童生徒が単元の全体像についてどれくらい理解しているかが気になりますが、実際のところ、児童生徒は、単元の進め方についての細かいことがらについては、言語活動を進めながら分かっていくことが多いようです。単元びらきで教師がすべてを詳細に説明したところで、児童生徒の意識は「まず、はじめたい」「やってみなければ分からない」「分からなくなったらそのときにたずねよう」という感覚で言語活動に向いているのでしょう。何より、児童生徒は長い説明が好きではありません。早く取り掛かりたいと思っている児童生徒に対して、長い単元びらきはむしろ学習意欲を損ねることになります。

36. 単元びらきまでにしておくことはどんなことですか

単元びらきによって単元がはじまるわけですから、単元びらきまでに単元づくりのすべての準備と計画を終えておく必要があります。単元の最終の活用題や試験まで作成してから単元びらきを行うことが基本です。

単元がはじまってから修正しなければならなくなることはよくあることですが、単元びらきまでに単元のすべてを準備しておくことが必要です。

学習計画は単元を進めていく中で軽微な修正を繰り返します。教師が個々の児童生徒やグループに対応したり、児童生徒が《私の問い》を何度も更新したり、グループでの学習が深まったりすることで設定している時間配分を超えることがあるからです。可能な範囲で学習の流れや時間配分を修正することが必要です。

学習課題も必要に応じて修正することがあります。学習課題のAフレーズ（指導事項）を変更することはあり得ませんが、Cフレーズ（言語活動）を児童生徒の学習に沿うように修正したり、Bフレーズ（思考操作）を分かりやすく言い換えたり付け加えたりすることはあります。

評価規準や評価方法を決めないまま単元をはじめることは避けるべきです。評価規準と評価方法が定まっていなければ、折々の指導を点検することができません。結果として、児童生徒への指導のタイミングを逸することになります。評価は、単元の最後に行うものではなく、単元を通して行うものです。また、評価は、児童生徒の学習の結果を見るだけのものではなく、教師の指導の効果はどうか、指導の方法は適切か、児童生徒は学んでいるか、を点検するためのものでもあります。その規準をもたないまま単元を進めていくことはあり得ないことです。

教師の評価の計画については児童生徒にも伝えることが必要です。児童生徒の学習意欲を喚起し、学習計画の見通しを具体化できるような言葉と伝え方で単元びらきにおいてがんばりどころを説明するようにします。

活用題や試験も同様です。単元が終わってから作成すると、どうしても教師が都合よく作成してしまい、内容(指導事項)が偏ってしまいます。指導が十分でなかった内容については、たとえそれが目標としていた重要な指導事項でも活用題や試験問題に取り上げることができないでしょう。そうなると目標と評価がずれてしまいます。あらかじめ活用題や試験問題を作成しておくことで、単元の目標がぶれることなく学習が進むように指導できるのです。真正な評価、適切な活用題や試験は、教師にとっての指導の点検項目です。具体化した点検項目をもたないで単元びらきをすることはできませんし、単元を進めることもできません。

必要な下ごしらえ(第19章参照)をしておくことも忘れてはいけません。

■実践　読むこと(オ)文章を読んで理解したことに基づいて、自分の考えをまとめること。：小学校第６学年

単元びらきは単元全体を支える大切な時間です。より良い単元びらきの在り方を模索していた時、「主体的な学び」の定義が目に留まりました。自分の単元びらきの不十分さに気付かされました。私の実践は「興味・関心を高めること」に留まっていたということです。以降、「主体的な学び」につなぐため、以下の3点を大切にするようになりました。

①見通しをもって学習し、自己の学習活動を振り返って次につなげることができるように、「言語活動モデル」と「学習計画表」を提示すること。

②粘り強く学び続ける子どもの姿を実現するために、これまでの学習とこれからの学習の違いを明確にし、この単元を学ぶことにどのような価値があるのかを説明することで、単元の「学びの価値付け」を行うこと。

③上記2点を確実に達成する単元びらきとなるよう、必ずしも45分完結ではなく、90分で設定するなど、必要に応じて柔軟な時間設定をすること。

「子どもたちがこれまでの学習とは違う新たな学びとの出会いに喜びを感じ、単元を学ぶことの価値を理解し、単元全体の見通しを明確にもって、『できそうだ！』『やりたい！』と思えるようにすること。」これが単元びらきの価値だと気付き、実践し始めています。

しかし、このように「学びの価値付けと明確な見通しをもたせる単元びらき」を進めていくと、「学びの価値を子どもたちに分かりやすく伝えるためにはどうすればよいか」「言語活動モデルや学習計画表をより効果的に提示するためにはどうすればよいか」「学習の見通しを明確にもたせることのできる言語活動モデルや学習計画表にするためには、どうすればよいか」など、教師としての問いが次々と生まれてきています。それらの問いの解決に向けて、試行錯誤する日々です。

単元びらきに求められることは、子どもたちの意欲を高めることに留まらず、単元の価値付けと学びの見通しを明確にもたせることです。そのためには、教師が単元全体を具体的にイメージし、単元終末の子どもたちの姿を思い描き、1人1人の子どもたちの実態と照らし合わせて構成する必要があり、これが教師の仕事の醍醐味だと思っています。

①　育成を図る資質・能力と言語活動／学習材「やまなし」光村図書

この単元では、「文章の内容を捉え、精査・解釈しながら考えたり理解したりしたことを基に、自分の考えをまとめる」ことを目標とし、「作品に対する意見文を書く」言語活動を設定します。具体的には、「やまなし」という作品に出会い、複数回読んでみた中で感じた疑問を私の問い化し、その問いを解決するために読み進め、自分なりに出した答えを書き表す活動です。

自分なりの考えは、勝手な解釈ではありません。叙述を根拠として導き出

された自分なりの考えです。今回の言語活動では、「比べる」と「関連付ける」をキーワードとしました。5月の世界と12月の世界を比べたり、「やまなし」と「イーハトーヴの夢」とを関連付けたりして読ませていくことで、自分なりの考えをもてるようにしました。

また、今回は、自分の中に生じた私の問いを解決するために読み進めさせたのですが、そもそも、その問いが、解決するにふさわしい、値打ちのある問いであるかどうかの吟味も必要です。1秒で解決できるものや一生かかっても解決できないものは問いとして成立しないことを確認して取り組ませていきました。

② 学習課題

46ページの学習計画に記載した学習課題を参照してください。

③ 《私の問い》を立てられるようにする教師の仕事

「やまなし」という作品の特性から、初読の段階の子どもたちにはたくさんの疑問が溢れていました。その疑問を問い化するところから始めていきました。

しかし、ここで求められる≪私の問い≫は、解決する値打ちのあるものでなければいけません。「クラムボンとは何だろう。」のような問いでは意味がありません。まずは、自分の立てた問いが1秒で解決できたり、一生かかっても解決できなかったりしないかという視点での吟味を行わせました。また、学習の手引きには、解決するにふさわしい問いが多々記されていますので、それらを参考にするように助言しました。加えて、子どもたちの問いが、題名に関するもの、5月と12月に関するもの、宮沢賢治の生き方とやまなしの関連性に関するものの3つに分類できたことから、それらをグループ化し、同じグループの友だちとの対話を通して、問いを更新できるようにしました。さらに、学級の28名が立てた問いを一覧化し、毎時間配布することで、次時の自分の問いの参考にできるようにしました。

―《私の問い》を立てることを導く教師の語りの例―

・学習の手引きには色々な問いがあります。その中から、「これは自分の問いに使えそうだ！」と思うものがあれば、取り入れてみましょう。

・問いの一覧表を見てみましょう。友達が立てている問いの中に、明日の自分の問いとして使えるものがあれば、取り入れましょう。
・今立てている問いは、この1時間で必ず解決しなければならないものではありません。時間内で解決できない時には、明日も同じ問いに向き合っていいのですよ。早く解決した時には、1時間の途中でも、新しい問いを立てて取り組んでいきましょう。

④ 《私の問い》

はじめに立てた《私の問い》
児童A　宮沢賢治は、「やまなし」を通して何を伝えたいのだろうか。
児童B　作者はどんな思いでこの物語を書いたのだろうか。
児童C　なぜ5月と12月の世界があるのだろうか。
児童D　なぜ12月にしかでてこない「やまなし」が題名なのだろうか。
更新した《私の問い》
児童A　宮沢賢治が目指した、植物・動物・人間を交えた社会を創りたいという思いが、「やまなし」にどのように表現されているのだろうか。
児童B　イーハトーヴの夢に書かれている宮沢賢治が理想とした世界は、「やまなし」にどのように表現されているのだろうか。
児童C　5月は上からきたものが「かわせみ」。12月は同じように上からきたものが「やまなし」。この違いから、5月と12月の世界で伝えたいことは何なのだろう。
児童D　宮沢賢治が目指した、人間が人間らしい生き方ができる社会と12月で上からきた「やまなし」に込めた意味とはつながっているのだろうか。

⑤　言語活動の実際

児童Aは、単元びらきの際に「宮沢賢治は、『やまなし』を通して何を伝えたいのだろうか」という問いをもちました。その問いの解決のために、宮沢賢治の人生について記してある「イーハトーヴの夢」と「やまなし」とを関連付けて読む必要があることに気付き、宮沢賢治の生き方や人柄、考えについてまとめることから始めました。その過程を経て、「宮沢賢治が目指した、植物・動物・人間を交えた社会を創りたいという思いが、『やまなし』にどのように表現されているのだろうか。」と、問いを更新し、「やまなし」を読む視点を自分なりに絞りこんで言語活動に取り組んでいます。

「やまなし」という物語が動物や植物を通して書かれていること、上からきたものが「カワセミ」と「やまなし」のように対比させて書かれていることなどに着目し、それらと宮沢賢治の人生とを関連付け、次ページのように自分の考えを書き表しています。

≪私の問い≫を更新すること、学習課題で示されたキーワード「比べる」「関連付ける」を思考の手掛かりとすることで、読む視点が焦点化し、学びが深まることを実感させることができた単元となりました。

児童の言語活動例

理由付け（なぜそう考えられるか）	根拠（どこから分かるか）	主張（結論）	問い
【比較したこと】　【関連付けたこと】 「やまなし」と　「やまなし」でおこった事 「イーハトーブの夢」　宮沢賢治さんの人生 僕は、「やまなし」に書かれていることと宮沢さんの人生を関連付けた。宮沢さんの生きていた時代は災害や戦争が起こっていた。その時人々は、恐怖を感じていたことが４の文章から分かる。また「やまなし」では恐怖をカワセミに置き換えていることが２の文章から分かる。 そして、「やまなし」の十二月の場面で、かにがやまなしに喜びを抱いていることが３の文章から分かる。このことから、宮沢さんは、「やまなし」で平和を伝えたかったのだと考える。また、物語を人で作らず動物・植物で作っていることが１の事例から分かる。宮沢さんの時代は、動物などが人間より下に見られていたのではないかと僕は推測している。 これらのことから、ぼくは、宮沢賢治さんは「やまなし」を通して、荒れた社会を平和にしたいという思いと、動物・植物も交えた社会を創りたいという思いを伝えたかったのだと考える。	【注目した文章】 １物語を植物・動物でつくっている事。 ２「カワセミだ」子どものかには、首をすくめて言いました。と恐怖を感じる。 ３「おいしそうだねお父さん」と喜ぶ。 ４津波や洪水、地震と次々に災害にみまわれた年だったという文から、人々が恐怖を感じていた事が分かる。	宮沢賢治は、「やまなし」を通して、平和な世界の大切さと、植物・動物も交えた世界を創りたいということの二つを伝えたかったと考える。	宮沢賢治は、「やまなし」を通して何を伝えたいのだろうか

⑥　学習計画

単元　「これが私の『やまなし』の読み方だ！」発表会をしよう。

名前（　　　　　　　　　　　　　　）

学習課題

　この単元では、「やまなし」や「イーハトーヴの夢」の文章についての自分なりの考えをまとめることができるようになる学習をします。課題は、「五月」と「十二月」の世界を比べたり、「イーハトーヴの夢」から分かる宮沢賢治の人柄と関連付けたりして、「これが私の『やまなし』の読み方だ！」という意見文を書くことです。

［知る］思考に関わる語句の量を増し、話や文章の中で使うとともに、語彙を豊かにすること。

【学習計画】　8時間くらい

1　単元の見通しをもつ（1時間）

（ア）学習課題

（イ）活動のモデル

（ウ）学習計画

（エ）問いを立てる

これまで	自分の考え
今から	理由付けのある自分の考え

たいせつ　**自分の考えをもつために**

・登場人物の心情や場面の様子などを想像し、作品世界を理解することで、自分の考えにつなげることができる。

・必要に応じて、作者について調べたり、作者の他の作品などを参考にしたりする。

（2～7　6時間）

必要に応じて、同じ問いや違う問いを立てた友達と相談する。

2　問いを分類し、自分の問いを決定する。

①問いの一覧表をもとに、問いを仲間分けし、自分の問いを決定する。

②自分の立てた問いに対する解決策を考える。

3　問いに対する主張（結論）を考える。

③「やまなし」や「イーハトーヴの夢」を自分なりに読み深める。

4　主張（結論）につながる【注目した文章】を書きぬく。

④主張（結論）につながりそうな文章をたくさん見つける。

5　自分なりの読み方につながる【比較したこと】、【関連付けたこと】を書く。

⑤モデルを見て書き方を確かめる。

⑥どの場面を比較したり関連付けたりしたのかについて書く。

6　【比較したこと】【関連付けたこと】とつながるように【注目した文章】を選ぶ。

⑦【注目した文章】が、【比較した】文章や【関連付けた】文章の両方から選ばれているかを確かめる。

⑧理由付けにつながるように、【注目した文章】を精選する。

7　【注目した文章】と【比較したこと】、【関連付けたこと】を使って、理由付けを書く。

⑨モデルを見て、書き方を確かめる。

8　「これが私の『やまなし』の読み方だ！」発表会をする。（1時間）

⑩同じ問いを立てた友達の作品を読む。　→　違う問いを立てた友達の作品を読む。

⑪付箋紙に読んだ感想を記入し、友達の作品に貼って、感想を伝える。

（坂本大地／さかもと・だいち）

第4章 「学習計画」を立てる

こんにちは。日々、国語科教師として奮闘しているところですが、単元の学習計画がうまく立てられず悩んでいます。相談に乗ってください。

私は、生徒が一生懸命考えることに楽しさを感じ、学びを深めていってほしいと思っています。単元をはじめるにあたり、「このように授業していこう」「こうやって学習を進めていこう」と学習計画を考えます。もちろん、言語活動を位置づけた単元づくりです。

物語文を読む単元では、このような計画を立てました。1時間目、通読をして、分からない語句やあらすじなどの確認をする。そこから4時間目までは、学級全体で場面ごとに人物の心情を読み取る。5時間目、前の時間までの学びを生かしながら、個人で「物語の続き」を書く(言語活動)。6時間目、全体で作品を交流する。子どもたちは、「物語の続き」を懸命に考え、楽しく書いていました。交流の時間でも、友だちの作品を興味深そうに読み合っていました。

問題は、その前段階の読み取りの時間です。この時間に違和感を覚えるのです。ワークシートで、教科書の内容をなぞりながら、「この時の○○の心情は」という発問に対し、誰かが答える。板書事項をワークシートに書き写す。子どもたちに立ち止まってほしいことを、私が付け加える、といった感じです。これでは、子どもたちの読みの多様性を生かすことなく、子どもたちの考える必然性をなくしてしまっているように思います。もちろん、おさえなければならない知識や考え方はあります。しかし、このようなスタイルの授業では、生徒は存分に自分の力を発揮できていません。それに、言語活動と前の時間までの活動が切り離された学習のように感じられ、一連の学習として単元が進んでいきません。せっかく言語活動があるのに、十分にその活動を生かせていないように思います。言語活動に一生懸命取り組める子どもですから、言語活動を生かしつつ、学習を進めたいです。ですが、言語活動ばかりになると、指導事項を達成できないのではないかと危惧しています。

全員が考え、力を発揮できる、楽しみながら学びを深められる単元にするには、どのように学習計画を立て、授業をしていけばよいのでしょうか。教えてください。

長崎県 大村市立桜が原中学校　田中 裕佳

37. 児童生徒が学習を深めていく学習計画とはどのようなものですか

学習計画を「することのプラン」ではなく、「解決するためのデザイン」にすることです。

学習計画が教師の視座から作成したものである限り、児童生徒にとって、それは教師から与えられた「することのプラン」でしかありません。学習計画は、児童生徒が《私の問い》を立て、それを「解決するためのデザイン」なのですから、児童生徒を「主語」にし、児童生徒が自らの問題意識によって作成したものでなければなりません。

38. 学習計画は誰がつくるのですか

学習計画の原案は、教師が年間指導計画でその単元に配分された時間数を基本にして作成します。児童生徒は、教師とやりとりしながらその案を修正していきます。学級全体の学習計画を作るとともに、1人1人が自分の学びをデザインしていくのです。

単元の学習計画のすべてを児童生徒に作らせようとすることがありますが、それは現実的ではありません。学習指導要領や年間指導計画をもたない児童生徒は、単元の目標や時間数の配当のことを分かっていないからです。はじめて経験する言語活動にどれだけの時間が必要なのか見当もつかないでしょう。単元でどれくらいグループ学習を行うのか、発表会の形式はどのようなものなのかも知りません。ですから、教師が原案を作成し、それを児童生徒と一緒に修正していくのが現実的です。

学習計画を修正する経験を重ね、児童生徒が学習計画の作成にかかわれる部分が多くなれば、教師は作成する原案の完成度を徐々に下げ、児童生徒の発想を取り入れるようにするのです。自分たちで作ったという達成感と責任感が児童生徒の学習意欲を高め、主体的な学習につながります。

学習計画は、すべての児童生徒にとって、単元の全体像が分かり、学習を自分のこととして捉え、《私の問い》を解決していくために役立つ学びのデザインでなければならないのです。

教師は、児童生徒がカスタマイズした学習計画の点検者や許可者ではなく、一緒にデザインしていく共同作成者や支援者、伴走者の立場でかかわるのです。学びのデザインが年間指導計画や学習課題から外れないように、教師が確認しつつ、児童生徒の発想や見通しを尊重して主体的な学びが実現するようにしていくのです。いつでもデザインを修正する柔軟性が必要です。

はじめに教師が示す原案は「みんなの学習計画(することのプラン)」です。児童生徒がカスタマイズしたものは「私の学習計画(学びのデザイン)」です。1人1人の学びのためには、自分の計画が必要であることは言うまでもありません。だからこそ将来的には、自分自身が学習をデザインできるようにならなければならないのです。誰かが計画してくれなければ学習が始まらないというのでは、生涯を通して学び続けることはできないからです。

39. 学習計画を作るときに注意しなければならないことはどんなことですか

学習計画は、指導の都合ではなく、学習課題の解決に向かう学習が実現するように作成することが大事です。1時間ごとに区切った「することのプラン」ではなく、学習課題を解決するための柔軟な「学びのデザイン」なのです。

学習計画に単元内の時間を明記することがありますが、1時間ごとに輪切りにした表記ではなく、活動のまとまりを複数の時間で表記するのが現実的です。例えば、「問いを分類する」1時間、「問いに対する主張を考える」1時間、「主張につながる文を抜き出す」1時間とするなら、これらのまとまりで3時間とするのです。問いを分類することに1時間もかからない児童生徒ともっと時間が必要な児童生徒が混在しているのが学級です。主張を考えるのがはやい児童生徒もいれば、ゆっくり時間をかける児童生徒もいます。予定された1時間の配分に間に合わなかった児童生徒は、積み残したまま次の学習に移るわけではありません。間に合わなかったときは、次の時間に前の時間の続きをするものです。それならば、はじめから時間をまとめて表記しておき、それぞれがまとまった時間の中で自分の見通しを立てればいいのです。

1人1人の児童生徒の学習の進み具合が同じでないことは明らかです。大切なのは、どの児童生徒も学び浸り、この単元での学習をやりきったという達成感を味わうことです。程度の差はあったとしても、誰もが成長することが大事なのです。できることを限定するように1時間ごとの区切りをつけるのではなく、複数の時間の幅で力を出し切れるように設定することが大切です。教師の都合で目安の時間を小刻みにするのではなく、子どもの思考のスピードを見守って柔らかく設定するのです。そうすることで、まとまりの中では学習をうまく進めることができず、細かな目安が必要な児童生徒にも、個別にかかわり、思考のスピードをあげることや学びをデザインする指導に寄り添うことができるのです。

学級の共通の学習計画表は黒板の横に掲示することが多いですが、1人1人の児童生徒にも印刷した学習計画表を配布し、それに1人1人が自分の時間配分の計画やカスタマイズしたことを書き込むようにするのです。これこそが「私の学習計画(学びのデザイン)」です。

活用題や試験は、教師にとっての評価の場であるだけではなく、児童生徒にとっての最後の学びの機会です。学習をつないで活用題や試験に向かうためにも、学習計画にきちんと位置づけることです。

40. 単元内の学びの過程にはどのようなまとまりがありますか

単元内の学習の過程には、「問いにつなぐ過程」「問いを立てる過程」「問いと向き合う過程」「次の学びにつなぐ過程」があります。

単元内の学びの過程は、①単元びらき(問いにつなぐ過程)、②問いを立てる過程、③問いと向き合う過程、④単元のまとめ(次の学びにつなぐ過程)、です。それぞれの過程は連続していますから、区切ることは馴染みませんが、学びのまとまりということで、過程ごとに大まかに時間を配分するといいでしょう。

学習計画表に①、②、③、④の過程を明示する必要はありませんが、教師としては学びの過程のまとまりを意識しておくといいでしょう。言語活動が進むと、学級全体で指導するタイミングが難しくなりますが、まとまりとしての過程と過程のつなぎ目だとタイミングよく全体指導ができるからです。

41. 学習全体における単元びらきのはたらきはどのようなものですか

単元びらきは、学習との出会いの時間であり、《問い》を立てることにつなぐ過程です。児童生徒が《問い》を立てて学びたいという気持ちを高め、見通しをもって学習しようとする意欲を喚起することが大切です。児童生徒が単元の全体像を理解し、単元のはじまりとして心を弾ませることで学びが立ち上がります。

単元びらきでは、学習履歴を振り返るとともに、作品や題材・言語活動(言語活動モデル)との出会い、学習課題の理解と学習計画の修正などを行いますが、必ずしも1時間で行うわけではありません。教師の指導上の意図や単元全体の予定、その他の事情によっては、何回かに分けたり日を改めたりしてもかまいません。1時間もかからないこともあります。

児童生徒とやりとりをしながら学習課題を正しく理解し、すべての児童生徒が単元での学習を自分のこととして捉えられるようにすることが必要です。この過程をいい加減にしておくと、単元を通して考えることを楽しむことができず、学びを深めることもできません。

42.「問いにつなぐ過程」とはどのような過程ですか

「問いにつなぐ過程」とは、すべての児童生徒が《私の問い》を立てられるようになる過程です。

単元びらきを行うには、教師が、児童生徒の学習履歴と学習状況をしっかりと理解しておかなければなりません。その上で、今からの単元での学習に向き合おうとする態度や意欲を養いつつ、言語活動に取り組めるように、児童生徒に学習することの価値や見通しを丁寧に語ることが必要です。この語りによって、児童生徒の「単元での学習」との出会いがかけがえのないものになるとともに、児童生徒はこれから始まる学習に期待をもつでしょう。

また、この語りは、教師から示される学習課題を児童生徒が自分のこととして捉えることができるようになるために不可欠です。児童生徒は、「問いにつなぐ過程」で単元の見通しをもち、学習課題から《私の問い》を立てるときの足場になる学習のかまえをつくるからです。教師の指導計画を押しつけるのではなく、学習の流れが《私の問い》に向かうように、平易平明で楽しくなる語りを心がけましょう。そうすることで、児童生徒の学びの世界が1人1人の内側におのずと立ち上がると考えられるからです。

そのためにも、今からの単元で学習する内容をそのまま問いかけるのではなく(直接的な発問ではなく)、「よく似たことを勉強したことがあるような気がする」「先生の話からいいことを思いついた」「それはどのように進めるといいか」「私はこんなことを考えたいけれどどのようにしていこうか」というように、児童生徒自身がこれまでの学習を振り返ったり、今からの学習に向かっていこうとしたりして、自分自身の問いに向かって動き出すようにいざなうのです。

問いに向かうことは、「読むこと」の学習であれば、作品と出会い、作品に感動し、作品に近づいていくことと考えがちです。しかし、作品との出会いだけが問いに向かって動き出すことではありません。教師が提示する言語活動モデルに興味をもつことや具体的な思考の方法を練習してみることからも児童生徒の学習は動き出します。学習課題との出会いが「問いにつなぐこと」のはじまりなのです。

「よく似たことを勉強したことがあるような気がする」という学習のはじまりは、「これまでやってきたこととどこが似ているのか」が気になりはじめていることであり、「先生の話からいいことを思いついた」は「先生の説明と自分の考えを比べるとどんなことが分かるか」ということです。「それはどのように進めるといいか」や「私はこんなことを考えたいけれどどのようにしていこうか」なども「どのように取り組めば解決できるか」「私の考えたいことはどのように考えると充実するか」という《私の問い》を立てることのきざしであり、「問いにつなぐこと」の入り口なのです。

《私の問い》につなぐ過程を教師だけによる導入(かつての学習指導案に見られた「第1次」という段階)とせず、児童生徒が自分の手で学習計画の紐をほどいていけるような時間にすることが必要なのです。

43. 問いにつなぐ過程は単元びらきからはじまるのですか

「問いにつなぐ過程」とは、《私の問い》を立てるまでの学習過程のことですから、ほぼ、単元びらきと重なります。作品や題材との出会い、言語活動(言語活動モデル)との出会い、学習課題の理解、学習計画の修正もこの過程です。

単元の導入と呼ぶこともありますが、導入という用語はどうしても教師が主体で、教師からの一方的な営みのように感じます。児童生徒を主語とするなら、この時間はまさに「単元をひらく」時間です。

単元びらきで行うことは、本書の第3章に詳述しています。

単元びらきの中心でもある「作品や題材との出会い」は、「読むこと」であれば、作品の概要を知り、作品世界に入る過程です。この時間を感動的に扱いたいと願う教師は多く、児童生徒と作品との出会いを大切にしたいのは私たちの共通した願いです。ただ、作品に感動的に出会うだけではなく、単元の学習に感動的に出会わせたいのも教師の願いです。そのためには、児童生徒が学習課題を正しく理解し、これからの学習の計画を立てたり修正したりすることです。教師は、児童生徒が自ら単元をひらいていくようにこの過程を調えていくことが必要です。「学習課題の理解」と「言語活動(言語活動モデル)との出会い」こそが単元びらきの中心なのです。

44. 「問いを立てる過程」とはどのような過程ですか

「問いを立てる過程」とは、すべての児童生徒が、単元を通して主体的な学びを実現するために《私の問い》を立てる過程です。

教師が問わなければ考えはじめられないようでは、生涯を通して学び続ける人にはなれません。児童生徒の学習履歴は同じではないので、十分な配慮の上に計画的に指導していかなければなりませんが、いずれは1人でも学びをデザインしていくことができる学び手として育っていくように教えていくことが教師の仕事です。そのためには、誰もが、さまざまな場面において自分の問題意識を言語化し、それを解決していこうとする見通しをもてるようになることが必要です。児童生徒が《私の問い》を立て、具体的な解決策をもって解決していこうとするように教えることが教師の仕事なのです。

教育における SDGs の1つは、《私の問い》を立て、その解決策について具体的に言語化できることと言っていいでしょう。

単元びらきを経て、学習する意欲を高めた児童生徒が、学習課題から《私の問い》を立てるこの過程は、単元を通した主体的な学習の出発点であり、学びの世界が立ち上がるための重要な過程なのです。

45. 問いを立てる過程は学級全体で行うのですか

問いを立てる過程において《私の問い》を立てることは、1人でも、グループでも、学級全体でも行います。

実際には、1人で立ててみた《私の問い》をグループで紹介したり、吟味したりします。学級での《私の問い》の交流のあと、再び、1人で《私の問い》を修正し、《私の問い》を決定します。

46. 「問いと向き合う過程」とはどのような過程ですか

「問いと向き合う過程」とは、すべての児童生徒が、単元を通して他者とかかわりながら主体的に《私の問い》を解決していこうとする過程です。

私たち教師は、すべての児童生徒が「できるようになる」ために教えています。「偶然できた」「なぜか分からないけれどできた」ではなく、「このように考えたからできた」と言えるように、考えることや考えて取り組んだことを自覚し、その成果をいつでも再現できることを願っています。

そのためには、教師が分からせるだけではなく、児童生徒が自分で分かるようにならなければなりません。教師が児童生徒の思考をつなぐだけではなく、児童生徒が自分で思考をつなぎ、思考がつながっていくような学びになることが必要です。

それには、答えを知っている教師が問い、答えを知らない児童生徒が考えて正解を見つけ、それを教師が評価するという一連の学習をこなすだけではなく、まだ答えを知らない児童生徒自身が自分に問い、児童生徒が他者と協働的に考えて解決し(解決できなくても)、集団の中でその適切さ(解決できなかったとしても)について確かめ合って学び合う学習に没頭することが必要です。学び合いとは、分かったことの出し合いではなく、他者の分からなさに耳を傾け、他者の解決に付き合っていくことなのです。

児童生徒が自分で思考をつないでいくためには、まず、学習課題を理解し、学習課題の解決に向けて、作品や題材をある程度正しく理解しなければなりません。教師が作品を読ませて理解させるのではなく、児童生徒が理解したくなり、自ら作品を丁寧に読み、解釈しようとしなければならないのです。児童生徒が自分で思考をつないでいく学習、探求する力を発動させる学習こそが、《私の問い》を立ててそれを解決していく学習なのです。

問いと向き合う過程とは、まさに児童生徒が思考し、探求する力を発動させている過程なのです。

47. 問いと向き合う過程は1人1人で進めるのですか

1人で進めることも、他者と協働して取り組むこともあります。問いと向き合う過程がどのように展開するかは教師も予想できないことがあります。児童生徒の主体的な学習は、教師が決めた学習形態だけにとどまらず、それを上回って展開することがあります。

教師が取りまとめようとすると「分かったこと」を交流させようとしますが、本来の対話的な学びとは、「分からないこと」を中心に交流することです。他者の分からなさに耳を傾け、分かりかけてきたことを言葉にし、その解決を推測することが、自身の学びの見通しを見直すきっかけになるのです。誰もが他者の学びを足場にすることで自身の学びを育て、結果として学級の学びが育っていくのです。

48. 単元での学びをつなぐにはどうすればいいですか

今の単元での学びの成果をこの単元だけに閉じ込めないためにも、今の単元の話題に限定された振り返りではなく、資質・能力の育ちについて振り返ることが必要です。

資質・能力の振り返りとは、「どんなことができるようになったか」について振り返ることです。学習課題にかかわった振り返りを「第四の書く(一枚に書く)」に残し、これまでの単元での「第四の書く(一枚に書く)」を読むことで、単元での学びがつながっていることを自覚することができます。「第四の書く」については、本書の第13章に詳述しています。

他者の「第四の書く(一枚に書く)」からも学べることは多いです。

49. 言語活動と教師のおさえたいことの関係はどうするべきですか

教師としてこの単元でおさえたいことは指導事項にかかわるものですから外すことがあってはいけません。一方で、児童生徒が学びたいと感じていても、この単元の目標から外れたものであれば、機会を改めるように指示しなければならないこともあります。教師がおさえたいことを児童生徒がやりたい言語活動にすればいいのです。

「教師のおさえたいこと」が、本当に必要なものなのか、教師の勝手な思い込みによるものなのかを見極めることが必要です。

学習指導要領が改訂されると、教科書に掲載されている同じ作品であっても、設定されている目標が変わることがあります。学習指導要領が改訂されてなくても、数年に1度の教科書改訂によって、教科書の目標は見直されます。それにもかかわらず、教師は、かつて自身が行った作品研究にしがみつき、作品分析の結果を教えようとします。それが単元で目標としている指導事項と合致していればいいのですが、異なる指導事項やそもそも指導事項でないのであれば、それは教師がおさえるべきことではありません。教師の思い込みに過ぎません。

同じように、児童生徒が学びたいと感じていることであっても、この単元での学習として学ぶ価値のあるものかどうかを見極めることが必要です。教師として、児童生徒が興味をもったことを存分にさせたい気持ちはありますが、この単元の時間を使って、本来の目標から逸れたことに取り組ませることで本来の指導事項を扱えないことになってはいけません。改めて機会を設けることになります。

50. 言語活動と前の時間までの活動が切り離されたようになるのはなぜですか

言語活動と前の時間までの活動が切り離されたように感じるのは、言語活動を通した学習になっていないからでしょう。前の時間までは教師の発問による作品の解釈、きょうは児童生徒が進める言語活動、のように活動が輪切りになっているのかもしれません。

言語活動は、単元の終盤のおまけや付録ではありません。また、教師の発問の答えをまとめる時間でもありません。言語活動を通して《私の問い》を解決し、指導事項(学習課題のAフレーズ)の育成を実現するのです。言語活動を通して学びが連続していくのです。

51. 言語活動を通した学習になると指導したいことができないのではないですか

言語活動は単元の目標を達成させるために設定するものですから、言語活動が適切なものであれば、言語活動を通して学習することと教師の指導したいこととは同じになるはずです。言語活動ばかりを行うからといって、指導したいことができなくなることはありません。

単元の目標の達成に役立つ学習課題を設定し、児童生徒が主体的に学習するために「問いにつなぐ過程」「問いを立てる過程」「問いと向き合う過程」を学習計画に位置づけることで、教師が指導しなければならないことはすべて指導できます。教師は単元中の児童生徒の「活動や様子の関与・観察・省察」と「作品や書いたものの把握・精読・分析」を怠らず、個別や全体に対して取り立て指導を含む適切な指導と真正な評価を行い、必要に応じて児童生徒と一緒に学習計画等を修正することです。

仮に、教師の指導したいことが単元の目標とは関係のない内容であるなら、それは教師の都合であり、年間指導計画から逸脱したものです。

52. 学習計画の最後の「単元のまとめ」ではどのようなことをすればいいですか

学習内容のまとめ、学習方法のまとめに加えて、資質・能力の成長のまとめが必要です。この単元でできるようになったことを自覚できるように「第四の書く(一枚に書く)」として書いて蓄積することが効果的です。

単元の総括では学習内容のまとめと、学習方法のまとめに加えて、資質・能力の成長のまとめが必要です。ともすれば児童生徒のまとめは「何を学習したか」「どのように学習したか」だけでとどまってしまいます。「何ができるようになったか」「どのように考えたか」「それを生かしてどんなことをしたか」についても単元のまとめとして言語化させることが大切です。この単元でできるようになった資質・能力や思考操作、学習用語を自覚しているからこそ、これからの単元でもそれを生かし、再現したりさらに発展させたりできるのです。やがて学習用語が日常の語彙になっていきます。

教師が一方的にまとめを板書して、児童生徒はそれを写すだけの総括にならないようにしなければなりません。教師がまとめに役立つ情報を黒板に構造的に残るように板書し、学びの軌跡が見えるノート指導をすることで、児童生徒は自身の力でまとめをすることができるようになるのです。

学習のまとめには「第四の書く」(第13章参照)として1枚に書くことが有効です。学習の軌跡をメタ化して1枚に書いてまとめることで、児童生徒は学びの成果を自覚することができます。そしてそのことが単元での学習をつないでいくことになります。

もちろん、「何を学習したか」「どのように学習したか」についてまとめる必要がないわけではありません。とりわけ「読むこと」の単元では、言語活動を進めていく中で、児童生徒が作品を誤読したり偏って解釈したりしてしまうことがあります。教師は「構造と内容の把握」「精査・解釈」について補ったり訂正したりして、正確に教える必要があります。

いずれにしても、「単元のまとめ」はすべての児童生徒が自分自身を主人公として学んできたことを記述することが大事です。「学習の振り返り」と同様、後味のいいものにしましょう。そのためにも、教師の劇場型授業ではなく、児童生徒を「主語」にした学習計画を立てることが必要なのです。

「教えるということ」は、教師がたくさん伝えることではなく、児童生徒をできるようにすることなのですから、児童生徒をきちんと観察し、教室の声に学び、音のない声も聞くことができるような緊張感の中にも柔らかさとしなやかさのある学習計画を立てたいものです。

■実践　読むこと（エ）場面の様子に着目して、登場人物の行動を具体的に想像すること。：小学校第１学年・小学校第２学年（複式）

複式学級での授業とは、異なる学年の子どもが教室の前と後ろの黒板に向かって背中合わせに座り、「わたり」と「ずらし」と呼ばれる指導方法で進めるしかないと思っていました。

一方の学年で詳しい説明をするなら、その間、他方は自習できる課題に取り組ませる。学習活動をずらし、教師はその間を行ったり来たりしていました。子どもの学びに寄り添っているというよりは、子どもが私の動きを待ってくれていました。子どもの待ち時間が多いということは、子どもの学習時間が減るということです。

単元は教師の「単元びらき」から始まります。子どもが勝手に動き出すことはできません。しかし、単元びらきを経て、教師が立てた単元計画を子どもが理解し、学習計画を楽しみにすれば、子どもは動くことができます。学習計画を大きな紙に示し、全体を眺めることができるようにしておけば、学ぼうとする子どもは指示を待ちません。

子どもが自分自身で学習の進め具合やがんばりどころを工夫（調整）するために単元全体の計画を十分に話しました。人数が少なくても学ぶスピードはそれぞれで異なりますから、粘り強く取り組めるように単元の計画を柔軟に扱いました。

本年度の３人の子ども（１年生２人、２年生１人）は、言語活動を通した学習の流れにも、《私の問い》を立ててその解決に向かう学び方にも慣れ、主体的に学習を進められるようになってきました。この単元では、両学年で単元の目標を「読むこと (1) エ」にそろえ、言語活動もよく似たものにしました。互いの学年が似た活動をしていることで安心感が生まれ、特に１年生が自信をもって授業に取り組むことができました。課題が解決した時や困った時に、子どもの方から、教師席で待っている教師に学習の進捗状況を話しに来るスタイルも、「わたり・ずらし」に頼らない新しい複式学習の在り方として有効だったと考えます。また、両学年の机を向かい合わせにしました。互いが学んでいる姿を共有できるそうで、３人に好評でした。

公開授業研究会では、「子どもたちが問いを解決するために動いている姿が素晴らしい。」「問いを立てることから、１年生でも主体的に学習できるということが素晴らしい。」「複式学習でわたり・ずらしを行うと、子どもたちの活動が止まってしまうことがあるが、今日の授業では子どもたちの思考が止まっていなかった。」「子どもたちを信じて待つことが、子どもの力を伸ばすことにつながる。」など、子どもの学びを実現する学習計画をつくることからはじめることが、子どもが学び浸る時間を実現することだと強く感じました。子どもの学びをデザインする「学習計画」をつくるということこそが、教師の指導計画になることを実感しています。

①　育成を図る資質・能力と言語活動／学習材「くじらぐも・お手紙」光村図書

第１学年では、「場面の様子に着目して、登場人物の行動を具体的に想像

する」ことを目標とし、行動を表す言葉にぴったりの言葉を付け加えて音読する」言語活動を設定します

第2学年では、同じ目標で、〔「　　　。」言いました。〕を詳しく書き換えて音読する」言語活動を設定します。

② 学習課題

61ページ（第1学年）、62ページ（第2学年）の学習計画に記載した学習課題を参照してください。

③ 《私の問い》を立てられるようにする教師の仕事

はじめは教師とみんなで《問い》を集めました。そして、教師が話しながら「楽しく勉強できる問い」に絞っていきました。そしてその中から《私の問い》を選びました。

④ 《私の問い》

【1年生】
はじめに立てた《私の問い》
児童A　どうすれば　こうどうを　あらわすことばに　ぴったりのことばを　つけくわえられるか。
児童B　三のばめん　くじらは、どのように　子どもたちを　おうえんしているのか。
更新した《私の問い》
児童A　二のばめん　「おうい。」とよびました。～　はりきりました。の子どもたちは　どのように　しているのか。
【2年生】
はじめに立てた《私の問い》
児童C　「うん、そうなんだ。」がまくんが言いました。を書きかえるなら、どの言ったこととしたことをむすびつけたら考えられるか。
児童C　「だれも、ぼくに～そのためなのさ。」と言ったことと、ふたりとも、かなしい気分で、げんかんの前にこしを下ろしていました。をつなげると、どんなようすになるか。
更新した《私の問い》
児童C　がまくんやかえるくんの、どの言ったこととしたことをむすびつけると考えられるかな。

⑤　言語活動の実際

思考操作の「つなぐ(1年)」「結びつける(2年)」が、はじめの《問い》では「つけくわえる」「つなげる」として表され、「どのように(1年)」「どの言ったこととしたことをむすびつけると(2年)」と、更新されています。振り返りでは「ぴったりのことば」を見つけられたことが綴られています。

ぴったりのことばをつけくわえたよ(一年)

とうじょうじんぶつのこうどうをおもいうかべることができるようになりました。《私のとい》は、「子どもたちは、くじらの上でどのようにしているのか。」です。

子どもたちやくじらがいろいろなばめんでいったことやしたことをつなげて、ぴったりのことばを見つけました。すると《とい》のこたえがだせました。くじらといっしょにうたをうたっていたとわかりました。

くわしくしただい本をおんどくしました。そしたらいろんなところがわかりやすくなりました。おおさかのいまざとしょう学校のともだちのまえでおんどくげきがせいこうしそうです。

おんどくげきをがんばろう(一年)

このたんげんでは、とうじょうじんぶつのこうどうをおもいうかべることができるようになりました。

じぶんの《とい》は、どうしてくじらはみんなとおなじことをしているのかです。その《とい》のこたえは、「学校がすきだからおなじことをしている」です。

こうどうをあらわすことばにぴったりのことばをつけくわえておんどくをしたらわかりやすくなりました。

音読げきをがんばります(二年)

このたんげんでは、とうじょうじんぶつの行どうをそうぞうすることができるようになる学しゅうをしました。

八つの《とい》のうち、二つえらびました。一つ目は、一のばめん「うんそうなんだ」がまくんがいいました。二つ目は、がまくんがお手紙をもらってどんなことをどんなふうに言ったかです。

その二つの《とい》の答えは、一つ目は、がまくんはさびしそうに言いました。二つ目は、「かえるくんお手紙ありがとう。」です。音読げきもせいこうするといいです。

⑥　学習計画

たんげん　おもいうかべながら　よもう

学しゅうかだい	このたんげんでは、とうじょうじんぶつの　こうどうを　おもいうかべることができるようになる　学しゅうを　します。 　そのために、子どもたちや　くじらが　いろいろなばめんで　いったことやしたことを　つなげて、 　こうどうを　あらわす　ことばに、ぴったりの　ことばを　つけくわえ、おんどくしましょう。	[しる] ことばのまとまりやひびきに　きをつけて　おんどくすること。	これまで　なかみが　わかる いまから　おもいうかべる

【学しゅうけいかく】かじかんくらい　十かつようび（一じかん）

といにつなぐ

1　たんげんの　見とおしを　もつ。　二じかん

① 学しゅうかだい、学しゅうけいかくを　わかる。

② 学しゅうの　モデルを　よむ。

③ 「くじらぐも」のとうじょうじんぶつや　ばめんを　たしかめる。

④ 《わたしのとい》をたてる。

といを立てる

たいせつ　おはなしに　でて　くる　人が、した　ことや　いった　ことを　おもいうかべながら、よみましょう。

一じかん

☆《わたしのとい》の　こたえを　かんがえよう

といとむきあう

3　ばめんごとに「くじらぐも」をよみ、こうどうを　あらわすことばに　ぴったりの　ことばを　つけくわえる。　三じかん

・せんせいと　いっしょに

・ふたりで

・ひとりで

4　おんどくげきの　れんしゅうを　する。　一じかん

5　いずみとしょう学校の　ともだちの　まえで、おんどくげきの　はっぴょうをする。　一じかん

6　たんげんの　ふりかえりをする。　二じかん

・みじかくかく

・ちからを　たしかめる「かつようだい」

（はじめてよむ　おはなしの、こうどうを　あらわす　ことばに

ぴったりの　ことばを　つけくわえる）

たんげん　そうぞうしながら　読もう

学習かだい	このたんげんでは、とうじょう人物の　行動やようすを　そうぞうしながら　読むことができるようになる学習をします。 　かだいは、がまくんや　かえるくんが　いろいろなばめんで言ったことやしたことを　むすびつけて、 「　　。」言いました。を　くわしく書きかえ、音読することです。	［しる］ みぢかなことをあらわす言葉をふやすこと。	これまで 　したこと 今から 　言ったこと（かいわ）

【学習計画】九時間　＋かつようだい（一時間）

といにつなぐ

1　たんげんの見通しをもつ。　二時間

①　学習かだい、学習けいかくをりかいする。

②　学習のモデルにふれる。

③　「お手紙」のとうじょう人物や　ばめんを　かくにんする。

といを立てる

④　《わたしのとい》を立てる。

> じんぶつがしたことや　ようすを思いうかべる
>
> ●お話にあることばや絵から、じんぶつがしたことやようすを考える。
>
> ●じんぶつが、そのことをしたり言ったりしたのはどうしてなのかを考える。

2　「言いました。」のなかまの言葉をあつめる。　一時間

☆《わたしの問い》の答えを考えよう

といとむきあう

3　ばめんごとに「お手紙」を読み、「言いました」「たずねました」を、くわしく書きかえる。　三時間

4　音読げきのれんしゅうをする。　一時間

5　今里小学校の友だちの前で、音読げきの発表をする。　一時間

6　たんげんのふりかえりをする。　二時間

・みじかく書く

・力をたしかめる「かつようだい」

（はじめて読むお話の「　　。」のつづきを書きかえる。）

（小林明子／こばやし・あきこ）

第５章 「学習課題」を設定する

単元の学習を進める間、生徒が目指し続ける「目標」について相談させてください。私がもやもやしていることは、次のようなことです。私は、単元のはじめに、「今回の単元の目標は、」と、教科書に書かれた「目標」を読み上げます。しかし、生徒は実感をもって「目標」を受け取ることができていないように感じます。もっと、目指すべき目標について手でふれるような実感を生徒にもたせたいのですが、何だか飾りのような、絵に描いただけのようなものになってしまう虚しさがあります。

校長先生や教育委員会の先生方から、「めあてを生徒にはっきり示しなさい」と常々言われています。先生によっては、「目標」「今日の学習」と黒板に書く方もいると思います。単元を通した「めあて」もあれば、今日の「めあて」の場合もあるでしょう。もっとはっきり、私が言いたい通りに言えば、「この単元で目指すこと」です。

読むことの単元であれば、単元を終えるごとに、生徒が「こんな読み方ができるようになった」と言って、それぞれの作品の内容に振り回されずに、自分で考えて読める自由を得て、その喜びを実感してほしい、と思うのです。そうでなければ、「国語の力って、授業を受けたからといって上がる気がしない」とかいう生徒の言葉に後ろめたさを覚えながら、私は教壇に立ち続けなければなりません。

新しい単元を始める前は、国語が得意な生徒はもちろん、苦手だったり読むことが面倒だったりする生徒もひきつけたいといつも思います。ところが、単元びらきで、ついつい言語活動の説明が中心になったり、育てたい力がどうしたら本当に身につくのか具体的に説明できなかったりします。

中学生ともなれば、自分は深く考えているのか、単元で力をつけて単元前とは違う自分になっているのか、ちゃんと見抜いているようです。生徒たちは、いくら授業時間を楽しく過ごしても、力がついたかどうかには敏感です。

単元の学習を進める間、生徒が目指し続けていく値打ちのある「目標」の立て方はどうすればよいのか、ぜひ教えてください。

佐賀県 佐賀市立城西中学校　田﨑 信子

53. 「めあて」は必要ですか

主体的な学習の実現には「めあて」が必要です。「めあて」があるからこそ、その達成のための《私の問い》を立てることができ、見通しをもって解決に向けて学びをデザインすることができます。だからこそ「めあて」は質の高いものである必要があります。

「めあて」とは何でしょうか。教室では、「めあて」を「目標」「すること」「気をつけること」「課題」「問題」など、多くの意味で用いています。これまでの教育の歴史の中でいろいろな文脈で使われてきたことで、多くの意味をもつようになったのでしょう。「めあて」の意味を1つに限定することは難しいでしょうし、あまり意味のあることでもないようですので、ここでは、学習における「めあて」を「すること」や「気をつけること」も含めた「目標」に近いものと考えることにしましょう。単元の学習を進めるとき、児童生徒が目指し続けていく値打ちのあるものと言ってもいいでしょう。

54. 「めあて」はだれがつくるのですか

「単元を通しためあて」は、学習指導要領やそれをもとに作成した教科書や年間指導計画に基づいたものでなければなりませんから教師がつくるのが基本です。「1単位時間のめあて」は、「単元を通しためあて」に基づいた1人1人の児童生徒の学習の進み具合によって調整していくことが必要ですから、児童生徒が自分でつくることが基本です。

「めあて」には、「単元を通しためあて」と「時間ごとのめあて(1単位時間のめあて)」があります。

「単元を通しためあて」とは、内容や時間のまとまりを見通して設定するめあてのことです。基本的には教師が作成します。教師が作成する限り、単元を通しためあてが学習指導要領や教科書、年間指導計画から逸れることはありません。児童生徒が作成しようとしても、児童生徒は学習指導要領や年間指導計画を持っていませんから、同じような言語活動が続いたり、履修できない指導事項が残ってしまったりするおそれがあります。これでは、定められた期間内に、学習指導要領のすべての内容を取り扱うことができません。めあては、教師が作成するのが現実的です。

ただし、学習指導要領総則には「児童(生徒)が自ら学習課題や学習活動を選択する機会を設けるなど、児童(生徒)の興味・関心を生かした自主的、自発的な学習が促されるように工夫すること。」(学習指導要領　第1章　総則　第3の1の(6))とあります。1年間のあいだに、児童生徒が自ら学習課題の内容を選択する機会を設けるようにしたいものです。

「時間ごとのめあて」は、単元を通しためあてに基づき、１人１人が自身の学習の進み具合によって調整していくものですから、児童生徒が自分でつくることが基本です。

「時間ごとのめあて」は全員が同じものでなければ教えにくいと考え、私たちは、学級全員に、同じ「時間ごとのめあて」を示そうとします。しかし、児童生徒は、単元という内容や時間の大きなまとまりの中で学習を進めているわけですから、単元での学習を進めていくとそれぞれにスピードも内容の深まりも異なっていきます。全員に共通の「時間ごとのめあて」が役に立つとは考えにくいのではないでしょうか。結果としては、よく似たものになるでしょうが、１人１人の学習に合うように児童生徒自身が調整して「私のきょうのめあて」を決定するのがいいでしょう。

本書では、児童生徒が２つの「めあて」を混同しないように、「単元を通しためあて」と「時間ごとのめあて」を別の呼び方で区別します。「単元を通しためあて」は、単元全体の学習を通した学級全体の目標となる課題ですから「学習課題」とします。一方、時間ごとに作成する個人のものを「めあて」とします。「私のきょうのめあて」は、基本的に「《私の問い》を解決する」を具体化したものになります。

55. 学習課題とはどのようなものですか

学習課題は、正解を探すための「問題」ではなく、単元の目標を達成するための《私の問い》を導く「単元を通したみんなのめあて」のことです。

学習課題とは、正解を探すための「問題」ではなく、単元の目標を達成するための《私の問い》を立てるもとになる「単元を通したみんなのめあて」であるため、限定された学力レベルを想定して設定されるものではありません。学習者が「易しい・難しい」と感じるものではなく、「やり遂げたい」「このようにすればできそう」「やりがいがありそう」と、憧れと完成までの見通しをもてるものであることが必要です。

また、学習課題をもとに《私の問い》を立てるわけですから、児童生徒が問題意識をもち、学習課題を自分のこととして捉えることができるように平易平明な表現で設定することが重要です。

56. 学習課題はどのようにしてつくればいいのですか。

指導事項、思考操作、言語活動の3つの内容で学習課題を構成すると児童生徒が見通しをもって目標に向かった学習を進めることに役立ちます。

国語科の教科書には、目次や単元の扉に「単元の目標(指導事項)」や「言語活動」が示されています。この単元では、どのようなことを目標にしているのか、そしてその目標を達成するためにどのような言語活動を行うのかということが分かりやすく示されているため、児童生徒は今からの単元のゴールをイメージすることができます。

この内容に加えて、言語活動を価値ある学習にするための思考の手立てとなる「考え方(思考操作)」を示すことで、児童生徒にとって役立つ「学習課題(単元を通しためあて)」となります。

学習課題は次の3つの内容で構成することが効果的です。

A フレーズ(明解な指導事項)

：年間指導計画にそって新規に(あるいは繰り返して)育成を目指す資質・能力

B フレーズ(具体的な思考操作)

：どのような考え方で、どこまでを目指してどのように考えるかの思考の手立て

C フレーズ(学びがいのある言語活動)

：粘り強く問いの解決に取り組み、学びを調整してデザインしながら自己の考えを形成していく言語活動

57. 明解な指導事項はどのようにして決めるのですか

「明解な指導事項」とは、今からはじめる単元で育成を目指す資質・能力のことです。児童生徒の学習履歴を把握し、学習指導要領の指導事項から精選して提示するのが本来ですが、実際には、教科書に示されている単元の目標の通りにするのがいいでしょう。

教科書の目次や単元の扉のページには、単元ごとに扱う「指導事項」が示されています。学習指導要領に示されたものであり、これが学習課題のAフレーズにあたります。

教科書は、年間を通してすべての指導事項を網羅して編集されています。何らかの都合によって、教科書で取り上げている指導事項を変更することがあるかもしれませんが、その場合は、変更したことによって扱わない事項が

出ないように全体のバランスに注意しなければなりません。

58. 学びがいのある言語活動とはどのようなものですか

「学びがいのある言語活動」とは、その活動を通した学習を進めることで目標とする資質・能力を育成することができ、かつきちんと評価ができる言語活動のことです。学びの場としての言語活動を提供するのです。

言語活動は、学習指導要領に言語活動例として示されています。それをもとに、教科書では具体的な言語活動が紹介されています。日常の国語科の学習では、教科書に示されている活動を基本として設定するといいでしょう。

ただし、実際に自身の学級で実践しようとすると少なからず修正が必要になってきます。児童生徒の学習履歴や関心、学校の環境、学級の人数を考慮すると、カスタマイズが必要になります。すべての児童生徒がＡフレーズの資質・能力の育成に向かうことができるように、学習履歴に配慮するとともに、その単元で扱う学習材（作品や題材等）の特性と言語活動の属性を十分に検討し、学びの場となる効果的な活動を提供することが必要です。複雑すぎる言語活動は児童生徒を混乱させてしまいます。また、学習材の特性を生かし切れていない言語活動は思考の深まりが期待できません。

59. 具体的な思考操作にはどのようなものがありますか

「具体的な思考操作」とは、《私の問い》を解決しながら言語活動を進めるときの具体的な思考の手立てのことです。分かりやすく提案することが大事です。

教師が「しっかり読んで」「よく考えて」と繰り返しても児童生徒の思考は深まりません。考え方が分からない児童生徒には、このような漠然とした声掛けではなく、「○○と□□を比較する」や「○○と□□を結び付ける」のように解決につながる具体的な思考の手立てである思考操作を提案することが有効です。思考操作は、言葉による見方・考え方を働かせるための思考行為動詞から選びます。

「指導事項」と「言語活動」だけを学習課題として示すだけでは、学習をはじめたときに「先生、どのように進めればいいですか」「どうやって考えたらいいか分からない」のように、思考の手がかりを求める児童生徒が出てきます。自らたずねられたらいいのですが、じっと考え込んで黙っていることもあります。考えを巡らせることは大事なことで、それを待つのも教師の仕事です。しかし、ぬかるみに入ってしまって動き出せない児童生徒の背中を押したり手を引いたりするのも教師の仕事です。必要なことはたった１つだけです。すべての児童生徒が自ら考えはじめられるようにすることです。

だからこそ、学習課題として有効な思考の手立てをあらかじめ提案しておくのです。「考えなさい」では考えはじめられない児童生徒も「描写を比較する・描写と場面の展開を結びつける」のような具体的な思考の手立ての提案があれば学びを進められるのですから、思考操作として「比較する・結びつける」を学習課題に添えておくのです。

児童生徒が自分の力で「比較する・結びつける」ことに気づくことが大事だという意見もあるでしょう。確かにその通りです。しかし、これまで「考える」ということを意識してこなかった児童生徒は、「なぜか分からないけれどできた」という体験しかもっていません。「なぜか分からないけれどできる」ことを繰り返させるのではなく、「比較したり結びつけたりすればできる」ことを自覚し、生涯を通して自覚して思考操作できることが、本当の意味での「考えることができるようになる」ことなのです。そのために私たちは教えているのです。

そもそも、この単元の目標は「比較できること・結びつけられること」ではなく、「登場人物の設定の仕方に着目して、作品の魅力を自分の表現で説明できるようになること」です。目標を達成できるようになるために思考操作を自覚して学ぶことはとても有益なことなのです。

単元の振り返りにおいても、「登場人物の設定の仕方にかかわる描写を比較し、描写と場面の展開を結びつけて考えたから、作品の魅力を自分の表現で説明できるようになった」ことともに、思考操作についても自覚できるように学びの軌跡を１枚に書いて(第四の書く)残しておくと効果的です。

なお、思考操作は、教師が示すばかりではなく、学習経験を積むことで児童生徒が複数の思考操作から選択したり、経験したことがある思考操作から選び、自ら試してみたりする機会を設けることも必要です。

60. 学習課題を設定することにはどのような効果があるのですか

「指導事項」「思考操作」「言語活動」をまとめて示すことで、単元の全体像を捉えることができ、見通しをもって学びをデザインすることができるようになります。

学習課題は単元を通しためあてのことですから、これを見れば、単元の全体像を捉えることができます。教師からの発問を待つだけではなく、自分自身が学びをデザインしていくことができます。

学習課題には、どのようなことができるようになる学習なのか、実際にどのような楽しい言語活動に取り組むのか、その活動を充実させるにはどのような思考操作をすることが有効であるかが示されているため、学習課題から《私の問い》を立てることができます。そして、《私の問い》の解決に向けて学びをデザインすることができるのです。質の高い学習課題があれば、学級を自習にしたり、家庭で学習したりすることになっても言語活動を行うことができます。

もちろん、学習課題の活用の仕方は学習経験によって異なります。小学校の低学年児童と中学校３年生の生徒が同じように学びをデザインできるわけではありません。小学校前半期には教師のかかわりが多く必要ですが、学習経験を積むことで、児童生徒は成長し、学習課題を自分のこととして使いこなすことができるようになります。

61. 学習課題は教師からトップダウンで与えるものなのですか

トップダウンで与えるものではありません。学習課題は教師のものではなく、児童生徒のものです。児童生徒が修正したり補足したりして自分のこととして仕立てていくものなのです。

学習課題は、学習指導要領や年間指導計画に基づいたもので、全国の水準を保ち、履修漏れがないように責任をもって設定されるものですから、教師がつくることが基本です。しかし、このことは児童生徒の意欲や関心を考慮せず、トップダウンで与えることではありません。

単元びらきのときはもちろん、単元の途中であっても、学習課題について児童生徒と存分に話し合うことが必要です。学習課題は、「単元を通したみんなのめあて」ですから、１人１人が自分のこととしなければなりません。そのためには、学習課題を自分のことばで説明できなければなりません。学習課題を自分のこととして受け止め、納得すること、それは児童生徒本人にしかできない児童生徒１人１人の「私の仕事」なのです。

ですから、教師が提示した学習課題の内容をしっかりと理解して共有する時間、学習課題について納得できるまで質問する時間、自分の言葉で語れるようになる時間を設けることが必要です。このように学習課題に愛着をもち、学びをデザインするからこそ、単元を通した言語活動が自分の学びになるのです。

62. 学習課題は実際の授業でどのように掲示すると効果的ですか

学習課題はどの単元でも設定するものですから、1年を通して、同じ形式で掲示するとともに、二次活用することで児童生徒の学び方が定着します。

校内研究として全学級でAとBとCの3フレーズの学習課題を設定し、同じ形式にそろえて掲示し、実践を継続することで、大きな学習効果を残した学校がたくさんあります。学年が変わっても同じ質の学び方が連続するため、児童生徒も教師も安心して学習を進めることができるからでしょう。

「明解な指導事項」をAフレーズ、「具体的な思考操作」をBフレーズ、「学びがいのある言語活動」をCフレーズと呼ぶことにしましょう。A、B、Cのフレーズごとに掲示する文字や紙の色を決めておくと効果的です。そうすることで教室掲示やプリントの作成、板書の工夫なども同じ色で統一することができます。多くの児童生徒に見やすいカラーユニバーサルデザインに配慮することはもちろんですが、例えば、指導事項や学習用語は教科書でもたいせつにされているので見落とさないように赤系、思考は新しい考えが芽吹いて育つ緑系、楽しい言語活動は空の色の青系の色です。

3フレーズを提示する順はABCの順でも、ACBの順でもかまいません。児童生徒が理解しやすいように、学習課題の長さによって順序を変えるといいでしょう。どの単元でも、どの順序であっても、ABCの色が同じであれば、児童生徒が戸惑うことはありません。

「読むこと」の単元では、作品名を黒板の右端に板書することが多いですが、そうなると「できるようになる学習」というより、「作品に詳しくなる学習」という印象が強くなります。そこで黒板の右端には、3色で区別して作成した学習課題を掲示します。単元びらきから単元の終わりまで、常に学習課題が黒板の右端に掲示されているのです。「何ができるようになる学習なのか、何をする学習なのか、何について、どのような考え方で、どこまでを目指してどのように考えるのか」を意識し、自覚化を図るには有効です。

作品名は、学習課題の掲示物の左側に書きます。この単元ではこの作品を扱ってこの学習課題に取り組むというような感じです。さらにそれより左のスペースに板書する内容も、必要に応じてAフレーズ(指導事項)にかかわる内容には赤いマーク(色の文字は見えにくいため)、Bフレーズにかかわる内容には緑のマーク、Cフレーズにかかわる内容には青いマークを付けるというように決めておくと、児童生徒が授業のまとめをするときに板書事項を役立てることができます。

3フレーズの学習課題は児童生徒に示すには長すぎると心配する声もありますが、キャッチフレーズのように短くして結局のところ役に立たないよりも、少々長い文に感じても、単元の全体像が明確に理解でき、単元を通して学びのよりどころとなるもののほうが学習の効果は高くなります。

63. 実際の学習課題にはどのようなものがありますか

「指導事項」「思考操作」「言語活動」で構成した学習課題を紹介しましょう。

小学校第1学年

この単元では、「くちばし」に書いてあることの大体が分かるようになる学習をします。課題は、大事な言葉を並べ替えて、分かりやすく説明することです。

小学校第1学年

この単元では、「どうぶつの赤ちゃん」の文章の中の大事な言葉を選ぶことができるようになる学習をします。課題は、しまうまの赤ちゃんとライオンの赤ちゃんのことを比べて、「生まれたときことばカード」と「大きくなることばカード」を分かりやすく並べて説明することです。

小学校第1学年

この単元では、「くじらぐも」の行動を思い浮かべることができるようになる学習をします。課題は、子どもたちやくじらの行動を表す言葉を選んで付け加えて、音読劇をすることです。

小学校第2学年

この単元では、説明文の文章の中の大事な言葉を選ぶことができるようになる学習をします。課題は、主語を比べて文を分け、「すみれのたねカード」を移動させながら説明することです。

小学校第2学年

この単元では、登場人物の行動を想像することができるようになる学習をします。課題は、がまくんやかえるくんがいろいろな場面で言ったことやしたことを結び付けて、〈「　　　。」言いました。〉を詳しく書きかえることです。

小学校第２学年

この単元では、場面の様子に着目して、登場人物の言ったことやしたことを想像することができるようになる学習をします。課題は、スイミーが言ったことやしたこと、そのときの言い方や表情、スイミーがそうした理由などを結び付けて、あらすじ紹介カードを作ることです。

小学校第３学年

この単元では、説明の中心となる言葉や文が分かるようになる学習をします。課題は、段落ごとになくてはならない言葉を選んで、「すがたをかえられた大豆」の説明文を書くことです。

小学校第３学年

この単元では、場面の移り変わりによって変わっていくことについての自分の感想をもつことができるようになる学習をします。課題は、「あのときの場面」と「このときの場面」を取り出してから比べて、「あのとき・このとき　ちいちゃん感想カード」を書くことです。

小学校第４学年

この単元では、説明文を読んで理解したことについて自分の考えをもつことができるようになる学習をします。課題は、２つのまとまりに組み立てられている筆者の考えを対比して、「アップとルーズの活用計画書」に書くことです。

小学校第４学年

この単元では、登場人物の気持ちの変化を考えることができるようになる学習をします。課題は、時間の流れによって変わるごんの言動を比べて、「ごんが語る〈あのとき〉」を書くことです。

小学校第５学年

この単元では、表現の効果を考えることができるようになる学習をします。課題は、考える手がかりとなる表現と他の表現を比べて、「折々の名文」を書くことです。

小学校第5学年

この単元では、登場人物どうしのかかわりをとらえることができるようになる学習をします。課題は、登場人物の行動や会話、様子などを表している言葉や文を結びつけ、「春花」と「勇太」になりきって「未来日記」を書くことです。

小学校第6学年

この単元では、「海の命」の登場人物の関係やそれについての自分の考えをもつことができるようになる学習をします。課題は、物語のできごとと会話文を関係づけて、新聞の人物紹介欄のように書くことです。

小学校第6学年

この単元では、登場人物の心情や人物像を自分のことばで語ることができるようになる学習をします。課題は、異なる視点で書かれた律と周也の行動や様子、「言葉にすること」についての思いや考えなど複数の描写を結び付けて、「語り継ぐ主人公」を書くことです。

中学校第1学年

この単元では、登場人物の相互関係の変化をとらえることができるようになる学習をします。課題は、三吉と親方や情景の描写を「転」の場面の前と後で対比して、「あのとき変わったんだよな〈親方とおら〉」を書くことです。

中学校第1学年

この単元では、古文の音読を通して古文に親しむことができるようになる学習をします。課題は、『竹取物語』から人間の心が描かれている古文らしいリズムの部分を選んで、「朗読CD　声に出して読む竹取物語」の解説書を書くことです。

中学校第2学年

この単元では、文章全体と部分との関係や筆者の書き方の工夫に注意して内容を読み取ることができるようになる学習をします。課題は、本文に見られる筆者の感動とその表現をその段落の役割と関係づけて、「感動的鰹節説明文」の説明書を書くことです。

中学校第2学年

この単元では、短歌に詠まれた情景や心情を想像して読み味わうことができるようになる学習をします。課題は、言葉の使い方のうまさ、句切れの効果などによって切り取られた短歌の情景と伝えたい私の思いを結びつけて、「あの人に届ける〈短歌を添えた手紙〉」を書くことです。

中学校第 3 学年

この単元では、登場人物の人物像について自分の考えをもつことができるようになる学習をします。課題は、作品全体を通したルロイ修道士の考えを表す象徴的な会話をいくつか選んで、「あの人に会いたい　―ルロイ修道士―」の形式に書くことです。

中学校第 3 学年

この単元では、『論語』の一節を引用して自分の考えを述べることができるようになる学習をします。課題は、孔子の考えやそれを表す漢字を取り出し、自分の生活と重ねて、「自分の言葉で『論語』を語る」 を 400 字で書くことです。

■実践 話すこと・聞くこと(オ)互いの立場や意図を明確にしながら計画的に話し合い、考えを広げたりまとめたりすること。：小学校第６学年

もし、あなたが何も知らされずスタートラインに立たされ、「とにかく走りなさい。道のりもゴールも走れば分かる。」と言われたら、どう思いますか？不安になりませんか？なんとか最後まで走りきれたとして、自分の力を最大限に発揮できるでしょうか。走ることへの得手、不得手はあると思いますが、「先行逃げ切り」「後半巻き返し」など、それぞれに自分に合ったペース配分や対策があるはずです。このような状況では、走る力を高めることはできません。

国語科の学習において、そのような不安を減らし、得手、不得手に関わらず自分の力を最大限に発揮して高められるようにする教師の手立てが、「学習課題の設定」であると考えます。既習事項を確認することで指導事項を明らかにし、指導事項を絞ることによってゴールが明確になり、具体的な思考操作で道のりでの対処法を知ることができる。このように、学習課題を設定することで、この単元での学習の全容が明らかになり、安心して学ぶことが出来ます。

教師が学習課題を設定することに対して、「学ぶ必要感が生まれない。」「子どもの意欲が湧かない。」という言葉をかけられることもあります。しかし、学習する子どもたちはお客様ではありません。私は、育成すべき資質・能力を共有し、同じ目標に向かって、一緒に授業を作り上げていく関係が理想だと思っています。実際に、自分で学んでいく楽しさや分かる喜びを感じたと、振り返りに記述している子どもたちも少なくありません。しかし、一方的に与えるだけでは、実感を持って目標を受け取ることはできないため、学びの価値を語り、発達段階に合わせた言葉で伝えるよう、日々、努力しています。

子どもたち自身に学習の全容を把握させ、学びや成長を自覚しながら、１人１人が安心して１つのゴールに向かって学ぶことが出来るようにするためにも、「学習課題の設定」は、とても重要で効果的であると感じています。

① 育成を図る資質・能力と言語活動／題材「地域の防災」教育出版

この単元では、「互いの立場や意図を明確にしながら計画的に話し合い、考えを広げたりまとめたりすること」を目標として、「パネルディスカッション」を言語活動として設定します。具体的には、「地域の防災について話し合おう」という身近な論題で、自分たちの住む地域で災害が発生した場合に備え、身を守るためにどのようなことが必要かを様々な立場から意見を出し合い、考えを深めるという話し合いです。

「司会者」「パネリスト」「フロア」という役割的な立場、パネリストとして「どんな備えが必要か」「何ができるか」という内容的な立場があり、話し合いを始める前のそれぞれの立場における準備が大切になります。また、

実際にディスカッションをする際には、立場が対立的な関係にある場合でも、互いに言い負かすのではなく、相手と自分の考えを比べたり、関連付けたりしながら聞いたり、意見の基となる理由を尋ね合ったりすることで、互いに考えを広げたりまとめたりすることを大切にしながら、取り組ませました。

②　学習課題

指導書には、複数の指導事項が記載されています。しかし、指導事項によって言語活動の内容や授業の展開は異なるはずです。そのため、1つの単元で複数の指導事項を身に付けさせることはできません。ですから、学習材に適した項目を1つに絞り、「重点指導事項」として学習課題のAフレーズに設定します。その際、取り扱わない項目が出てきてはいけないので、1年間を通しての計画を立てることが必要です。

Aフレーズが決まったら、その達成のために必要な言語活動と思考操作を設定します。今回は、「パネルディスカッション」という言語活動だったため、自分と相手の考えを「比較」して類似点や相違点を見つけたり、「関連付け」て意見をまとめたりするという2つの思考操作に決めました。

学習課題を設定することによって、学習材のテーマである「防災対策博士」を目指すのではなく、様々な立場からの意見を持ち寄り、考えを広げたりまとめたりする「計画的な話し合い博士」を目指すのだということが明確になるのです。79ページの学習課題を参照してください。

将来、子どもたちが社会に出て求められる力は、防災対策に関する知識よりも、計画的に話し合いを進める思考力・判断力・表現力であると考えます。このように、今、求められていることに応じて身に付ける力を明らかにし、教師と子どもが共通理解して同じ目標に向かって学んでいくことができる「学習課題の設定」は、非常に効果的で重要なのです。

③　《私の問い》を立てられるようにする教師の仕事

「問いを立てる」ということにまだ慣れていない子どもたちなので、問いのキーワードとなる言葉(「どんな」「どのように」「何を」「なぜ」など)を提示したり、考えられる問いを用意して自分が解決したいものを選べるようにしたりしました。また、「〜しよう。」という、子どもたちが慣れているめあての文言で書いた後、「〜だろうか。」という、問いの文言に言い換えることで、抵抗感を減らし少しずつ慣れていけるようにしました。このような経験を積み重ねていくことによって、約半年間で、手立てがなくても自分で問いを立てたり、他教科の授業や自学などでも問いを立てたりする子どもたちが増えてきました。

―《私の問い》を立てることを導く教師の語りの例―

・問いの例の中から、今日の学習で自分が考えたいことを選びましょう。
・今日の自分のめあて「〜しよう。」を「〜だろうか。」に言い換えて、《私の問い》を立てましょう。
・「どんな〜」「どのように〜」「どうしたら〜」「なぜ〜」という言葉を使うといいですよ。
・昨日の問いが解決していなかったら、今日も同じ問いで考えてみましょう。

④ 《私の問い》

はじめに立てた《私の問い》
児童A　パネルディスカッションをうまく進めるには、どうしたらいいだろうか。
児童B　分かりやすい資料を作るには、どうしたらいいだろうか。
児童C　どのように進めればいいだろうか。
児童D　どのようにパネルをかけばいいだろうか。
更新した《私の問い》①
児童A　どうしたら、(司会者として)うまくまとめられるだろうか。
児童B　うまく伝えるには、どうしたらいいだろうか。
児童C　司会者として進めるときに、どのような工夫をすればいいだろうか。
児童D　どういう風に発表すれば、分かりやすく伝えられるだろうか。
更新した《私の問い》②
児童A　良く聞いて、質問したりできるだろうか。
児童B　自分たちの工夫に比べて、他の班はどのような工夫をしているだろうか。
児童C　他のグループの論題や立場は、どんなものだろうか。

⑤ 言語活動の実際

児童Aは、単元びらきの際に「パネルディスカッションをうまく進めるには、どうしたらいいだろうか。」という問いを立てました。その問いを解決するために、班のメンバーと役割の内容を再確認して、役割分担を決めることから始めました。その後、司会者としての立場で、「流れの確認」や「各パネリストの立場の把握」など、必要な視点を具体的に絞り、自分の進捗状況に合った問いを立てながら、準備を進めています。

振り返りでは、前もって準備をして計画的に話し合うことで、無駄な時間を削って効率よく進めることができるということや、考えを深めることができるということに気付き、書き表していました。

児童の言語活動例

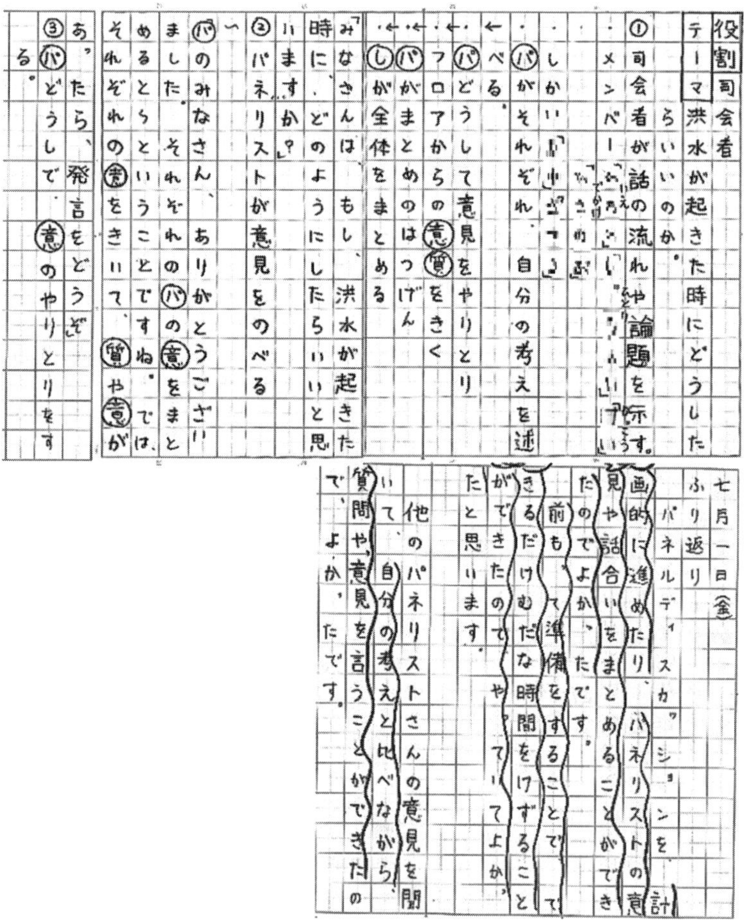

役割 司会者
テーマ 洪水が起きた時にどうしたらいいのか。
① 司会者が話の流れや論題を示す。
・メンバー
・
・しかい
・パがそれぞれ、自分の考えを述べる。
←・パどうして意見をやりとり
←・フロアからの意質をきく
←・パがまとめのはつげん
←・しが全体をまとめる
「みなさんは、もし洪水が起きた時に、どのようにしたらいいと思いますか？」
② パネリストが意見をのべる
〜
パのみなさん、ありがとうございました。それぞれのパの意をまとめると、ということですね。では、それぞれの意をきいて、質や意があったら、発言をどうぞ。
③ パどうして意のやりとりをする。

七月一日(金)
ふり返り
パネルディスカッションを計画的に進めたり、パネリストの意見や話合いをまとめることができたのでよかったです。
前もって準備をすることできるだけむだな時間をけずることができたのでやってよかったと思います。
他のパネリストさんの意見を聞いて、自分の考えとくらべながら質問や意見を言うことができたので、よかったです。

⑥ 学習計画

単元 「パネルディスカッション」をしよう。

名前（　　　　　　　　　　　　　　）

学習課題

この単元では、お互いの立場や意図を明確にして、計画的に話し合い、考えを広げたりまとめたりする力を付けます。
そのために、相手と自分の考えを比べたり、関連付けたりして、「パネルディスカッション」をします。

〔知る〕情報と情報との関連付けの仕方、図などによる語句と語句との関係の表し方を理解し、使うこと。

【学習計画】 ６時間くらい

1 単元の見通しをもつ　　　1時間

（ア）学習課題

（イ）モデルの提示

（ウ）学習計画

今まで	互いの立場や意図を明確にして話し合う
これから	立場を決めて、資料を基に話し合う

たいせつ　立場を決めて話し合う

〇目的に合わせて資料を示すなど、自分の考えが伝わるように表現を工夫して話す。
〇たがいの立場をはっきりさせながら、計画的に話し合う。
〇たがいの意見を比べたり、関係付けたりしながら聞き合い、考えを広げたりまとめたりする。

2 準備をする。　　　2時間

①グループで役割を決める。（「司会者」・「パネリスト」）

②パネリストとしての立場を決め、詳しく調べて資料を作成する。

・司会者：全体の流れの把握　＋　各パネリストの意見の把握

・パネリスト：パネル資料作成

③資料を基に、主張を組み立てる。（発表の順番・意見のやり取り）

3 「パネルディスカッション」を行う。　　　2時間

④【パネルディスカッションの進め方】に沿って、進める。

⑤発表グループ以外の人は、「フロア」として参加し、質問や意見を出す。

4 感想を伝え合う。

⑥良かったところや、改善点を伝え合う。

・論題についての感想

・発言の仕方や聞き方、パネル資料などのパネルディスカッションの話し合いについての感想。

5 学習を振り返る。　　　1時間

⑦学習を振り返り、ノートに記述する。

・この学習を通して「身についた力」、「できるようになったこと」、「意識したこと」、「頑張ったこと」

（山口かおり／やまぐち・かおり）

■実践　読むこと(ア)文章全体と部分との関係に注意しながら、主張と例示との関係や登場人物の設定の仕方などを捉えること。：中学校第２学年

以前は、言語活動を中心とした学習課題を設定していました。学習材に合った言語活動を選び、その言語活動を実現するための手順を示したワークシートの準備ができれば単元の完成です。１人１人が夢中になって言語活動に取り組んでいたので、当時は満足していました。

しかし、うまくいっているように見えながら、実は気に掛かることがありました。単元でいちばん大事な身に付ける力をどう取り扱うかということです。教科書に示された学習の目標をできるだけ分かりやすく伝えようとはしていましたが、単元びらきの際に教師から一方的に説明するだけでした。そのため、子どもたちは言語活動の軌道修正が必要なことに自分で気が付かなかったり、気が付いても修正できなかったりしました。活動には熱心に取り組んでいましたが、何を達成するためにどう考えるのかが示されないまま、与えられたことを消化する学習過程では、学習もその学習の成果も自覚的なものにはなり得なかったのです。

そんな時に出会ったのが、「明解な指導事項」、「具体的な思考操作」、「学びがいのある言語活動」の３つのフレーズを明記した学習課題でした。「指導事項」は、身に付ける力を子どもと共有できる表現で示します。「思考操作」は、何をどのように考えればよいのかを学習材に応じて具体的に示します。そして、「指導事項」と「思考操作」が必然になるような「言語活動」を設定します。この３つは、単元構想に必須の要素です。

このように定型化することで、安定した単元構想が可能になりました。教師が設定した学習課題であっても、単元内の時間をどのように使ってどのように学習を進めるかを子どもが考えて決めることができるようにすれば、子どもの自覚的で自律的な学習になります。学習課題に何度も立ち返り、粘り強く自分で調整しながら学習を進める生徒がここにいます。

子ども自身が、どのように学習を連続させていくか自分でデザインできるような学習課題を設定することは、子どもとともに学ぶ教師だからこそできる、やりがいのある仕事です。

①　育成を図る資質・能力と言語活動／学習材「走れメロス」東京書籍

この単元では、これまでの「人物の言動の意味」「表現の効果」を考える学習履歴を生かし、「登場人物がどのように設定されているか捉える」ことを目標として、「新聞の投書のように自分の考えを書く」言語活動を設定します。具体的には、登場人物の人物像や相互関係がどのように設定されているかに着目して、その効果について自分の考えを新聞の投書のように書く言語活動です。

この学級の生徒は、これまでに投書や投書に対する返書を書く言語活動を

経験していました。そこで、この単元では、自分の考えに対する共感や価値ある新たな視点を得るために、「走れメロス」を読んで捉えたことを自分の言葉で説明する言語活動として投書を設定しました。

「走れメロス」は、中学生にとって指摘したくなる点が多い作品であるため、ややもすると、ある部分だけに着目してしまいがちです。そこで、シラーの「人質」と比べて読み、「走れメロス」に書き加えられていることの良さに着目して、登場人物や作品の魅力を捉えられるようにしました。

また、この単元では、言語活動モデルとしてA評価・B評価だけでなく、字数不足で十分に表現できていないけれども考え方のアウトラインを知ることができるモデルとしてC評価も示しました。

② 学習課題

84ページの学習計画に記載した学習課題を参照してください。

③ 《私の問い》を立てられるようにする教師の仕事

この学習では「登場人物の人物像や相互関係の設定」にかかわった《私の問い》を立てることが必要です。

「走れメロス」の作品全体と書き加えられた部分の関係を考えるために、2つの作品を比べて読むことができるようにした学習の手引きや、書き加えられた設定や描写にかかわった問いの例を場面ごとに示した学習の手引きを提示しました。生徒たちは、作品全体の展開を確かめながら場面ごとに複数の《問い》を立て、ICT端末を使って学級全員の全ての問いを一覧化していきました。作品全体を通した多数の問いを読み、作品を読み返しながら、それぞれの問題意識に応じて、学習課題を自分のこととして《私の問い》を立てました。

―《私の問い》を立てることを導く教師の語りの例―

・その設定になっている場合とそうでない場合の物語の展開を比べて考えてみましょう。その設定だから効果があると言えそうな設定を選んで、その理由を考える問いを立てましょう。

・書き加えられた描写から人物像や相互関係がどのように設定されているか考えることができます。描写に着目して、場面の展開によってどのように人物が描かれているか考える問いを立ててみましょう。

④ 《私の問い》

はじめに立てた《私の問い》
生徒A　妹の婚礼の場面を書き加えたのはなぜか。
生徒C　王の気持ちに近づいてあきらめかけたメロスを奮い立たせたものは、水以外に何かあるのだろうか。
生徒E　メロスとセリヌンティウスは親友であるはずなのに、なぜお互いにためらいなく殴り合うことができたのか。
生徒G　なぜ、フィロストラトスはメロスでなくセリヌンティウスの弟子なのか。
更新した《私の問い》
生徒A　幸せな妹の結婚式の場面を詳しく描くことで、メロスの苦悩がより伝わると思う。そのことを対比的に描いている描写はどれだろうか。
生徒C　メロスは水を飲んで再び走り出したが、水が水本来の役割を果たしただけでなく、その前の場面でのメロスの葛藤と結び付けて考えることができるのではないだろうか。なぜ、メロスは水を飲むことで再び走り出すことができたのだろうか。
生徒E　「竹馬の友」という人を何のためらいもなく、力いっぱい殴ることは普通出来ないはずである。それなのに、なぜメロスとセリヌンティウスにはできたのか。また、そのことに「信実」という言葉がどのようにかかわっているのだろうか。
生徒G　「人質」ではメロスの忠僕だったフィロストラトスが、「走れメロス」ではセリヌンティウスの弟子という設定になっている。このことによってどのような効果があるだろうか。

⑤ 言語活動の実際

生徒Gは、「走れメロス」におけるフィロストラトスの設定の効果について投書を書いています。はじめの《問い》では「人質」との違いに気が付いているだけでした。しかし、更新した《問い》では、人物相互の関係を表す語彙「忠僕」や「弟子」が使われていて、フィロストラトスの声がセリヌンティウス本人と同じ重みをもつ誘惑でありメロスにとっては試練であるという言語活動の解釈につながっていることが分かります。

「走れメロスを」どう思いますか

約束の辛さと幸せの対比

中学二年生　生徒A（佐賀県13歳）

「走れメロス」の原作「人質」では、妹の婚礼の場面は書かれていなかった。なぜ、書き加えられたのだろう。

それは、妹の結婚式で感じた、王との約束を忘れてしまうほどの喜びを、よりわかりやすく読者に伝えることができるからだ。さらに、そのあと王との約束を思い出し、親友のために行かねばならないと苦しむメロスの様子から、「我が身にむち打ち、ついに出発を決意した」という決意が、メロスにとってどれだけ重いものであったか際立たせることができるだろう。

だから作者は、「走れメロス」で「人質」には描かれていなかった妹の婚礼の場面を書き加えて、メロスの葛藤をより鮮明に読者に伝えようと思ったはずだ。約束の辛さと幸せの対比は、「このよい人たちと生涯暮らしていきたいと願ったが、今は、自分の体で、自分のものではない。」に表れている。

私は妹の婚礼の場面を書き加えたのは、命を懸けた王との約束への苦しみと、「満面に喜色をたたえ、しばらくは、王とのあの約束をさえ忘れていた」と思うほどの妹の結婚式での幸せとの対比を際立たせるためだと思う。

皆さんはどう思いますか。

フィロストラトスの設定の意味

中学二年生　生徒G（佐賀県14歳）

「人質」ではフィロストラトスはメロスの忠僕だったが、「走れメロス」ではセリヌンティウスの弟子になっていた。このことによってどのような効果があるのだろうか。

それは、メロスの状況がよく分かるという効果だ。フィロストラトスはセリヌンティウスの弟子であるためメロスよりセリヌンティウスの方が大切だ。だがメロスの体を心配して「走るのは、やめてください」と言っている。それほどメロスの体がボロボロだったのだろう。

このことによりメロスの状況がよく伝わってくる。そして、許すことは、フィロストラトスにとっても一つの試練なのだと思う。フィロストラトスはセリヌンティウスの弟子であるため、フィロストラトスが許すというのはセリヌンティウス本人が許すことと同じ重みなのだと思う。メロスは「口から血が噴き出る」ほどに疲れている。そんな時にこんな誘惑があったらひとたまりもないだろう。だから精神面の試練なのだろうと思う。

「走れメロス」でフィロストラトスがセリヌンティウスの弟子という設定になったことで、メロスの体の状態とメロスの決意の強さを読者に印象付ける効果があると思います。

皆さんはどう思いますか。

⑥ 学習計画

単元 「走れメロス」をどう思いますか

二年　　組　　号（　　　　　　　　　　）

【学習課題】

●この単元では、登場人物の設定の仕方に着目して、作品の魅力を自分の表現で説明できるようになる学習をします。
●課題は、太宰が書き加えた部分の「設定」や「描写」（行動・会話・心情・情景）を「人質」と比較したり、場面の展開と結び付けたりして、作品の魅力を新聞の投書「『走れメロス』をどう思いますか」に書くことです。

［知る］抽象（象徴）的な概念を表す言葉の量を増やし、文章の中で使えるようになること。

【学習計画】８時間くらい

これまで…人物の言動と話の展開、表現とその効果などについて考える
これから…登場人物の設定の仕方が作品全体にどうかかわるか考える

１ 「走れメロス」を読む……２時間
① 「走れメロス」を読み、あらすじを言えるようになる。
② 教科書の「広がる言葉」、「言葉の小劇場」で心情を表すための語彙を増やす。

２ 単元の見通しを持つ……１時間
① 「人質」を読んで、太宰が「走れメロス」に書き加えた部分を確かめる。
② 【学習課題】とコラムを読んで、この単元で付ける力と考え方を理解する。
③ 投書モデルを読んで、人物像を捉えるための考え方とその書き方を見付ける。

３ 《私の問い》を立てる……１時間
① 問いの例を読む。
② 場面の展開に注意しながら、登場人物の言動や心情を表す描写に線を引く。
③ 考えてみたいことを決めて、《私の問い》を立てる。

４ 問いを解決しながら投書を書く……２時間
① 着目する描写と場面の展開などについて、「走れメロス」と「人質」を比べながらノートに気づきや考えを整理する。
② モデル文の書き方をよく観察して登場人物や作品の魅力について考えを書く。

５ 友達が書いた投書を読んで、登場人物や作品の魅力について意見や質問を交流する……１時間

６ 単元の学習を振り返る……１時間
① 先生から
② 単元で学んだことや付けた力について書く。

７ 定期試験（活用題）…初めて読む小説の登場人物の描かれ方や表現の仕方に着目して、登場人物や作品の魅力を説明する

登場人物の設定の仕方に着目する
・登場人物の置かれている状況や立場、他の人物との関係を捉える
・登場人物の描かれ方（行動・会話・心情・情景）から、どのような人物像か考える
・場面が展開する中で登場人物がどう描かれて変化し、それが作品の印象にどう関わるか考える

（田﨑信子／たさき・のぶこ）

第６章 「思考操作」を提案する

言語活動を通した学習における「子どもが考えること」について質問させてください。

言語活動を通した学習が、「活動をしているだけ」にならないように、学習課題を設定して進めています。指導事項は、学習指導要領や教科書で設定されている資質・能力を参考にしています。言語活動は、教科書に示されているものを参考にしつつ、子どもが夢中になれるような学びがいのある言語活動を設定しています。

ただ、それだけでは「考える」ことが十分でないように感じます。言語活動を行う過程で、子どもが考えなければ学習とは言えません。だからこそ、教師は子どもに「考える」ということを具体的に教えることが必要だと考えています。

しかし、「考える」ことを教えるにはどうすればいいのでしょうか。「考える」ことは、本来、子どもの自由な発想であるようにも思います。教師が決めつけることはできないようにも思っています。しかし、教えなければ教えないで、考えが深まっていかないのも現実です。学習内容を確かに身に付け、言語活動をより充実させるためには、思考が必要です。

「登場人物の気持ちの変化が分かるようによく考えましょう」や「内容のまとまりが伝わるように工夫しましょう」という指示では、結局、考えることを教えていないような気がしています。「何度もよく読みましょう」や「しっかりと工夫しながら書きましょう」と言っても、分からない子どもは分からないままです。「よく考えよう」や「工夫しよう」「しっかり読みましょう」「がんばって書きましょう」という教師の声があまり役に立たないことは分かりました。では、具体的にどのような指導をすれば子どもに教えられるのでしょうか。

また、仮に、「考え方」を教えたとしても、子どもがその「考え方」を使っているかどうかを判断することも難しいと思っています。子どもに「思考」を教え、「思考している学び」を観察することは、今後の適切な指導のためには不可欠なものだと思います。「考える」ことについて教えていただけるとうれしいです。

佐賀県 佐賀市立本庄小学校　江里口 大輔

64. 活動だけの言語活動にならないようにするにはどうすればいいですか

活動しているだけの言語活動とは、いわゆる「活動あって、学びなし」の言語活動のことです。児童生徒がおのずと考えてしまうような言語活動になるように、具体的な考え方を教える(提案する)ことが必要です。

教師が「考えなさい」「しっかり読みましょう」という言葉を繰り返しても、児童生徒が考え出すことは期待できません。「考えるということ」を分かっていない児童生徒もいるからです。考えるということ(思考操作すること)を教えることは教師の大事な仕事の１つです。

話し合っているかどうか、意見を書いているかどうか、音読しているかどうか、は見て分かります。しかし、見通しを考えて話し合っているのか、段落の関係を考えて意見を書いているのか、場面の様子を考えて音読しているのかは分かりません。「考えている」かどうかは、外からは判断できないからです。

児童生徒は、考えていないのではなく、考えるということを自覚していないのかもしれません。教師は、考えるということ(自覚して思考操作すること)を教える必要があります。

見通しを考えるとはどうすることなのか、段落の関係を考えるには段落の何に注目すればいいのか、場面の様子を考えるには何からはじめればいいのか、児童生徒はこれまで学ぶ機会がなかったのかもしれません。私たち教師が教えていないから児童生徒ができていないのであれば、教えればいいのです。

「考える」ということを教える(提案する)ことで、言語活動を質の高い学びに変容させ、学習課題を解決し、目標とする資質・能力を育成することができるのです。

65. 「考える」ことは、本来、児童生徒の自由な発想ではないのですか

どのように考えるかは自由な発想です。しかし、それはいくつもの考え方が身に付いているからできることであり、複数の考え方を知っているから選べるのです。考え方を知らなければ、材料を見つめるだけで考えはじめることすらできません。自由に発想できるようになるためにも、有効な思考操作を教える(提案する)必要があるのです。

がむしゃらに考え続けて結論が出たということもあるかもしれません。仮

にがむしゃらに考えたとしても、それは「がむしゃら」ではなく、実は、情報を比較したり選んだり結び付けたりして結論にたどり着いたのです。ただ、比較していたことや選択していたことを自覚していないため、「がむしゃらに考えた」としか言いようがないのです。思考操作を自覚していないのですから、場面が変われば、同じようなことであっても再現できないかもしれません。

私たちは、問題場面において、さまざまな情報や事実を思考操作し、その場の課題に対して結論を出しているのです。考えることができているということは、意識することなく自然と思考操作しているということなのです。

一方、考えていないということは、具体的な思考操作をしないで、ただ、さまざまな情報や事実を見ているだけで、情報や事実に対して何も積極的にかかわれていないということです。

「考えなさい」という言葉を繰り返すのではなく、「比較する」「選択する」「結び付ける」などの具体的な思考操作を教える(提案する)ことで、児童生徒は問いの解決に向かって考えはじめることができるようになるのです。

66.「考えること」は教えられるのですか

「考えること」は個人の頭の中でのことですから、直接は教えられませんが、考える手立てとしての思考操作は教えられます。それに慣れるようにすることも可能です。

「読むこと」の単元を例に考えてみましょう。Aフレーズ(指導事項)が、「表現の効果を考えることができるようになる(小学校第5学年及び第6学年)」とします。ここで考えなければならないことは、表現の効果です。「大造じいさんとガン」を読んで、作品の中に見られる表現の効果を考えるわけです。しかし、表現の効果は、たった1つの表現だけを見ていても思いつくものではありません。その表現のほかに、もう1つ別の表現と比べることでその表現の効果がはっきりしてきます。その表現を別の表現に書き換え、書き換えたものと比べることも効果的です。「ただ、救わねばならぬ仲間のすがたがあるだけでした」という作品中の表現の効果を考えるとき、「ただ、助けなければならない仲間のすがたがあるだけでした」や、「救わねばならない仲間のすがたがありました」と比べることを通して、もとの表現の効果を理解することができるのです。この場合、ただがむしゃらに「考える」

「しっかり読む」のではなく、「他の表現と比べる」という具体的な思考操作によって、表現の効果を考えることができたという経験になるのです。

67. 思考操作を教えるにはどうすればいいですか

教師は、思考操作としての思考行為動詞を教えるとともに、児童生徒と一緒に操作の仕方の練習をすることが必要です。

児童生徒が思考操作できるようになるということは、教師の提案した思考行為動詞の種類をただ記憶することではありません。操作を身に付けることが必要です。そのための練習も必要です。

「比べる(比較する)」「分ける(分類する)」を例に考えてみましょう。

読みやすくて短い詩を4編(仮にア、イ、ウ、エとします)準備します。

アは4連の詩です。この詩をいくつかに分けます。児童生徒はすぐに4つに分けます。連と連に1行の空白があるからです。しかし、声に出して読んでみると、第1連から第3連にはオノマトペがありますが、第4連にはないことに気づきます。しかも第4連は他の連よりも行数が多く、リズムも他の連とは違います。そうなると、はじめの3つの連と第4連の2つに分けることもできそうです。また、第4連の内容は第2連と第3連の内容の繰り返しになっていますが、第1連の内容にはふれていませんので、第1連と残りの3つの連の2つにも分けられそうです。書いてある内容を比べると分け方が異なることが分かります。1編の詩を見ても連ごとに比べると、分け方はさまざまです。

では、4つの詩を比べてみましょう。イの詩は4連で、それぞれが春夏秋冬の連になっています。どれも3行で同じ形式です。ウはじゃんけんの勝負が3連で同じようなリズムで書かれています。エは2つの連がまったく同じ形式で繰り返されています。イウエの3編は同じ形式で書かれています。

連の数を比べることで、アイとウとエの3組に分けることができます。各連の形式がそろっているかどうかならアとイウエの2つに分けられます。他にも、会話の有無、つなぎ言葉の有無、などを比べることを通して、分け方はいくらもあることを体験することができます。

それぞれの分け方に名前を付けるなら、そのネーミングは児童生徒によって自分の思考の結果が表れたものになるでしょう。まさに自己の考えの表出です。このようにして、思考操作をはたらかせて考えることは創造的なことであるということを練習(下ごしらえ)によって経験させるのです。

68. 思考操作にはどのようなものがありますか

思考操作には「収集する」「比較する」「選択する」「分解する」「順序立てる」「結合する」「関係づける」「分類する」「類推する」「評価する」「一般化する」など、多くのものがあります。思考行為動詞は、ほかにもたくさんあります。

思考操作は思考行為動詞で表します。１つの思考行為動詞は、いくつもの類義表現で表すことができます。児童生徒の学年や学習履歴によって理解しやすい言い回しがあります。例えば、「選択する」という思考行為動詞を小学生に教えるなら「選ぶ」と言い換える方が分かりやすいでしょう。さらに、小学校の低学年なら、「選ぶ」よりも「線を引く」「○をつける」「指でおさえる」のように伝えると興味をもちやすいでしょう。

児童生徒の生活経験や学習履歴、また学習場面での言い方のふさわしさを考慮して思考操作を提示することが大事です。

69. 思考操作にはレベルがありますか

思考行為動詞の種類にレベルはありませんが、「どのように思考操作するのか」や「思考操作してどこまで考えるのか」にはレベルがあります。

情報を収集したり、比較したりする思考操作は基本的で、関係づけたり、評価したりする思考操作はレベルが高い思考操作と思われがちですが、そんな単純なことではありません。思考行為動詞の種類によってレベルがあるのではなく、「どのように思考操作するのか・思考操作してどこまで考えるのか」の違いにレベルがあるのです。この２つのレベルについて、作品「お手紙」を扱った単元での実際の例で考えてみましょう。小学校第２学年の「読むこと」の単元です。学習課題は次の通りです。思考操作は「結び付ける」です。

> この単元では、登場人物の行動を想像することができるようになる学習をします。課題は、がまくんやかえるくんがいろいろな場面で言ったことやしたことを結び付けて、〈「　　　　。」言いました。〉を詳しく書き換えることです。

１つ目のレベルは、単純に「思考操作している」というレベルです。作品中のある部分(2カ所)の叙述を対象として思考操作している事例です。

児童Aの思考操作

児童Aは、がまくんの「ぼく、もう、まっているの、あきあきしたよ。」に続くことばを考える言語活動において、「がまくんがベッドでお昼ねをしている場面」と「ぼく、もう、まっているの、あきあきしたよ。」の2カ所の叙述を結び付けることで、次のように書き換えました。

児童Aの言語活動

「ぼく、もう、まっているの、あきあきしたよ。」とがまくんはすねた声で言いました。

2つ目のレベルは、「学びの文脈の中で思考操作し、思考操作をこれまでの学習経験とつないで活用しているレベル」です。学習場面の全体を対象として思考操作し、その思考操作をこれまでの学習経験や生活で得た知識とつないで活用している事例です。

児童Bの思考操作

児童Bは、この単元までの学習で、登場人物の行動は変わることがあることや、おたずねの文や呼びかけの文があると、相手がその文に反応して新たな考えが生まれることを経験しています(1年生の「たぬきの糸車」、2年生の「スイミー」を扱った単元での学習経験)。そこで、がまくんの「ぼく、もう、まっているの、あきあきしたよ。」に続くことばを考える言語活動では、この場面での「ばからしいこと、言うなよ。」や「どうして、きみ、ずっとまどの外を見ているの。」など、場面全体の複数の会話や行動を結び付けることを自分の同じような経験とつないで次のように書き換えました。

児童Bの言語活動

「ぼく、もう、まっているの、あきあきしたよ。」がまくんは本当はあきらめていなくて、手紙のことが気になって仕方がないので、ちょっと期待しながら言っています。

思考操作を教えることは、この単元の限定された学習場面で考えることができるようにするとともに、今から新たに遭遇するさまざまな場面においても、その文脈の中でこれまでの学習経験とつないで思考操作することができるレベルを目指し、《私の問い》の解決のための汎用的な手立てにしていけるようにすることなのです。

70. いつも教師が思考操作を教えていると児童生徒が考えなくなりませんか

教師が一方的に表面的な考え方のパターンを押しつけるだけでは、児童生徒はそれを待ち、自ら考えようとしなくなるかもしれません。しかし、児童生徒が言語活動を充実させるために役立つことを実感しているのであれば、むしろ教師が提案した思考操作を使いこなそうとします。

最終的には、教師が思考操作を提案しなくても児童生徒が自ら身に付けた思考操作からその場に適切なものを選び、考えはじめ、学習を充実させていくことを目指します。ただ、現段階において、考え方が分からないために学習を進められないのであれば、具体的な思考操作を提案して、考えるということを教えて経験させるべきです。教師から提案された思考操作を手立てとして学習を進め、学ぶことの楽しさを実感させるのです。「思考操作をはたらかせて考えればできる」という体験をさせるのです。もちろん、児童生徒自身が、思考操作を繰り返して覚えることと、その思考操作が有効であったことを自覚することが重要です。

また、学習が進むにつれて、教師は、1つの思考操作を提案することだけではなく、複数の思考操作を示し、児童生徒にその中から適切な思考操作を選ばせる機会を設けるようにします。そして、最終的には自分で思考操作を決められるようにするのです。これも教師の指導計画の1つです。

児童生徒の自覚化をうながす機会として、思考操作の経験を思考行為動詞別に「第四の書く」(第13章参照)として1枚に書いて残しておくことが有効です。同じ思考操作でもいろいろな場面において考える手立てになることや考えた成果に違いがあることを実感できるからです。また、思考行為動詞の類義表現や思考操作しているときの考え方を言葉にして残しておくことで、思考にかかわる語彙を増やす学習にもなります。

■実践　書くこと(ウ)自分の考えとそれを支える理由や事例との関係を明確にして、書き表し方を工夫すること。：小学校第３学年(特別支援学級)

「考えてみましょう」「工夫して解決してみましょう」このような言葉を当然のように子どもに伝えていました。子どもは信頼する先生がそうおっしゃるのだから「分かりました」と、とりあえずの返事をしてまた悩みはじめます。どう考えたらいいのか分からないまま悩んでいる姿を「考えている姿」だと勘違いして、教えるということをないがしろにしていました。

このような状態では「考える」ということを子ども任せにし、教師として教えるということをしていないのではないかと思い直し、子どもにとって分かりやすく具体的な思考行為動詞(「比べる」「並べる」など)を示しながら、子どもが「考える」ということを具体的に理解できるような思考操作を設定できるようにしています。

「分かりやすく具体的な思考操作を設定した単元づくり」に取り組んでいくと、「指導事項と言語活動に対して適切な思考操作となっているか」「どの子どもにとっても効果的な思考操作となっているか」「思考操作の練習をどのように取り入れていくのか」など、教師としての問いが生まれてきます。

思考操作は「どのように考えるか」ということを具体的に分かりやすく、子どもの目線に立って設定しなければなりませんが、積み重ねた思考操作はその子どもの生涯を支える「考えることのできる力」になると感じています。また、特別支援学級の子どもだからこそ、具体的で分かりやすい思考操作が必要です。「考える」ということを子どもの実態に応じて具体的に分かりやすく教え、その子どもが扱えるように体験の中で実感させていきます。どの子どもにも「考える」ことができるように教え、その術を学ばせ、扱えるようにすることは教師の重要な使命なのです。

①　育成を図る資質・能力と言語活動／題材「自分の考えを伝えよう」東京書籍

この単元では、「自分の考えとそれを支える理由との関係を明確にすることができるようになる」ことを目標とし、「自分の考えを書いて伝える時に役立つ『伝達の型』をつくる」という言語活動を設定します。具体的には、自分の考えとそれを支える理由との関係によって意図的に文章全体を構成する活動です。

考えとそれを支える理由との関係を明らかにするのですから、「伝達の型」には、何を書いたかという書いた内容よりも、どのように書いたかという「書き方」が重要となります。どのような意図をもって考えと理由を組み合わせて並べたのか、といったことを自覚し言語化するのです。つまり、この単元における「書き方」とは「組み合わせ方」「並べ方」のことになります。そこには当然、思考操作が深く関わってきます。言語活動に取り組む中で、「組み合わせる」「並べる」といった思考操作を使いこなしながら、さらにそれらの意図を自覚していくことで、思考操作の理解も深まっていくことになります。

② 学習課題

96ページの学習計画に記載した学習課題を参照してください。

③ 《私の問い》を立てられるようにする教師の仕事

この学習では、「自分の考えと理由との関係」にかかわった《私の問い》を立てることが必要です。

特別支援学級ということもあり、《私の問い》ということを特別なものではなく、身近なものだという感覚をもたせたいと考えました。そこで、山登りや遊び、料理などの例え話を交えながら、子どもが日常生活の中で頭に思い浮かべる問いを基に《私の問い》のイメージをもたせました。そして、毎時間、その子どもが立てるであろう《私の問い》を1人ずつに複数提示し、その中から選ばせたり、それらを参考にして自分で立てさせたりしました。

はじめは《私の問い》と目の前の言語活動が結び付いていないようでしたが、単元が進むにつれて結び付けられるようになりました。それぞれにぴったりな《私の問い》を立てることに時間はかかりましたが、その後の言語活動は充実したものとなっていました。

―《私の問い》を立てることを導く教師の語りの例―

・この中でこの時間に「考えてみたいな」「取り組んでみたいな」と思う《私の問い》はありますか。

・この時間に「考えてみたいな」「取り組んでみたいな」と思っていることは何ですか。それを基に先生と一緒に《私の問い》にしてみましょう。

④ 《私の問い》

はじめに立てた《私の問い》
児童A　自分はどちらがいいか。
児童B　どの理由を選ぶのがいいか。
児童C　お礼を伝えるには電話で伝えるのがいいか、手紙で伝えるのがいいか。
更新した《私の問い》
児童A　自分の考えとして片方を選べずに、両方ともよいと考える時がある。このような場合にはどのような理由を書くのがいいか。
児童B　理由が2つの時や3つの時の「伝達の型」を書くことができてきた。理由はいくつ書くのがいちばんいいのか。
児童C　自分の考えを最後に書くのがいいかなと思う。その考えを書くまでに理由はどのように並べたらいいのか。

⑤ 言語活動の実際

この学級(特別支援学級)では書字や自分の考えの理由をもつことに特別な支援を要する子どもがいます。そこで、以下の2つの手立てを取り入れました。

(1)考えを支える理由になりそうな複数の理由を一覧にした理由表をもたせる。

(2)教師との対話を通して文章化していく。

このような手立てを整え、合理的配慮のもと、この単元で目指す「考えとそれを支える理由との関係を明確にすることができるようになる」ための学習を進めていきました。

まずは、考えるテーマを決めてそれに対する自分の考えをもち、考えを支える理由を選んでいきます。次に、それらを組み合わせて並べていきます。そして、考えとそれを支える理由の組み合わせ方、並べ方について解説を書いていきます。考えとそれを支える理由を組み合わせて並べるという思考操作をする際に、立ちどまって考えさせるということが重要となります。立ちどまることがなければ、組み合わせ方や並べ方に対する自分の意図が明確にならない場合が多いです。立ちどまらせて、他にどのような組み合わせ方があるか、いくつかの組み合わせ方を比べるとどれがいいのか、どうしてその組み合わせ方がいいと思ったのか、などを明確にしていくことで、組み合わせ方、並べ方の意図をもつことができます。

実際には、子どもに選ばせたあとに一緒に複数の組み合わせ方を考えたり、どの組み合わせ方がいいのか選ばせたり、それはどうしてなのかという意図を引き出したりしました。

児童の言語活動例

伝達　三の型

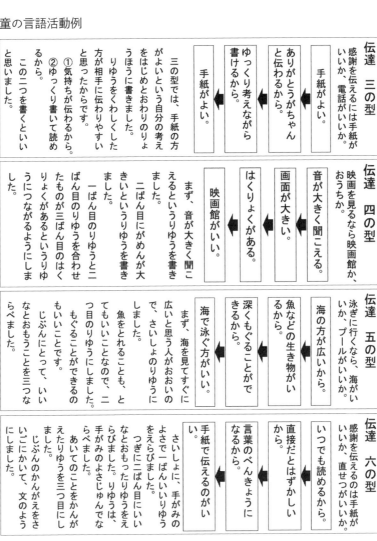

感謝を伝えるには手紙がいいか、電話がいいか。

手紙がよい。
⬅
ありがとうがちゃんと伝わるから。
⬅
ゆっくり考えながら書けるから。
⬅
手紙がよい。

三の型では、手紙の方がよいという自分の考えをはじめとおわりのりょうほうに書きました。

りゆうをくわしくした方が相手に伝わりやすいと思ったからです。

①気持ちが伝わるから。
②ゆっくり書いて読めるから。

この二つを書くといいと思いました。

伝達　四の型

映画を見るなら映画館か、おうちか。

音が大きく聞こえる。
⬅
画面が大きい。
⬅
はくりょくがある。
⬅
映画館がいい。

まず、音が大きく聞こえるというりゆうを書きました。

二ばん目にがめんが大きいというりゆうを書きました。

一ばん目のりゆうと二ばん目のりゆうを合わせたものが三ばん目のはくりょくがあるというりゆうにつながるようにしました。

伝達　五の型

泳ぎに行くなら、海がいいか、プールがいいか。

海の方が広いから。
⬅
魚などの生き物がいるから。
⬅
深くもぐることができるから。
⬅
海で泳ぐ方がいい。

まず、海を見てすぐに広いと思う人がおおいので、さいしょのりゆうにしました。

魚をとれることも、とてもいいことなので、二つ目のりゆうにしました。

もぐることができるのもいいことです。

じぶんにとって、いいなとおもうことを三つならべました。

伝達　六の型

感謝を伝えるのは手紙がいいか、直せつがいいか。

いつでも読めるから。
⬅
直接だとはずかしいから。
⬅
言葉のべんきょうになるから。
⬅
手紙で伝えるのがいい。

さいしょに、手がみのよさで一ばんいいりゆうをえらびました。

つぎに二ばん目にいいなとおもったりゆうをえらびました。りゆうは、手がみのよさじゅんでならべました。

あいてのことをかんがえたりゆうを三つ目にしました。

じぶんのかんがえをさいごにかいて、文のようにしました。

⑥ 学習計画

単元　考えを伝えるにはこの形！

学習かだい　学習課題

この単元では、自分の考えと理由とのかんけいをはっきりさせることができるようになる学習をします。
かだいは、考えとそれをささえる理由を組み合わせて、自分の考えを伝えるときに役立つ「伝たつの型」をつくることです。

［知る］
考えとそれを支える理由のかんけいをはっきりさせる。

【学習計画】七時間くらい

これまで　自分の考えがはっきりするような書き表し方をする
今から　自分の考えと理由とのかんけいをはっきりさせる

一　学習かだいと学習計画表で見通しをもつ。　一時間

①言語活動と出会う　②これから取り組んでいくことについて話し合う
③言語活動のイメージをもつ

二　《私の問い》を立て、考えとそれにつながる理由を組み合わせて、自分の考えが伝えやすい「伝たつの型」をつくる。　五時間

自分の考えとその理由を書く
・考えとそれを支える理由をえらぶ。
・えらんだ理由を組み合わせて、考えと理由をどのようなかんけいでならべたのか、はっきりさせる。
・つくった「伝たつの型」とほかの「伝たつの型」をくらべて、どんなちがいがあるか、どんな時にやくに立つかを考える。

学習の手引き①
☆考えとそれを支える理由の関係をはっきりさせるには、「えらびなおし」や「ならべかえ」「くらべる」ことがこうかてきです。考えや理由を別のものにしたり、別の組み合わせ方にしたりして、くらべてみるといいでしょう。

三　単元で学習したことをまとめる。　一時間

①先生から
②単元のふりかえりと作品のふりかえり
・　この単元で学んだことについて一枚に書く。

四　力をたしかめる（かつようだい）　かつようだい

（江里口大輔／えりぐち・だいすけ）

第７章　「言語活動」を位置づける

学習指導要領が新しくなり、どの研修会に参加しても、子どもの学び方そのものが大きく変わらなくてはならないことの必要性をひしひしと感じております。主体的・対話的で深い学びの実現に向け、いろいろな先生方と議論しているのですが、国語の授業に関してなかなか深い学びの具体が見えてこないというのが実際のところです。

現状を見ると、主体的な学びと言いながらも、子どもが教師からの課題をそのままやらされている授業に陥っています。何のために活動しているのかも分からないまま、学びが作業になっています。他方で、対話的な学びと言いながらも、教師が発問を連発し、子どもは問いも疑問をもたず対話もないまま、一方的な発問に反応するだけの授業に終始している傾向が見られます。国語の授業における子どもたちの学び方が旧態依然としたままで、国語の授業だけが取り残されているように思います。

そんな中、大切にしたいのが言語活動を設定した課題解決の単元学習です。もちろん、「活動はしているけれど、学んでいない」というようにならないためにも、学習指導要領から指導事項を選び、「考える言語活動」であることが必要です。そういう言語活動だからこそ価値があるのだと考えています。このような考え方で単元を作っていくなら、若い先生もベテランも取り組めると思っています。私自身も現在、日々の授業で取り組んでおります。

ただ、困っているのが「どのような言語活動をどのように位置づけるか」です。学習履歴に合わせ、「やってみたい・取り組んでみたい」と感じる言語活動を目指していますが、学習指導要領の指導事項とのつながりを見いだすことが難しいです。子どもたちは楽しんで言語活動に取り組んではいますが、そこに指導事項である国語科における資質・能力が活用されずにいる、言い換えると、既有の資質・能力を駆使した言語活動となっていないことに問題を抱えています。

どのような言語活動をどのように設定すればいいのでしょうか。特に読むことの領域は作品の特性に左右されるように感じております。子どもたちが夢中になりながら、既有の資質・能力を駆使せざるを得ない活動の中で育成を目指す資質・能力を習得していく言語活動の設定の仕方をお教えください。

熊本県 天草市立本渡南小学校　下中 一平

71．言語活動を通した学習とはどういうものですか

「言語活動を通した学習」とは、教師による発問に依存した学習ではなく、言葉をつかった具体的な活動（行為）を通して言葉で問題を可視化し、言葉で考え、言葉を通して表現しながら解決に向かうことで、言語能力を高める学習のことです。児童生徒の主体的な学びには言語活動を通した学習が不可欠です。

学習指導要領国語編では、次のような言語活動例が示されています（「読むこと」のみ抜粋）。アやイは、指導事項に付けられた項目番号です。

述べる言語活動	小1・2ア	小3・4イ		
伝え合う言語活動	小1・2イ	小3・4イ	小5・6イ	
	中1イ	中2イ	中3イ	
演じる言語活動	小1・2イ			
説明する言語活動	小1・2ウ	小3・4ア	小3・4ウ	小5・6イ
	中2ア	中2ウ		
話し合う言語活動	小5・6ア			
まとめる言語活動	小5・6ア	中1ア	中1ウ	中2ア　中3ア
報告する言語活動	小5・6ウ	中1ア	中1ウ	
記録する言語活動	中1イ			
解説する言語活動	中2イ			
提案する言語活動	中2ウ			
討論する言語活動	中3ア			
批評する言語活動	中3イ			
考える言語活動	中3ウ			

教科書に示されている言語活動には、次のようなものがあります。例えば、小学校5学年及び6学年では、

ア　話し合う・まとめる言語活動

　ブックトークしよう、自分の考えを発表しよう

イ　説明する・伝え合う言語活動

　本を紹介しよう、自分の生き方について考えよう

ウ　報告する言語活動

　資料を用いた文章の効果をいかして書こう

「言語活動」とは「話す」「聞く」「書く」「読む」など、言葉を用いた活動のことですが、学習指導要領の言語活動例にはもう少し具体的な言語の行為

として示され、教科書ではさらに具体的な活動として設定してあります。

「言語活動を通した学習」とは、発問に依存した学習ではなく、言葉をつかった具体的な活動(行為)を通して、言葉で問いを可視化し、言葉で考え、言葉で表現しながら問いを解決しようとすることで言語能力を高める学習のことです。

72. 言語活動を通した学習の目的は何ですか

言語活動を通した学習は、活動することだけが目的ではなく、言語活動を通して、言語能力を高めること(学習目標を達成すること・A フレーズの資質・能力を育てること)が目的です。活動しているだけでは学習になりません。

言語活動を通した学習が学びがいのあるものにならない原因には2つあります。1つは、言語活動そのものが学習としての価値をもたない場合です。もう1つは価値ある言語活動であっても、指導者がその価値を理解できず、教えるべきことを教えていない場合です。形式のコピーの言語活動です。

まずは価値ある言語活動をきちんと単元に位置づけ、教えるべきことを教え、言語活動を学びがいのある学習として成立させなければなりません。

73. 言語活動はどのようにして設定すればいいのですか

教科書に示されている通りに行うことを基本としつつ、学級の児童生徒の学習履歴や、学級の様子、配慮を要する事情、そして教師の指導観を考慮して言語活動をカスタマイズするといいでしょう。

教科書の通りに行うといっても、学級の児童生徒の学習の状況や言語活動の経験を把握することはもちろんのこと、その単元の目標を再確認するとともに、扱う作品や題材の特性と言語活動の属性との関係について検討することが必要です。単元の目標について評価ができる言語活動でなければなりません。

書籍や研究会で知った言語活動をそのまま行おうとしても、価値あるものになりにくいのは、教師が、児童生徒の学習履歴を考慮しなかったり、言語活動の属性や評価について理解していなかったりするからです。

「話すこと」や「書くこと」は、表現の領域ですから、学習そのものが言語活動になりますが、「聞くこと」と「読むこと」は、理解するために言語活動を設定することになります。扱う作品や題材の特性を十分に理解して言語活動を決定する必要があります。

74. 何に気をつけると学びがいのある言語活動になりますか

児童生徒が学習課題から《私の問い》を立て、その解決に向けて楽しんで考え続ける活動になっているか点検することが必要です。

教科書に示されている言語活動を行うことを基本としますが、学級の様子に応じてカスタマイズするときや書籍や研究会などで知った言語活動をやってみるときに、確認しなければならないことは以下の通りです。

①学習課題のＡフレーズ(指導事項)の育成につながっているか
②児童生徒が《私の問い》を立て、主体的に取り組めるか
③何について考えるのかがはっきりしているか
④することがシンプルで分かりやすいか
⑤自分の考えが生かされるか
⑥作品や題材の特性と言語活動の属性が合っているか
⑦評価ができるか

言語活動は、学習課題のＡフレーズ(指導事項)の育成につながるものでなければなりません。活動をしているだけで学習としての成果がない活動は学習における言語活動とは言えません。

そのためにも、児童生徒が主体的に取り組めるものでなければなりません。教師の指示を待って、言われたとおりに進めるだけではなく、《私の問い》を立て、その解決に向けて自分の見通し(学びのデザイン)を修正しながら進めていけるような言語活動にすることです。

言語活動は考えることに夢中になることが大事です。表現することに没頭することもありますが、そんなときでも、何について考えているのかがはっきりしていることが重要です。

児童生徒が考えることに夢中になって取り組むには、何をどのようにする活動なのかがシンプルで分かりやすいものでなければなりません。複雑で手続きの多い言語活動は、進め方を理解することに気を取られてしまい、考えを深めることがないまま作業に追われるだけになってしまいます。また、奇をてらった言語活動に児童生徒は興味をもつことがありますが、長続きしません。長い時間をかける単元であっても、シンプルな中にやりがいのある言語活動がいいでしょう。

言語活動はたんなる作業ではありませんから、手順通りに進めると完成す

るというようなものではなく、自分の考えや創意工夫を生かすことができるように、自由度のある活動にするといいでしょう。

言語活動といいながら、結局はワークシートを埋めるだけのような穴埋め型の言語活動シートになってしまっていることがあります。情報を取り出すことや、解答を書くことだけのワークシート学習ではなく、《私の問い》を立て、その解決を通して活動を進めていくような言語活動になるように設定することが大切です。言語活動は、言葉による見方・考え方をはたらかせる「考えるプロジェクト」なのです。

そのためには、考えがいのある活動であることです。学習課題を解決することは言うまでもありませんが、扱う作品や題材の特性と言語活動の属性が合うように設定することが必要です。どの作品であっても同じように成果が期待できる言語活動もありますが、「この作品ならこの言語活動」という最適の組み合わせもあります。そのような言語活動は、学習の成果も大きく、児童生徒の達成感も申し分ありません。少なくとも、作品の特性を生かせていない言語活動や、作品のよさを損ねるような言語活動を設定することがないようにしたいものです。

最後に、評価の問題です。学びがいがあり、価値のある言語活動というのは、真正な評価ができる言語活動です。単元が終わったときに、評価ができないということでは困ります。学習課題を解決できた学習ということは、Aフレーズにかかわる評価が「B評価」以上であるということです。言語活動モデルを作成するときに評価規準や評価方法を定めておくことが必要です。

これらのことを満たすためにも、教師として言語活動の属性をしっかり理解しておくことが必要です。

75. 言語活動の属性とは何ですか

言語活動の属性とは、その言語活動がもっている根本的な性質のことです。

言語活動としてよく設定される「新聞の人物紹介欄」「紙芝居」「動作化・ペープサート(手軽な紙人形)」を例に考えてみましょう。新聞に掲載されている人物紹介欄の属性は、事実をもとに人物の生き方や考え方、人物の相互関係やその背景について簡潔に紹介することです。ですから、基本的に想像したことや関係のないエピソードを書くことはできません。紙芝居の属性は、場面ごとの移り変わりを背景も含めて表現できることです。登場人物の生き方や考え方、また、詳細な動きを表現することはできません。動作化・ペープサートの属性は、会話や気持ちの変化に合わせて登場人物の細かな動きを表すことができることです。背景や場面の移り変わりを表現することや登場人物の生き方や考え方を紹介することは難しいです。

学習課題のＡフレーズが「登場人物の相互関係を、描写を基に捉えることができるようになる（小学校第５学年及び第６学年　Ｃ読むこと（イ））」なら、新聞の人物紹介欄型の言語活動が有効でしょう。「登場人物の気持ちの変化を場面の移り変わりと結び付けて具体的に想像することができるようになる（小学校第３学年及び第４学年　Ｃ読むこと（エ））」なら紙芝居型、「登場人物の行動など、内容の大体を捉えることができるようになる（小学校第１学年及び第２学年　Ｃ読むこと（イ））」なら動作化・ペープサート型が有効と考えられます。

目標である学習課題のＡフレーズ（指導事項）とＣフレーズ（言語活動）の属性が合うということは、作品の特性を生かすことができるということでもあり、安定感があります。児童生徒も考えを深めながら活動に取り組みやすく、活動を連続させることができます。

76. 言語活動の下ごしらえとは具体的にどんなことをするのですか

単元がはじまる前に、必要に応じて、児童生徒の学習履歴の振り返りや言語活動様式にかかわること、語彙学習にかかわること、学習材にかかわること、グループ学習にかかわることなどの準備をします。

児童生徒は、楽しい言語活動にはすぐに取り組みたがるものです。意欲が高まっているわけですから、喜ばしいことですが、思いのほか単元が進んでも活動が充実しないことがあります。その原因の多くは、これまでに習得してきている資質・能力をうまくはたらかせることができていないことです。

今からの単元での学習にこれまでの学習が生かされなければ、学びの充実や深まりはありません。常にこれまでの学習経験の集大成となるようにしたいものです。既有の資質・能力を総合化させて今からの言語活動に全力で向かわせるようにできれば学習はもっと深まり、児童生徒も自分の成長を自覚するでしょう。今からの単元で目標とする指導事項は、これまでの既有のすべての資質・能力とつながっているわけですから、とにかく学習経験を生かすことが大事です。

ただ、児童生徒が、常にこれまでの言語活動の経験やグループ学習の成果を自覚しているとは考えられません。自覚していなくても既有の資質・能力を生かせるようになればいいのですが、まずは、自分ができることを思い出し、今からの単元でそれらを活用できるようにすることです。そのために教師が学習履歴を思い出すきっかけを作ったり、下ごしらえとしての準備をしたりするのです。

年間指導計画で単元をはじめる時期を確認し、それに先だって、既有の資質・能力をその単元で生かせるように言語活動の下ごしらえの計画を立てます。新規のことを予習するわけではありません。既にできるようになっていることを、いつでも引っ張り出せるようにしておくのです。

新しく単元をはじめる前に、これまでの学習でどのようなことができるようになっているのかを思い出すだけでもいいのです。新しい単元をはじめる1週間前がいいか、前日がいいか、もっと前に行うのがいいかは、下ごしらえの内容によるでしょうが、次の単元を迎える前に、学びのかまえを調えておくのです。

そのようなことをすると新鮮味がなくなるとの指摘があるかもしれませんが、それは教師のいざない方しだいです。児童生徒に寄り添って語れば、自信と興味を喚起し、「できそうだ」という意欲を高めることになります。

語彙についての下ごしらえはたいへん有効です(第12章参照)。児童生徒は言葉を知っていてもそれを積極的に表現に使おうとすることは少ないです。理解語彙として習得しているにもかかわらず、表現語彙として活用しないのです。せめて、使おうと思えば使えるように表現準備語彙として準備しておくといいのですが、自分から準備をすることはほとんどありません。そこで、下ごしらえをするのです。

仮に、これから先の単元で「物語の魅力をまとめる」という言語活動を行う計画があるのであれば、下ごしらえとして、そのときに必要になると考えられる語彙をあらかじめ準備しておくのです。教科書の巻末などには、「人物を表す言葉」「事物を表す言葉」「考え方を表す言葉」「心情を表す言葉」など、表現の魅力を表すことに役立つ語彙が掲載されています。そのほとんどの言葉の意味は理解できます。この理解語彙を、次の単元までに何度か使って表現準備語彙にしておくのです。もちろん、教科書の資料以外のものから言葉集めをすることもできます。児童生徒が自分から家庭学習として、国語辞典やインターネットなどで言葉を集めてくることもいいことですが、まずは教科書です。

既有の資質・能力の確認、語彙学習など、教師のちょっとした計画でこのような言語活動の下ごしらえをすることができるのです。

77. 言語活動を充実させるにはどのようなことに気をつけるといいですか

教師が実際に言語活動をやってみることです。

言語活動を通した学習を進めていくと、学びの場の提供としていろいろな言語活動を設定したくなるものです。教師にとって面白そうなものは児童生徒にとっても魅力があるでしょうから、挑戦してみることは価値のあることです。しかし、「面白かったかどうか」ではなく「学習としての価値があったかどうか」を点検することを忘れてはいけません。

重要なことは「どのような言語活動をさせるか」ではなく「どのように言語活動させるか」なのです。教師は、児童生徒が「どのように言語活動するか」をイメージできなければいけません。そのためには、教師が言語活動をやってみることが絶対です。言語活動モデルを作ることも含めて、とにかく言語活動をやってみることです。

言語活動を通した学習を行うことは音読や漢字の学習を軽視することではありません。音読を継続することで理解が深まり言語活動が充実することは間違いありません。ただ、無目的に音読させるのではなく、学習課題のAフレーズの内容にかかわらせた音読やCフレーズを効果的に進めるための音読を設定する必要があります。漢字学習も同様です。漢字を知り、漢字を楽しんで使いこなす学習と言語活動を連動することも効果的です。

78. 言語活動の評価はどのようにして行うのですか

言語活動の評価には、言語活動を行っている過程でのリアルタイムの評価と、言語活動の作品の評価があります。

言語活動を通した学習の評価は、言語活動を通して行うことが基本です。実際に指導した教師がテストを自作するのであれば、言語活動を通した学習をテスト形式の方法で評価することも可能でしょうが、小学校で扱うような市販のテストであれば、それで言語活動を通した単元の評価することはできないでしょう。中学校では、定期試験に単元での言語活動を通した学習にかかわる問題を取り入れることを考えていきたいものです。

児童生徒が言語活動を行っている過程でのリアルタイムの評価は、関与や観察しやすい時間に偏りがちになりますから、どのタイミングで関与や観察を行うのか計画を立てておくことが必要です。同じ時間に全員に行うことは不可能ですから、それぞれの児童生徒の学習のスピードを把握しておき、それぞれに異なる評価のタイミングを見逃さないようにすることが必要です。児童生徒が《私の問い》の解決に向かっているときや、まさに学習課題のＡフレーズの力に迫ろうとしているとき、既有の資質・能力を総合化させて取り組もうとしているときなどがそのタイミングです。その瞬間はさまざまですが、普段から児童生徒にかかわろうとしている教師なら見逃すことはありません。児童生徒の言語活動の様子は動画に残して省察することも有効です。

言語活動の作品による評価は、言語活動モデルを手がかりに把握・精読・分析します。基本的に言語活動モデルはＢ評価程度のものを作成するわけですから、言語活動モデルと同程度であれば「B」と評価できるわけです。ただ、言語活動の作品を評価するといっても、できあがったものだけで評価するわけではありません。教師は、児童生徒がその言語活動に取り組んでいる過程を関与・観察・省察しているわけですから、結果としての作品からも児童生徒の言語活動の様子を思い起こして、児童生徒の学びの全体を総合化させて評価することができます。

■実践　読むこと(エ)人物像や物語などの全体像を具体的に想像したり、表現の効果を考えたりすること。：小学校第５学年

> 学習指導要領の国語科の目標に「言語活動を通して…」という言葉があります。子どもの学び方そのものが大きく変わらなくてはならないと強く感じております。主体的・対話的で深い学びへ向け、いろいろな先生方と議論しているのですが、国語の授業に関してなかなか深い学びの具体が見えてこないというのが実際のところです。
>
> 現状を見ると、主体的な学びと言いながらも、子どもが教師からの課題をそのままやらされている授業に陥っています。何のために活動しているのかも分からないまま、学びが作業になっています。他方で、対話的な学びと言いながらも、教師が発問を連発し、子どもは問いも疑問をもたず対話もないまま、一方的な発問に反応するだけの授業に終始している傾向が見られます。国語の授業における子どもたちの学び方が旧態依然としたままで、国語の授業だけが取り残されているように思います。
>
> だからこそ、資質・能力が身に付く言語活動を設定した単元学習が重要なのです。「活動あって学びなし」という状態にならないためにも、学習指導要領から指導事項(資質・能力)を選び、「考える言語活動」であることが必要です。
>
> では、どのように言語活動を設定するかというと、まず、やみくもに日記やリーフレット、劇などの言語活動をさせればいいというわけではありません。学習材を細かく研究しどのような特徴があるのか調べ、学習指導要領のどの資質・能力を身に付けさせるべきかを決めます。次に、その資質・能力と学習材の特徴に合わせて、新聞、手紙、日記、コラム記事、書評など日常生活の中にある適切な言語活動と結び付けながら設定します。そうすることで、「活動あって学びなし」ではない「考える言語活動」となります。
>
> 言語活動は、子どもの学習意欲を引き出すだけでなく、友達とのコミュニケーションを取ったり、解決策を考えたりと、これから生きていくうえで大切な課題解決の力を育てることができます。子どもが言語活動を通した学びをしていくことは、国語の資質・能力だけでなく人間として生きる力の部分を育てていくことにもつながると強く感じています。

①　育成を図る資質・能力と言語活動／学習材「大造じいさんとがん」東京書籍

この単元では、「表現の効果について考えることができるようになる。」ことを目標とし、「動物物語の表現の効果を紹介する文を書く」という言語活動を設定します。具体的には、朝日新聞の「折々のことば」のコラム記事のように書く活動です。「折々のことば」は古来の金言から日常での何気ない言葉まで、言葉から巡らせた思索を綴るコラムです。言葉に対して自分の考えを述べていくという点で表現の効果を書き記していくのに最適な言語活動

です。また、地元の新聞社のコラム欄に活用題として投稿しようと提案し、子どもが学習意欲や相手意識をもって活動できるようにしました。

実際に単元の始めには、子ども達に、新聞のコラム記事を見せ、どのように書かれているかを感じさせました。しかし、これでも言語活動のイメージをもつまでにはなりませんでした。ここで重要なのは、言語活動モデルを示し、どのように学習材を読み、何を身に付けるのかのイメージをもたせることです。具体的に言語活動を想像することができた子どもたちは見通しをもって自ら学びに向かっていくことができました。

そこから子ども達は、情景描写の「秋の日が、美しくかがやいていました。」などの情景描写を別の言葉や言葉の有無で比較して、情景描写のもたらす効果を明らかにしていきました。このように、直接的に人物の気持ちが書かれていない行動や会話、様子、情景描写などから表現の効果を明らかにさせ人物像に迫っていく活動です。

② 学習課題

110ページの学習計画に記載した学習課題を参照してください。

③ 《私の問い》を立てられるようにする教師の仕事

この学習では「表現の効果」にかかわった《私の問い》を立てることが必要です。

この学級の子どもは、5月頃から《私の問い》を立てる学びを行っています。始めは穴埋めをしたり、選択したりして少しでも個人に合った《私の問い》を立て、そのよさを体験させました。また問いを吟味して、どの問いが学びがいのある問いなのかをクラス全体で考えさせました。このような活動を経験しながら、参考にして《私の問い》を立てていきました。大事なことは問いを吟味し、自分で立てることができるようになることです。

更に《私の問い》をより学ぶ価値があるものにするために、グループで読み合って検討したり、学習計画表と《私の問い》を見比べたりしました。そうすることで、よりよい《私の問い》として調えられるようにしました。最後には全員が自分の言葉で《私の問い》を立てることができるようになりました。《私の問い》があることで自分の学びに責任をもって取り組む姿がありました。

—《私の問い》を立てることを導く教師の語りの例—

・今書いた《私の問い》で今すぐ学びに向かえますか。向かえないのならもっと具体的にしましょう。《私の問い》は書いた瞬間学びが始まるものにしないといけません。《私の問い》を自分のものにしましょう。

・(《私の問い》の一覧を共有しながら)学びがいのある問いはどれですか。それはどうしてですか。

・めあてと《私の問い》はどのような違いを感じますか。(子ども：めあては与えられてやる気がでなかったけど《私の問い》は自分で立てるので学びに責任が生まれる。)

④ 《私の問い》

はじめに立てた《私の問い》

児童K　表現の効果をこれから見つけていくために物語の中身をしっかりと覚えられるか。

児童C　言葉の工夫を見付け、ことばちずを書くことができるか。

児童R　物語はどういうものなのか理解し、表現の効果を見つけられるか。

児童S　「大造じいさんとがん」の中から工夫された表現を見つけることができるか。

更新した《私の問い》

児童K　今までの情景描写の言葉の比較を生かして１枚の紙にまとめていき、「大造じいさんとがん」と「注文の多い料理店」を比べて表現の効果を文章でまとめられるか。

児童C　なぜ大造じいさんは、最初、「忌々しく」思っていたのに最後には、「晴れ晴れ」とした顔つきになったのか情景描写とつなげて考えることができるか。

児童R　物語の山場にある情景描写を見付けその描写があるのとないのでどのように違いがあるか比較して、大造じいさんの気持ちが読みとることができるか。

児童S　「東の空が真っ赤に燃えて」があるのと、ないのではどのように表現の効果があるのかことばちずで比較して考えることができるか。

⑤ 言語活動の実際

児童Rのはじめの《私の問い》は、「表現の効果を見つけられるか」と抽象的であり、単元での見通しをもてていません。漠然とした《私の問い》になっています。しかし、更新した《私の問い》はどの場面に注目し、どのような思考をして何を見つけるのかが明確になっています。見通しをもち自分から言語活動に向かっている《私の問い》に変容しています。

児童Rの言語活動を行っている様子を追うと、「あかつきの空に光って散りました。」の「光って」という言葉に着目していました。その「光って」の表現の効果を見いだすために、前後の文章や、物語全体を何度も読み直している姿がありました。「光る」の辞書的な意味を調べたり、登場人物とつなげたりしながら考えていました。この児童Rに話を聞いたところ『世界で一番やかましい町』の時に山場を学んだから、この『大造じいさんとがん』にも山場があると思いました。そして、私が思う山場に「光って」という言葉があったので大切な効果があるんじゃないかと思って考えました。」と述べていました。これまでの学びを生かしながら表現の効果を追い求めている姿がありました。

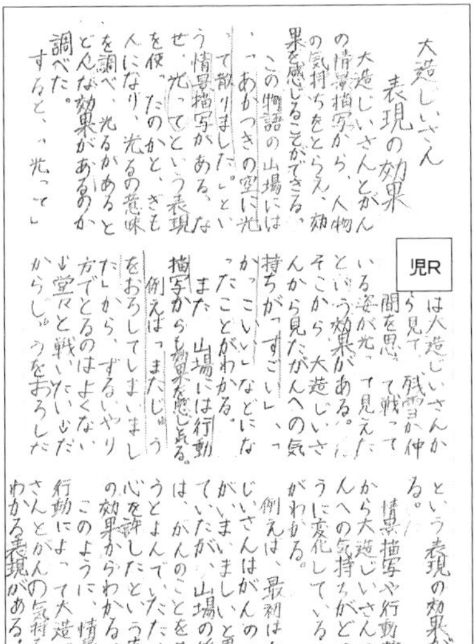

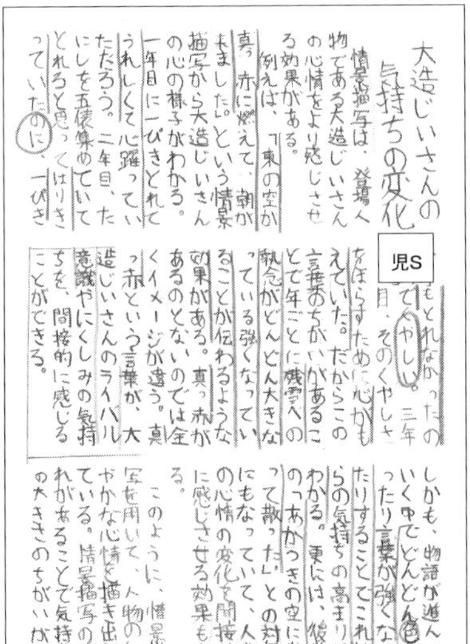

⑥ 学習計画

単元　動物物語「折々の名文」発表会をしよう

学習課題

この単元では、表現の効果について考えることができるようになる学習をします。課題は、手がかりとなる表現と他の表現を比べて、動物物語の表現の効果を紹介する文を書くことです。

〔知る〕作品中の情景描写や人物の様子を表す語彙に注意して読み、言葉の意味、働き、使い方を調べながら語彙を豊かにすること。

【学習計画】8時間くらい

1　準備・単元開き（毎日・いつでも）　1時間
（あ）全単元の振り返り
（い）学習課題を理解する
（う）モデルを見て単元の見通しをもつ
（え）単元開きのふりかえり

これまで、工情景描写について理解することができる。
今から、物表現の効果について考えることができるようになる。

2　《私の問い》を解決しながら動物物語の表現の効果を紹介する文を書く。　5時間
（あ）登場人物などの物語の内容をつかむ。
（い）《私の問い》を立てる
（う）工夫された表現を見つける。
（情景描写・動作・様子・会話　等）色分けする
（え）見つけた表現と他の表現を「ことばものさし」で比べる。
（お）表現の効果を照会文にまとめる。
（か）学びの振り返りを行う。（コンパクトライティング）

描写
物語の中で、場面の様子、人物の行動や心情などを読み手が想像できるように言葉で描き出したものを描写という。描写を丁寧に捉えると、表現の効果について考えることができる。

これまで様子や行動描写から人物について考えることをしてきたけど、情景描写って何だろう。

「秋の日が美しく輝いていました」という情景描写からは大造じいさんのどんな気持ちや様子がわかるだろうか。「ことばものさし」で比べてみよう。

「秋の日が美しく輝いていました」と「ある秋の日」では感じ方が違うね。大造じいさんの心情などを感じ取ることができるかもしれないね。この時はどんな状況だったかな。

言葉を比べるとその言葉がどんな効果をもたらしているのかがわかるね。他にも「子どものように声を挙げて喜びました」と「喜びました」ではどのような表現の効果の違いがあるのだろう。

3　書いた作品を読み合って交流する。　1時間
（あ）お互い交流して改善する。
4　ふりかえり。
①先生から
②単元の振り返りと作品の振り返り
5　力をたしかめる（活用題）。　1時間

「いきいきしく」「わくわく」「夢中」「子どものように」「首をかしげる」「感嘆の声」「会心の笑み」など細かく様子がわかる言葉が使われている。大事な材料になるよ。

（平田昌志／ひらた・まさし）

第８章 「言語活動モデル」をつくる

教師になって10年が経ちました。生徒に国語の力を付けたい！と思い日々授業づくりに取り組んでいます。そんなときに、生徒の「学びたい！」が溢れた国語教室に出会い、衝撃を受け、私もそのような国語教室を創りたいと思いました。特に、「言語活動モデル」の存在に驚きを隠せませんでした。

私の言語活動のゴールは、「出来上がってからのお楽しみ」的な位置付けだったのです。生徒の立場からすれば、ゴールが見えない学びを歩むことほど不安なことはありません。車のナビが目的地なく誘導するのと同じです(どこに連れて行かれるのだろう)。教師主導のミステリーツアーのような授業をしていた自分が恥ずかしくなりました。

そこで、私も「言語活動モデル」を作成し、授業に臨んでみることにしました。しかし、実際に出来上がった「言語活動モデル」を生徒に示すと疑問が２つ湧いてきました。

①「言語活動モデル」があることで、生徒がそのまねをするのではないか。

このように書けばいい！と生徒が理解するのはいいのですが、言語活動を進めていくとき、生徒は言葉を入れ替えているだけで同じような形式のものになっていると思うのです。

教師が作成したモデルを見ながら言語活動を達成していく生徒の姿に、これは自分で考えたと言えるのだろうか、と疑問を抱いてしまいます。一方で、教師が作成したモデルが手元になかったら、この生徒は言語活動を達成できなかったのではないか、とも感じます。「言語活動モデル」があることで生徒の思考を止めてしまっているのではないかと不安になってきます。

②「言語活動モデル」が育成すべき資質・能力と結び付いているのか。

私が作成した言語活動モデルで、本当に力が付くのだろうか、どのように評価していくか、その見極めができません。

生徒は、言語活動を最後までやり切ることで、達成感や充実感を得ていると思います。しかし、それだけではいけないと私は考えるのです。生徒が「○○の力が付いたよ！」と自覚し、他の場面で活用できることも大切だと思います。「ぼやっとしている(私はこの言葉が悔しくて仕方ありません！)」と言われてしまいがちな国語の力が明確になる瞬間だとも思います。「言語活動モデル」が育成すべき資質・能力に結び付いていることを教師も生徒も実感できる手立て等がありましたら教えてください。

鹿児島県 屋久島町立安房中学校　中村 恵理

79. 言語活動のモデルは必要ですか

言語活動モデルは児童生徒の学習の見通しになることはもちろんのこと、教師が言語活動の価値を確かめるためにも必要です。

単元づくりを行う中で、教師なら誰もが、「この言語活動でいいのだろうか」と思案するものです。この言語活動が児童生徒にとって楽しいと感じるものなのか、難しすぎたり易しすぎたりしないかどうか、学びがいのあるものなのか、など、気になることはたくさんあります。

しかし、私たち教師が、児童生徒と同じ言語活動を実際にやってみることで、これらの心配事はすべて解決します。難易度や時間配分の問題だけではなく、目標としている指導事項を育成するために考え、考えたことを表現できる言語活動としての価値があるかどうかが分かります。また、この言語活動でどのような評価ができるのかについて確かめることもできます。

そして、教師が作成した言語活動に、活動の様式についての注意事項や、考え方のてびきなどを書き添えたものを「言語活動モデル」として児童生徒に提供することで、児童生徒の言語活動の質はぐんと高まります。

80. 児童生徒にとって言語活動モデルとはどのようなものですか

言語活動モデルは、児童生徒が言語活動を進めていくときのてびきとなるものです。「どのような様式で表現するのか(活動モデル)」だけではなく「何をどのように考えて進めるのか(思考モデル)」のてびきとしても機能するように作成することが必要です。

言語活動モデルは、児童生徒が言語活動を進めていくときのてびきとなるものです。「どのような様式で表現するのか」という活動がイメージできるモデルでなければなりません。

ただ、完成作品としてのイメージだけだと、その形式をコピーしただけの言語活動で終わってしまい、「活動あって学びなし」になってしまいます。それでは、学びがいのある言語活動にはなりません。

そこで、活動のモデルとしてのはたらきに加えて、考え方のモデルとしても機能するように作成するのです。「何をどのように考えていくのか」が具体的に分かる思考のモデルとしての役割が必要です。

81. 言語活動モデルがあることで児童生徒はそれをまねしませんか

教師と児童生徒とで、言語活動モデルの内容や活用の仕方について話し合い、理解を深めることができれば、児童生徒がまねをすることはありません。

言語活動モデルには活動モデルとしてのはたらきと、思考モデルとしてのはたらきがあります。両方の意味をしっかりと理解できれば、児童生徒の言語活動がまねで終わることはありません。

まず活動モデルとしてのはたらきです。例えば言語活動として、「ある投書(悩み)の返書を書く活動」を設定したとします。児童生徒には、言語活動の様式と書く内容をイメージさせる必要があります。そのためには、新聞の実物の投書を見せることがいちばんと思いがちです。しかし、本物の投書が今からはじめる言語活動モデルとして役立つとは限りません。なぜなら、実際の投書は、学習課題の A フレーズ(指導事項)の育成のために書かれたものではないからです。「投書―返書」という様式を知ることだけが目的なら実物の新聞を見せるだけでもいいのですが、学習としての言語活動モデルとしては十分ではありません。教師がこのことをしっかりと説明すれば、児童生徒も、言語活動モデルは様式だけをイメージするためだけのものではないことがわかり、言語活動の形式をまねするだけで終わってしまうことにはなりません。

次に思考モデルとしてのはたらきです。この「投書－返書」の事例での学習課題の A フレーズ(指導事項)を、「徒然草を読んで理解したことをもとに、投書に対して自分の考えをもつことができるようになる」こと、そのための B フレーズ(思考操作)は「兼好法師と自分の考えを比較すること」とします。この場合ここでの言語活動モデルとしては、投書に対しての自分の考えを書くという様式のモデルだけではなく、自分の考えとは異なる考えを集めること、そして、その考えと自分の考えを比較すること、比較することで自分の考えを新たに作り出すこと、など、具体的に思考するためのてびきとして機能するモデルになるようにすることが必要です。児童生徒が言語活動は形式をコピーするのではなく、自分らしさという意味を創造することだと理解できれば、言語活動モデルをまねするだけで終わってしまうことにはなりません。

思考モデルとして使うことができない言語活動モデルであれば、学びの深まりは期待できません。思考モデルとして使えるモデルであるにもかかわらず、考えるために活用しなければ、モデルの語句を入れ替えるだけの活動

(形式のコピー)で終わってしまうことになります。

このように、言語活動モデルを、様式の一部を書き換えるだけのものとして利用するのか、学習を深めるためのてびきとして活用するのかは、思考モデルとして使いこなしているかどうかです。

言語活動モデルが1つである限り、児童生徒の言語活動の様式が同じように見えるのはしかたのないことですが、思考の結果は1人1人の学びの結果が表れたものですから、そこには多様な1人1人の意味の創造が表れています。

82. 言語活動モデルを参考にした活動は自分で考えたことになるのですか

言語活動モデルとして示したものは、あくまでも1つの表現のスタイルの例であり、教師によって提案された思考です。児童生徒の活動はモデルに依存しているように見えますが、1人1人の児童生徒の思考と表現の結果はそれぞれの学びの軌跡ですから自分で考えたことに他なりません。

言語活動モデルがなければ、言語活動に取り組むことすらできなかった児童生徒がいるかもしれません。言語活動モデルがあったからすべての児童生徒が学びに向かうことができたのかもしれません。言語活動モデルは、かけがえのない学びのてびきなのです。

言語活動モデルは、児童生徒の思考を狭めるものではなく、学びを揺り動かし、広げ深めていく可能性をもったものです。ですから、仮に1種類であっても、教師は質の高い言語活動モデルを提供できるようにならなければならないのです。

先ほどの例で言えば、実物の新聞の投書欄をコピーして配布すれば言語活動モデルになるというものではないのです。新聞に掲載されている投書の話題を単純に「徒然草版」に書き換えることが学習ではないからです。

教師は、学習課題の解決に向けた学びに導く言語活動モデルを提供しなければなりません。「投書」という様式に段落構成という言い方は馴染まないかもしれませんが、言語活動はあくまでも学習のための活動ですから、学習課題の解決のために、段落構成を明確にして投書を書くことが学習として効果的であると考えられるのであれば、段落構成を明確にした言語活動モデルを作成するべきでしょう。

この場合であれば、大きく2つの段落に分け、第1段落には、徒然草の引用、吉田兼好の考えの紹介、吉田兼好と自分の体験と結び付けて比較したことを書き、第2段落には返書としての意見を書くというようなモデルが考えられます。第1段落は、情報を取り出したあと、学習課題のBフレーズ(思考操作)の「兼好法師と自分の考えを比較する」ことで考えを明確にします。そして、比較したからこそ明らかになった新たな自分の考えを第2段落に書くのです。こうして、思考した結果としての投書が完成するわけです。このような思考と活動のてびきとなるのが言語活動モデルなのです。

83. 言語活動モデルで扱う作品は単元で扱う作品と同じものがいいですか

単元で扱う作品や題材とは異なるものを使うのがいいでしょう。

例えば、今からはじまる単元では、「一つの花」を扱い、「物語を読んで分かったことをふまえて、感想をもつことができるようになる学習」と学習課題のAフレーズ(指導事項)を設定したとしましょう。教師は、児童が、感想をもつことができるように、作品のあらすじを捉えること(登場人物の行動や設定などに着目すること)や、感想を表す語彙を集めたり選んだりすることができるような言語活動モデルを作成するわけです。では、どの作品を扱って言語活動モデルを作成すればいいのでしょうか。

児童がそのあと読み進めていく「一つの花」を使って言語活動モデルを作成すると、作品の理解が深まったり、言語活動モデルを使いこなしたりすることはできるでしょう。しかし、児童の言語活動は、どうしても教師が作成した言語活動モデルの影響を強く受け過ぎてしまいますから、この単元で扱う「一つの花」とは異なる作品で言語活動モデルを作るのがいいでしょう。

ただ、別の作品で作成した言語活動モデルは、その作品を読んだことがない児童生徒にとっては馴染みのないものになってしまいます。内容の概要を捉えるのに多くの時間が必要でしょう。そこで効果的なのが、これまで児童生徒が読んだことのある作品(この事例で言えば、「わすれられないおくりもの」)の再活用です。

この単元までに読んだ作品であれば、改めて時間をかけて読む必要もありません。以前の単元や前学年のもの、中学生であれば小学生のときに読んだものも含めて再活用して言語活動モデルを作成するといいでしょう。

84. 育成すべき資質・能力と結びついた言語活動モデルとはどんなものですか

育成すべき資質・能力と結びついた言語活動モデルとは、①学習課題のAフレーズ(指導事項)の学習としてイメージできるもの、②Bフレーズ(思考操作)のはたらかせかたが具体的にイメージできるもの、そして③学習課題が解決できたかどうかを評価できるもの、のことです。

育成すべき資質・能力と結びついた言語活動モデルとは、児童生徒が言語活動を進めていくときに学びのてびきとして役に立つものです。「どのような様式で表現するのか」という活動のモデルとしてイメージできるものであり、「何をどのように考えていくのか」が分かる思考のモデルにもなるものです。そして、活動を通して、見通しをもったり振り返ったりするときに活動全体を評価することができるB評価としてのイメージとなるものです。

例えば、学習課題のAフレーズ(指導事項)を「登場人物の気持ちの変化や性格、情景について、場面の移り変わりと結び付けて具体的に想像することができるようになる(小学校第3学年及び第4学年　C読むこと(エ))」、Cフレーズ(言語活動)を「あのときとこのときの場面を比べて感想を書く」とした単元を設定し、その言語活動モデルを作成するとします。多くの場合、場面を比べながら読んで捉えた登場人物の気持ちの移り変わりについての感想をまとめたモデルを作るのではないでしょうか。

しかし、このようなモデルは、場面を比べながら読むことで登場人物の気持ちの移り変わりについての感想をもつことができている児童向けの「書き方」のモデルでしかありません。すべての児童生徒の学びに役立つ言語活動モデルとは、活動のモデルとして様式が分かるとともに、場面を比べながら読むとはどうすることか、登場人物の気持ちの移り変わりを捉えるとはどうすることか、感想にまとめるとはどうすることなのか、のように「言語活動では何についてどのように思考して進めるのか」ということが分かる思考のモデルとしても機能しなければならないのです。

場面の移り変わりと結びつけるには、まず、2つの場面を選ばなければなりません。2つの場面を「あのときの場面」と「このときの場面」と呼ぶことで、児童は2つの場面を選びやすくなります。そして、それぞれの場面でのできごとを「あのときは、〇〇」「このときは、□□」と比較して説明することで、2つの場面の似ているところや違うところを見つけ、登場人物の気持ちの移り変わりを言葉にすることができるようになります。

そこで、第1段落にあらすじ、第2段落に「あのときは」、第3段落に「このときは」、第4段落に2つの場面を比較して見つけた場面の移り変わり、第5段落に登場人物の気持ちの移り変わりについての感想をまとめる、というようなものを言語活動モデルとして作成することが考えられます。

言語活動を通して学ぶとは、1人1人が言語活動を行う過程で思考して力を出し切ることです。それを実現する言語活動モデルを提供することは教師の仕事の1つなのです。

なお、言語活動モデルは、児童生徒が憧れをもってできそうだと感じ、やってみたいという意欲を高めるためのものでもありますから、視覚的にも分かりやすいものでなければなりません。ときには、動画や音声等を使って作成することもいいでしょう。

そして、なによりも、言語活動モデルを児童生徒と一緒に丁寧に分析する時間をとり、Aフレーズと C フレーズの関係をしっかりと理解し、児童生徒のやってみたいという気持ちを高め《私の問い》を立てることが大事です。

85. 言語活動モデルはどの程度のレベルで作成するといいですか

言語活動モデルは、「おおむね満足できる(B評価)」と評価できるものを作成するのがいいでしょう。児童生徒が憧れをもって言語活動を進めていくときに活用するものですから、児童生徒の学習状況とあまりにかけ離れたものは適切ではありません。

言語活動モデルは教師がB評価のレベルのものを自作することが基本です。自作する前に、単元の目標をおおむね満足できる状況であると評価(B評価)できるものを想定しておくことで、A評価やC評価との違いを教師自身が確認できます。A評価レベルのモデルは、児童生徒の学習状況とはかけ離れたものになり、モデルとして役立ちません。

「話すこと」や「書くこと」の単元では、わざと不十分な完成度のモデル(エラーモデルと呼ぶことがあります)を示し、どこを修正しなければならないかを見つけさせることがあります。「書くこと」の推敲の学習では有効です。ただし、エラーモデルは、不十分な部分を見つけることには有効ですが、推敲するためのモデルにはなりません。不十分な点を見つける力と推敲する力は別のものですから、推敲ができるようになるためには、推敲のための別のてびきが必要になります。

86. 言語活動モデルから《私の問い》を立てることがありますか

言語活動モデルこそ《私の問い》を立てるためのてびきになります。

教師が自作した(自作でなくても有効活用できる)言語活動モデルは、児童生徒にとっては今からはじまる単元での学習のゴールです。単元びらきでは、児童生徒と教師とで言語活動モデルを丁寧に見る(分析)することが必要です。「登場人物を紹介する」活動を例にして考えてみましょう。

言語活動モデルを示して、「先生のモデルは何段落でできていますか」と問います。「5 段落です」と返ってきます。ここで、「そう、5 段落です。5 段落だということから問いを立ててみよう」と語ります。《なぜ 5 つなんだろか》《5 つの段落にはどんなことが書いてあるのか》と問いが立ちます。「では、第 1 段落にはどんなことが書いてありますか」、「登場人物のことが書いてあります」。《誰が出てくるか》《どんなことをしているか》と問いが立ちます。「第 2 段落はどうですか」「作品から会話を引用して、会話から想像できる登場人物の人柄が書いてあります」。《どの会話を引用すればいいか》《その会話から登場人物のどんな人柄がわかるか》と問いを立てます。「第 3 段落からはどうですか」(そうかあ、じゃあ、第 3 段落は場面の様子、第 4 段落は自分の考え、最後はまとめが書いてあるから……)と、児童生徒がそれぞれに《私の問い》を立て、学びをデザインしてくことができます。言語活動モデルは学習の全体像を教えてくれる大切なてびきなのです。

本章の 81 や 82 で言語活動モデルがあると、児童生徒がモデルのまねをしないかという心配する声がありました。「活動の見本」にしかならない言語活動モデルであれば、児童生徒の言語活動は「形式のコピー」にしかならないでしょう。しかし、言語活動モデルが「活動のモデル＋思考のモデル」として機能し、言語活動モデルから《私の問い》を立てていくなら、その言語活動は、1 人 1 人の自分らしさがあふれる「意味の創造」となります。言語活動モデルから《私の問い》を立てることからはじめてみましょう。

■実践 読むこと(オ)文章を読んで理解したことに基づいて、感想や考えをもつこと。：小学校第4学年

教師1年目、指導書を読みながら、子どもが行う言語活動の手本となるものを作っていました。これまでの言語活動モデルは、学習している作品を使って、子どもがこれから行う活動をそのまま手本として見せていました。あくまでも1例として示していました。そうすることによって、自分で考えることを苦手とする子どもでも、活動に取り組みやすいと思っていました。

しかしこれでは、教師のモデルに引っ張られて自分の力で考えることができない子どもを生み出していることに気付きました。手本通りにしないといけないと考えてしまい、自由に表現できず、どうしてもモデルと似たようなことや、同じ文章を書く子どもが出てきました。今は使用する作品とは違うもので、教師が言語活動モデルを見せています。またそれは、活動のモデルとしてだけではなく、思考のモデルにもなるような言語活動モデルを設定しています。

ただ、このように「思考のモデルにもなる言語活動モデル作り」を進めていくと、「どの作品を使ってモデルを示すと思考の流れが子どもに伝わりやすいか」という教師の問いが生まれます。前の学年で学習している作品を使うか、他の教科書会社で似たような作品を探すか、または自分で似たような作品を作ってみるかなど考えます。

言語活動モデルとは、学習したことを子どもが自分の言葉で表現するためのやり方を示すものです。自分1人の力で言語活動に取り組めなかった子が、思考のモデルを見ながら「一つの花に置き換えてみたらどうだろう。うんうん、まずはお父さんがいた場面のことを読むのか。」などとどこから考えていけばよいかが分かるようになりました。子どもがモデルを見て、どのように考えていけばよいのか分かり、モデルを活かして自分の言葉で表現できた時は「やった！」と私も一緒になって学びに満足する瞬間があります。教師の1例に引っ張られることなく、思考のモデルを示すことこそが教師の仕事だと感じています。

① 育成を図る資質・能力と言語活動／学習材「一つの花」教育出版

この単元では、「文章を読んで理解したことに基づいて感想や考えをもつ」ことを目標とし、「感想文を書く」言語活動を設定します。具体的には、物語の前半と後半を比べて何が変わったのか理解し、それについての自分の感想を書く活動です。

そこで言語活動には、2つのことを書くように指定しました。「①場面を比べるために立てた《私の問い》で、解決したことを書く。」「②物語をはじめに読んだ時と、《私の問い》を解決した後の自分の感想を比べて書く。」です。「一つの花」では、父親が戦争に行く前と後で変わったことを考えました。生活の様子や、ゆみ子の家族としての立ち位置など変わったことが多く

あります。そして問いを解決し、物語を理解することでもった感想を書きました。初読では、父親が戦争に行った悲しい話だと気持ちを「悲しい」だけで表す子どもたちでしたが、《私の問い》を解決して読みを深めていく中で、文章の表現から父親の気持ちを想像を働かせながら読むことができるようになった姿がありました。

② 学習課題

123ページの学習計画に記載した学習課題を参照してください。

③ 《私の問い》を立てられるようにする教師の仕事

この学習では「分かったことをふまえる」にかかわった《私の問い》を立てることが必要です。物語を読んで分かったことから「どうして○○は□□□したのだろうか」という問いが立つように教師が例を出しました。はじめは問いを立てることに慣れていないため、物語の内容に関係するものは全部よいものとして自由に挙げさせました。それを教師が問いの一覧としてまとめ、次時に「浅い問い」「深い問い」「関係のない問い」に子どもたちと話し合いながら分けました。「浅い問い」というのは、教科書を読んだらすぐに分かる問い、「深い問い」は文章から自分で想像しながら解決する問い、「関係のない問い」は物語の内容とは違って読んだところでも分からない問い(なんで主人公の名前はゆみ子というのだろうかなど)のことです。

自分の問いが浅いや関係のない問いだと気付いた子どもは、そこで問いを変更します。たとえ関係のない問いであっても、まずは自分で問いを立てる価値を普段から繰り返し語り続けます。

―《私の問い》を立てることを導く教師の語りの例―

・物語を読んで、自分が思った「はてな？」を見つけましょう。
・理由について考えたくなったところを探しましょう。

④ 《私の問い》

はじめに立てた《私の問い》
児童A　お父さんはなぜゆみ子をめちゃくちゃに高い高いするのだろうか。
児童B　十年後、どうしてゆみ子の家はコスモスの花でいっぱいになっているのだろうか。

児童C　なぜお父さんは無言で汽車に乗っていったのだろうか。
児童D　なぜお父さんはゆみ子にコスモスをあげたのだろうか。
児童E　どうしてお父さんは深いため息をついて言ったのだろうか。

⑤ 言語活動の実際

言語活動例①は、下の言語活動モデルがあったことで書き出しの方法が分かったようです。同じように「悲しい」と書き出していますが、理由が違います。真似することはあっても作品が違うので、全く同じ文章を書くことはありません。自分の言葉で書くことで、「書けた」という達成感があり自信にも繫がりました。

言語活動例②は、モデルの第2段落の書き方を活用しています。モデルの「登場人物がいた頃といなくなった後のこととの比較」を本作品に置き換えて考えています。変わったことが分かった上で、そこに自分の思いや考えを加えています。このように言語活動モデルを提示することが、Aフレーズの力の育成に役立ちました。

ただ、教師としては、言語活動モデルを作るときに、モデルに使用する作品を決定することに時間がかかりました。同じ作品を使ってモデルを作ってしまっては、子どもが全く同じものを作ってしまうことがあります。

この単元での学習課題

活動のモデル

わたしはこの物語を読んで、主人公が死んで悲しいお話だなと最初は思いました。

アナグマが生きていた時に、モグラははさみの使い方を教えてもらい、かえるはスケートのやり方を教えてもらっていたことが分かりました。他にも、きつねはネクタイのむすび方、うさぎは料理を教えてもらっていました。あなぐまが死んだ後は、あなぐまが残してくれたゆたかさのおかげで、みんなの悲しみはなく生活ができました。わたしは、題名の「わすれられないおくりもの」とは、あなぐまがみんなに残してくれたもののことだったのではないかと考えました。

最初に読んだ時は悲しかったけれど、今は題名の意味が分かってなんだかあたたかい気持ちになりました。

アナグマが死ぬまでの生活
アナグマが死んだ後の生活
自分の考えや、思ったこと

アナグマの死ぬ前と後、「一つの花」でお父さんが戦争に行く前と後のように、場面が重なるような物語を選び、活動を分かりやすくしたところがポイントです。

から、ゆみ子のお父さんが戦争に行く前後を比べて分かったことを踏まえて考えを書くわけですから、場面が重なるようなものが適切であると考え、既習の「わすれられないおくりもの」を扱うことにしました。登場人物のアナグマも物語の最後ではいなくなるため、登場の仕方がゆみ子のお父さんと重なるところがあり、思考の流れを説明するのに適していると考えたからです。

モデルと同じようにどのような順番で考えを書いたらよいのか、という思考の流れを提示しました。そうしたことで子どもが活動に取り組んだ時に、「アナグマがいた時のところにはアナグマがみんなにしてあげていたことを書いているけれど、ゆみ子のお父さんの場合はゆみ子にこれをしてあげている。このことについて書こう！」と比較する根拠を見つけることに活用できたようです。

言語活動例①

ぼくは、この物語を読んで、お父さんが戦争に行く悲しいお話だと最初は感じました。

いちばん心に残ったところは、お父さんが最後ゆみ子にコスモスの花をあげて悲しそうに無言で汽車に乗って行ってしまったけれども、十年後、コスモスの花に包まれている家でゆみ子とお母さんが幸せそうにくらしているところです。ぼくは、お父さんにもらった一輪のコスモスがふえていって、コスモスに包まれているあたたかな家になったと思いました。

最初読んだときはさみしかったけど、今はゆみ子があたたかい場所でくらしていてうれしく思いました。

言語活動例②

わたしは一つの花を読んで、ゆみ子が小さい時、お父さんが戦争に行く場面を見て、悲しいお話だなと最初は思いました。

お父さんが戦争に行く時、お父さんがゆみ子にコスモスを一輪あげたところが心に残りました。おにぎりのかわりにコスモスをあげて、ゆみ子が喜んだのを見て、あたたかい気持ちになったからです。十年後のゆみ子のお家のまわりは、コスモスでいっぱいに囲まれています。

これはお父さんがあげたコスモスが成長して、一つがたくさんになったのだと思います。

⑥ 学習計画

「二つの花」 場面の様子をくらべて読み、感想をまとめよう

学習課題
物語を読んで分かったことをふまえて、感想をもつことができるようになる学習をします。
課題は、お父さんが戦争に行くまでと十年後の場面をくらべて、感想文を書くことです。

学習計画 十時間くらい

一 「二つの花」に出会う。 二時間

登場人物やあらすじ、物語の世界観を知る。言葉の学習をする。

二 単元の見通しをもつ。

（ア）学習課題

（イ）活動のモデル

（ウ）学習計画

（エ）言葉の学習

これまで・・・自分とくらべて感想をもつ。
今から・・・物語を読んで分かったことを理由にして、感想をもつ。

三 感想文を書くための問いを立てる。 二時間

① 《私の問い》を立てる。

② 浅い問いと、深い問いに分ける。

四 《私の問い》を解決する 三時間

① 自分一人で解決する。

② 友達と解決する。

五 感想文を書く。 二時間

六 友達の感想文を読んで感じたことをふせん紙に書いて、はる。 一時間

（三浦祐貴／みうら・ゆき）

■実践　読むこと(オ)文章を読んで理解したことや考えたことを知識や経験と結び付け、自分の考えを広げたり深めたりすること。：中学校第２学年

憧れの国語の教師になり授業をしていく中で、何かが違うと思い続けていました。私１人が話をして、生徒が一生懸命聞き役となり、たまに聞かれたことに答えるそんな時間でした。当時の授業は、教師主導の発問型授業でした。教師が想定した答えに、生徒を誘導していく授業でした。それは、学習材を教えている授業でした。たとえるなら、「徒然草」の学習を通して、兼好法師博士にさせる授業でした。

学習材で資質・能力を身に付けさせることが大事だと気付きました。「徒然草」を通して文章を読み深め、味わいながら資質・能力を身に付けることが大事なのです。まず、学習材を通して生徒に身に付けさせる資質・能力を、教師が確認します。次に、言語活動を考えます。その言語活動が資質・能力と結び付いているか、教師が言語活動を実際にやってみて、実感することが大切だと考えました。このことは、古典に限らず、全ての国語科学習で言えることです。

そこで、まず、国語科の単元の学習課題を見直しました。単元の学習課題に、指導事項・思考操作・言語活動を提示し、生徒と共有しました。教師だけではなく、生徒も身に付ける力が明確になりました。そして、この学習課題を具体的な形で示す「言語活動モデル」を授業で扱う学習材とは異なる学習材を使って、教師が作成しました。それを生徒と分析・共有することで《私の問い》を立てて解決に向かっていく国語教室を目指しました。そうすることで、生徒の学びが、主体的になっていく実感がありました。教師は多くを語らずとも生徒の学びが立ち上がり、思考が動き深まっていきました。

「言語活動モデル」が存在すると、生徒は単元のゴールが分かり、そこに向かって学び続けることを通して達成感や充実感はあります。教えたがりの私は、ついつい、「生徒はただモデルの真似をして言語活動を達成しているのではないか？」「モデルの言葉を変えただけで、達成できてしまい、生徒はさほど思考していないのではないか？」「本当に育成すべき資質・能力が身に付いたのだろうか？」「生徒は自分に身に付いた力を自覚できているのだろうか？」「身に付いた力は、この単元が終わった後も活用できるのだろうか？」と心配してしまいますが、きっとそれは杞憂のものなのでしょう。生き生きと学び続ける生徒の姿を見れば、そう確信できます。

「言語活動モデル」の存在とその意義、とりわけ指導事項との確かな結び付きが実感できることで生徒の学びは、更に主体的になると感じています。生徒が、学びに必要感や必然性をもつと同時に、教師もモデルの作成を通して、生徒の思考の確認やつまずきを見通し、指導の手立てや工夫を考えることができるからです。生徒が学び浸るためのてびきとなる「言語活動モデル」の作成が、教師の仕事の１つだと考えます。

①　育成を図る資質・能力と言語活動／学習材「徒然草」三省堂

この単元では、「文章を読んで理解したことや考えたことを知識や経験と

結び付け、自分の考えを広げたり深めたりすること」を目標とし、「投稿された悩みに返書を書く」言語活動を設定します。具体的には、学生が抱える人間関係や部活・勉強について書かれた悩みに返事を書く活動です。

「徒然草」を読んで、兼好法師のものの見方や考え方を捉え、共感できるところを自分の知識や経験と結び付け根拠を明確にして、投稿者への助言という形で自分の考えを書く活動となります。これまで訓詁注釈型の一斉授業に偏りがちな古典の学習から、古典を引用し生かしながら考えをもつ生徒の育成を目指します。

② 学習課題

128 ページの学習計画に記載した学習課題を参照してください。

③ 《私の問い》を立てられるようにする教師の仕事

この学習では「文章で理解したことを基に、自分の知識や経験と結び付けて考えをもつこと」に関わる《私の問い》を立てることが必要です。そこで、指導事項にあたる部分を生徒と丁寧に共有していきました。生徒の言葉で、これからの学びを理解していくことが、学びを見通すことにつながると考えたからです。具体的には、この単元の学習課題における知識や、結び付けるとはどのようなことかということを共有しました。

重要な手立てとして、教師が作成した「言語活動モデル」を生徒に分析させました。今回は、鹿児島の郷中教育の基本精神になったと言われる「日新公いろは歌」から「言語活動モデル」を作成しました。分析では、生徒同士や教師も交えて対話を繰り返し、「読みの視点」として全体で共有をしました。この「読みの視点」は指導事項と結び付くように意図的に取り入れました。「読みの視点」を基に、生徒は《私の問い》を立てていきました。また、《私の問い》を言語化することで、「読みの視点」との整合性を確認し、対話を通して、解決しては更新し、読みが深まっている様子が見られました。

―《私の問い》を立てることを導く教師の語りの例―

・言語活動モデルを、分析してみましょう。

・自分と共通（共感）する部分を探してみましょう。

・なぜ共通（共感）するのか、自分の知識や経験と結び付けてみましょう。

④ 《私の問い》

はじめに立てた《私の問い》 生徒A　「病なく、身強き人」とはどのような人だろうか。 生徒B　「不定と心得めるのみ　実にて違わず」とはどういう意味なのだろうか。 生徒C　「少しのことにも先達はあらまほしきことなり」とはどのような意味だろうか。 更新した《私の問い》 生徒A　なぜ、病気をもたず体の強い人を友達とするのには悪いのだろうか。 生徒B　僕は、すぐに緊張が表に出てしまう性格なので、何事も考えずフラットな姿勢でいた方が意外にうまくいった経験と結び付けられないか。 生徒C　確かに、ライバルという存在は大切。だけど、時には自分を見直すことも大切なのではないだろうか。

⑤ 言語活動の実際

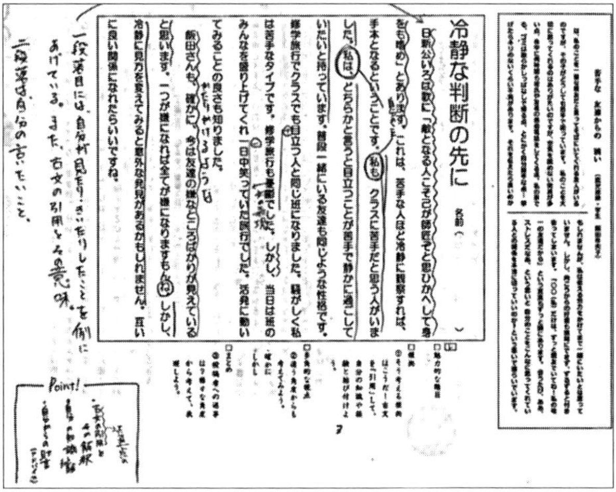

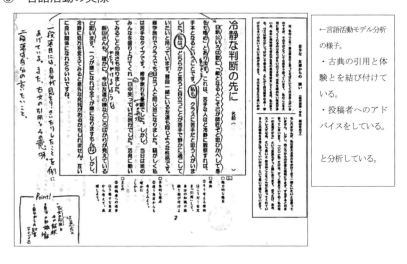

←言語活動モデル分析の様子。
・古典の引用と体験とを結び付けている。
・投稿者へのアドバイスをしている。

と分析している。

言語活動は、生徒が実生活に結び付くよう、実際に投稿された投稿文を基に、3点作成しました。返書を書く時点で、生徒には漠然と「この悩みには、どのように答えればいいだろうか？」という《私の問い》が立ちます。そこから、現代を生きる自分と兼好法師の考え方との比較が始まり、具体的に知識や経験と結び付けていく姿が見られました。

この生徒は、「先達」「年寄るまで石清水を拝まざりければ、心うく覚えて」という言葉に着目し、目標をもつこととその先を見据えることの重要性にまで目を向けています。古文を2箇所引用して、読みを深め、自分の経験と結び付けて明確な根拠に支えられた自分の考えを表現することができています。また、教師が多面的な見方を促す言葉として「確かに〜しかし」を提案しました。そうすることで、他者との対話を通して多面的に考察し自分の考えを広げ深めていました。

ライバルに勝ちたい！

僕には、友達でもありライバルでもある人がいます。彼は頭が良くて、テストの点数でいつも負けてしまいます。いつも悔しい思いをしています。なんとしても勝ちたいです。気持ちはいつも燃えているのですが、思う通りにいきません。どうすればいいでしょうか？

徒然草第五十二段に「年寄るまで石清水を拝まざりければ、心うく覚えて」や「少しのことにも、先達はあらまほしきことなり」とあります。これは、ずっとなしとげたかったことがあってなしとげたけれど、それは思い込みに過ぎないことも多いので、まずはその道の先生についていくと良いということです。私もテストで勝ちたいと思う人がいます。何回かのテストで勝ったり負けたりを繰り返してます。確かに勝ちたい思いも大切です。しかし、勝つことの先も考えてほしいのです。一回勝てば、それで終わりではありません。私は、その人を先達と捉え、その人にアドバイスをもらったり勉強の仕方を聞いたりしています。

一回の勝ち負けにこだわることは良くありません。まずは、ライバルとして見るのではなく、先生だと思って勉強を教えてもらってみてはどうですか？目標を定めて努力することはいいことです。お互いに高め合って、大切なことを教え合える関係がいいですね。

（中学二年　男子生徒）

⑥ 学習計画

単元　古典に学ぶ　「徒然草」

学習課題　この単元では、徒然草を読んで理解したことを基に、投書に対し自分の考えをもつ力を付けます。課題は、ある学生の悩みについて兼好法師と自分の考え方を比較して共通点を見出し、返書を書くことです。

【知る】現代語訳や語注などを手掛かりに作品を読むことを通して、古典に表れたものの見方や考え方を知ること。

学習計画　6時間くらい

これまで　自分の考えを確かなものにする
今から　知識や経験と結び付けて自分の考えをもつ

問いにつなぐ　2時間

1　「徒然草」に親しむとともに、単元の学習課題を理解する。

2　新聞記事を確認し、言語活動のイメージをもつ。

3　言語活動モデルを確認し、「読みの視点」を分析する。

問いを立てる　2時間

《私の問い》

4　「読みの視点」を基に、どのような《私の問い》を立てれば、言語活動を達成できそうか考え交流し《私の問い》を立て、解決を図る。

問いと向き合う　1時間

5　返書を書く。

6　単元を振り返る。（学びの振り返り・作品の振り返り）

7　活用題　活用題

（中村恵理／なかむら・えり）

第９章 「問い」を立てる

こんにちは。《私の問い》について質問があります。

先日、中学校での教育実習を終えました。中学２年生の２クラスで同じ単元の授業を４時間ずつ行い、その中で《私の問い》を立てさせました。

単元は「効果的に表現する」、学習課題は「この単元では、同じ事実を異なる印象で表現する学習をします。そのために、文の順序を考えたり印象に適した言葉を選んだりして、実物の新聞の見出しを書き換えます。」です。

《私の問い》を立てるタイミングを「文の順序」と「言葉の選択」によって「同じ事実を異なる印象で表現することができる」ことを教科書で整理し、記事の大見出しと小見出しを入れ替えた時の印象の違いを考え、入れ替えた場合に合わせてもう１つの小見出しを書き換えるという活動の後に設定しました。

１つ目のクラスでは、「次の授業では相手に与えたい印象を自分で考えて、見出しを書き換える活動をします。ここで《私の問い》を立ててみましょう。」と語りました。すると、すらすらと《私の問い》を立てる生徒がいる一方で、全く手が止まってしまった生徒が多数出てしまいました。これを踏まえて、２つ目のクラスでは、「《私の問い》を立てる際には、学習課題をもう１度読んでみると立てやすいです。」と付け加えました。すると、ほとんどの生徒が学習課題から《私の問い》を立てていました。

私が期待していた《私の問い》とも大きく外れていませんでしたし、単元の最後の振り返りで《私の問い》が解決したと書いた生徒も多かったので、この指示は間違っていなかったように思います。

しかし、１つ目のクラスで立てていた《私の問い》を見直してみると、疑問が生まれるのです。生徒の《私の問い》は、決して学習課題から導かれた問いばかりではありませんでしたが、振り返りを見てみると、この単元の言語活動をしたからこその解決であり、さらなる新規の問いを見いだしたものでした。

《私の問い》は何のために立てるのか。立てるタイミングが間違っていたのか。教師の意図に誘導してしまったのではないか。《私の問い》は必ず解決されなければならないのか。

《私の問い》について教えてください。

佐賀大学教育学部４年（教育実習生） 寺田 愛子

87. 問いは何のために立てるのですか

問いを立てる目的は、生涯を通して主体的に学び続けることができる人として成長する基盤となる「問いを立て、それを解決していこうとする力」を育てるためです。そこにはおのずと学び続け、学び浸る姿が生まれます。

考えるということは、問いを解決しようとしていることです。私たちが何かを考えはじめるのは、そこに問いがあるからです。人は、問いと対峙したときに考えはじめ、問いや自分と往還的に対話しているのです。

これまでの教室では、教師が児童生徒に問うてきました。発問とは、教師が児童生徒に考えさせるために問いを発することです。児童生徒は、教師の問いによって考えはじめます。そして考えたことを教師に告げて、評価を待ちます。この一連のスタイルは、新たな知識を得るための直接的で効果的な営みですから、これからも続いていくと思われる学習方法の 1 つです。

しかし、問いは与えられるものとして待つだけでいいのでしょうか。問いが与えられたときだけ考える。これでいいのでしょうか。

教室の外では誰が問うてくれるでしょうか。卒業すればそばに教師はいません。大人になれば誰も問いかけてくれません。問いが与えられるものである限り、誰かが与えてくれなければ、考えることもなく、成長することもありません。それでいいはずがありません。

教師の発問を待つだけの児童生徒にするのではなく、児童生徒自身が問いを立て、1 人でも考え続けられるように育成しなければなりません。そのことが生涯学び続けることの根底になるからです。「問いを立てる力」は、主体的に学ぶことを実現するために、学びをつないだり広げたりするためののりしろの力(第 21 章参照)です。学び続けることの基盤となる力です。誰かに問われなければ考えはじめられないのではなく、《私の問い》を立て、学び続ける人として成長できる国語教室を創造していきましょう。この力こそ、教室で教え、教室で学ぶ力、教育の SDGs の 1 つなのです。

88. 児童生徒は問いを立てられるのでしょうか

児童生徒は問いをもつことも、問いを立てることもできます。

小さい子どもが「なぜ？」「どうして？」と繰り返す姿を見たことがあるでしょう。児童生徒は、たくさんの情報を受け、いろいろなことを感じ、問いをもちます。しかし、わざわざ問いを立てた経験がある児童生徒はほとんどいないでしょう。だからこそ、問いを立てることができるように学校で教えるのです。

現在、小学校や中学校では、学習の個性化として児童生徒が問いを立てられるようになる必要性に気づきつつあります。しかし、今のところ授業において、問いをもつことをうながしたり、問いを立てる機会を設けたりすることはあまりありません。学習指導要領でも、「問いを立てる力」にはほとんどふれていません。これまでの授業観がそうだからです。

だからこそ私たち教師は、今からの教育において、自ら問いを立てる力を育成しなければならないのです。教師が問いを与え続けている限り、児童生徒の「問いを立てる力」が育たないことは明白です。近い将来、教師の案内や手立てがなくても《私の問い》を立てることができる児童生徒に成長させるためにも、まず、問いを立てる授業をはじめてみましょう。

私たちは教師として、児童生徒が問いを立てられるように指導する自信がないかもしれません。これまで教えたことも教えられたこともないからです。しかし、私たちがうまく指導できないことを不安に思い過ぎて教えることから離れてしまっては、目の前の児童生徒は学ぶ機会を失うことになります。児童生徒にうまく教えられないことが教師として残念なことではなく、教えようとしない教師になることが残念なのです。教師も児童生徒と一緒に「問いを立てる力」を高めていけばいいのです。「問いを立てられるようになりたいのです」と願う児童生徒と教師の心を1つにし、思いを1つにして、教室で固く結び合うことで一緒に学び、成長できるのです。そしてそうすることこそが本来の教室の姿なのです。

89. なぜ《私の問い》は《私の》《問い》なのですか

学級全体で1つの問いを決めることもありますが、本来、問いは「私」のものです。生涯を通して学び続けるには「私が学ぶ力」として《私の問い》を立てる力が必要です。1人1人の児童生徒が自分の問いを立て、他者とかかわりながら、あるいは自力で解決していこうとするものですから《私の問い》なのです。また、児童生徒が、説明文の学習における「問い・答え」の「問い」と混同しないように区別するために、児童生徒が立てた問いを《私の問い》と表記することにします。

かつて、学級のみんなで「やること(めあて)」を決めて、それに取り組むスタイルの授業がありました。自分だけでは考えつかないことに取り組んだり、自分が思いついたことよりも学びがいのある学習にふれたりできるため、多くの教室で実践された授業スタイルの１つです。自分１人では学習方法を思いつかない児童生徒にとっては、みんなで進めることができるので安心できます。学校に来てみんなで学ぶからこそ可能な機会でもあります。

ただ、みんなで「やること（めあて）」を決めるこのスタイルでは、学級全体という晴れの舞台に取り上げられる児童生徒がいつも同じ者に偏ってしまうことがあります。いつまでたっても晴れの舞台に上がることができない児童生徒もいます。しかし、誰もが自分の問題意識から生まれた《私の問い》を解決してみたいのではないでしょうか。学級のみんなで決めた「やること（めあて）」に取り組むことも大切なことですが、その児童生徒の内側から生まれた「やりたいこと（問い）」も尊重されるべきです。どの児童生徒も授業の主人公なのですから。

一方で、１人１人の児童生徒の「やりたいこと」は、必ずしも学習する価値としては十分でないため、教師が中心となってみんなで決めたことに取り組むべきだという意見もあるようです。確かに、すべての児童生徒がいきなり質の高い「問い」を立てることはできないかもしれません。しかし、児童生徒には「問い」を立てる力があります。その力を伸ばし、学びがいのある《私の問い》を立てる力を育成するのが教師の仕事なのです。教師が教えればいいだけです。児童生徒が《私の問い》を立て、１人１人が《私の問い》の解決に向かっていくことができるようにすることで、誰もが晴れの舞台に上がれるのです。問いを立てない限り、問いを立てる力は育たないのです。

90.《私の問い》とめあては同じですか。

問いとめあては同じではありません。ただ、《私の問い》を立てることや、《私の問い》を解決すること、《私の問い》の解決について考え直すことなどがめあてになることはあります。本来、それが毎時間のめあてであり、めあては個別化されるべきです。

《私の問い》とは、学習課題に示された言語活動（Ｃフレーズ）をやり遂げるために解決しなければならないことを自分の言葉で問いのスタイルに表したものです。時間ごとに新しい《私の問い》を立てなければならないわけではありません。単元を通して、１つの《私の問い》を解決しようとすることもあります。

「めあて」とは、1人1人が《私の問い》を解決していけるようにするため心に留めておく「きょうの目標」と言っていいでしょう。

91.《私の問い》と学習課題とはどのような関係なのですか

学習課題(単元を通しためあて)から《私の問い》を立てる、という関係です。

学習課題から《私の問い》を立てるのです。ですから《私の問い》も単元を通して立てます。《私の問い》は1つとは限りません。また、《私の問い》は修正したり、更新したりするものなので、単元を通して変容していくことがあります。今の《私の問い》を解決したときは、同じ学習課題から新規の《私の問い》を立てることもあります。

学習課題とは、単元を通したみんなのめあてですから学級全体のものです。学級の全員に対して共通に、その単元で目指す資質・能力を育成するための言語活動をやり遂げるように課題として設定しているわけですから、あくまでもみんなのものです。学級のすべての児童生徒が共有でき、役立つように設定していますが、そのままでは「私の学習課題」にはなりません。

1人1人の児童生徒が自分を主人公にした学習を進めていくには、教師としてみんなの学習課題を1人1人の学習のために個別化する必要があります。児童生徒が学習課題を自分の学習のためのものに仕立て直すことが、《問い》を立てることであり、仕立て直したものが《私の問い》なのです。必要に応じて、個々に学びがいがある《私の問い》を立てられるように教えることが指導の個別化でもあるのです。

《私の問い》は学習課題から立てるわけですから、学習課題の3フレーズを「A指導事項」「B思考操作」「C言語活動」とするなら、それぞれのフレーズから《私の問い》を立てることが可能です。

ただし、「比べるとはどうすることか」や「何と何を比べればいいか」など、Bフレーズ(思考操作)だけにかかわる《問い》を立て、それを解決したとしても、それは学習課題を解決したことにはなりません。同じようにCフレーズ(言語活動)だけにかかわる《問い》を立てて解決したとしても、活動や作品を完成させた満足は得られますが、学びとしての達成感は十分でないでしょう。

言語活動を通してAフレーズ(指導事項)にたどり着くことが学習なので

すから、《私の問い》は、目標とする内容(A フレーズ)について考え続け、満足できる言語活動(C フレーズ)をやり遂げることにつながる《問い》である必要があります。

だからこそ、私たち教師は、学習として成立する質の高い学習課題、《私の問い》を立てることができる学習課題、単元を通していつも目指すものとなる学習課題を設定し、その学習課題について児童生徒としっかりとやりとりをして正しく理解させる必要があるのです。

92.《私の問い》を立てられるようにするにはどのようにすればいいですか

日常の単元の中で《問い》を立てることを継続するとともに、必要に応じて「《問い》を立てることに特化した学習」として、取り立てて指導することが効果的です。

普段の単元での単元びらきでは、まず教師が単元での学びの魅力を語ります。ここで《問い》を立てて学ぶことの大切さや、自分で《問い》を立てることの楽しさについて１人１人に伝わるように話します。そして「学習課題」を提示し、児童生徒が興味をもつとともに、学習のゴールを具体的にイメージするために言語活動モデルを紹介し、学習としての魅力(力の出しどころ・がんばりどころ)を説明します。《問い》を立てて言語活動を進めていく単元の全体像をわくわくしながらみんなで共有するのです。ここまでが《私の問い》を立てることの下ごしらえです。

実際に、学習課題と言語活動モデルを丁寧に見ることを通して、「私はモデルの何が気になるか」「私はモデルのどんなことを知りたいか」「私はモデルのどんなことが分かりたいか」「私は何をしたいか」「私は何を解決したいか」「私はモデルのどこから取りかかるか」など、今からの学びの立ち上がりを感じるような時間をつくります。そして、学びが立ち上がる機を逃さず《私の問い》を具体的な言葉にするのです。問いを立てることで学びの立ち上がりが安定したものになります。

はじめて《問い》を立てるときやまだ《問い》を立てることに慣れていないとき、はじめて《問い》を立てることの取り立て指導を行うときは、教師が立てた《問い》のサンプルを用いると児童生徒は《問い》というものをイメージしやすくなります。教師が立てたたくさんの《問い》のサンプルを見せることは効果的です。

児童生徒は意見や考えを出すことでとどまってしまい、どうしても《問い》にならないことがあります。そのようなときは、それは《問い》ではなく「考え」であることを指摘するとともに、それを《問い》のスタイルに書き換える方法を教えることが必要です。書き換え方を具体的に示すことで、児童生徒は《問い》というものが分かるようになります。「ルロイ修道士はいろいろな思いで少年に別れを伝えようとした。」という意見は「ルロイ修道士はどのような思いで少年に別れを伝えようとしたのか。」「ルロイ修道士はいかにして少年に別れを伝えようとしたのか。」のように、実際にその生徒の「考え」を《問い》のスタイルに書き換えるのです。

次の①、②、⑦、⑧は教師の仕事、③から⑥までは児童生徒の《問い》を立てる学習です。問いを立てることに慣れてきたら②は省略します。取り立てて《問い》を立てる指導を行うときは、《問い》を立てる材料となる作品や題材の概略を説明したあと、①から⑧を行います。

① 下ごしらえ(教師の語り・学習課題の提示・言語活動モデルの説明と丁寧な分析)を行う。
② 教師が準備した《私の問い》のサンプルを紹介する。
③ 言語活動モデルを丁寧に見て個人で《私の問い》をいくつも立ててみる。
④ グループで《問い》を見せ合い、必要に応じて書き換えて形を調える。
⑤ クラスで交流して《私の問い》を修正したり分類したりする。
⑥ 交流したことを参考にし、もう１度、言語活動を確かめて、修正し、《私の問い》を決定する。
⑦ 《私の問い》の一覧表を作る。
⑧ １人１人の《私の問い》を見て、問いの内容によって必要に応じて個別に問いを立てる指導を行う。

93. 《問い》を立てるための下ごしらえはどのようにすすめればいいですか

教師は、《問い》を立てることは楽しいことだということと、《問い》を立てて学ぶことは将来に役立つことだということをしっかりと伝え、児童生徒と一緒に言語活動モデルを丁寧に見て分析して、たくさんの問いを立てるようにすることです。

はじめて《問い》を立てるときや、まだ《問い》を立てることに慣れていないときには、教師が作成した《問い》のサンプルを見せ、《問い》とはどんなものかを理解させることが有効です。学習課題を十分に理解し、言語活動モデルを丁寧に見て分析することで言語活動の見通しをもちつつある児童生徒は、《問い》のサンプルを見ることによって、《私の問い》をイメージすることができるため、複数の《私の問い》を立てはじめます。

94. 《問い》のサンプルを提示するとよく似たものばかりになりませんか

サンプルの影響は大きいためよく似た《問い》になることがあります。しかし、サンプルを参考にするからこそ、独自の《私の問い》が生まれるのです。

教師が立てた《問い》のサンプルを参考にすることで学習に役立つ《問い》とはどういうものかを知ることができます。だからこそ、たくさんのサンプルを示すことが有効なのです。

はじめて《私の問い》を立てるときは、教師が準備した複数の《問い》のサンプル(学級の児童生徒数の 3 倍程度準備すると効果的)から選んで《私の問い》にすることや、《問い》の一部分を空欄にしたものを用意して、その空欄に学習課題や作品、題材から《問い》にかかわる内容を選んで書いて《私の問い》とすることがあってもかまいません。ただし、その方法が定着してしまっては、問いを立てる力は育ちませんから、とにかく自分で《私の問い》を立てる経験を積むことが必要です。児童生徒の《私の問い》を立てる力はみるみる成長していきます。

95. グループで《問い》を紹介するときに気をつけることはどんなことですか

1 人 1 人に《私の問い》があることを知り、その《私の問い》は誰からも尊重されるものだということをみんなで共有することです。

グループで《問い》を紹介する目的は、それぞれの《問い》にふれ、いろいろな《問い》があることや同じような《問い》を立てている仲間がいることを知ること、そして、他者の《問い》を参考にして《私の問い》を修正したり調えたりすることです。これらのことを通して、《私の問い》を立てることに慣れていきます。この経験は自分の《私の問い》に愛着をもつことにつながります。

互いの《私の問い》を知り、1人1人の《私の問い》を尊重することで、誰もが誰の《私の問い》の解決に対しても付き合えるようになります。それぞれが《私の問い》を問い直す姿は、まさに主体的に学ぶ姿です。互いの解決策に耳を傾け、その解決に付き合えることこそが本当の協働的な学びであるといえるでしょう。

実際には、それぞれの《私の問い》をグループで紹介しながら、さらに《私の問い》を増やしていきます。グループでの活動のときに、疑問のスタイルになっていないものは文末を「か」にして問いのスタイルに調えることを徹底し、《問い》であることを実感させます。グループ活動では、他者の《私の問い》を軽く扱ったり、すぐに答えを言ったりしないようにします。それぞれがそれぞれの《私の問い》を大事にし、みんながみんなの問いを尊重することが大切です。

《グループの問い》が必要な場合は、グループで問いを立てることもありますが、1人1人が《私の問い》を立てずにいきなりグループで集まっても《グループの問い》を立てることはできません。メンバーの誰かが1人で立てた問いをグループの《問い》とすることはできても、持ち寄ってすり合わせていないわけですから、その《問い》にメンバー全員の切実な思いはありません。そのような《問い》の解決は、自分のこととして感じることが少なく、見通しをもつことなく、誰かからの指示を待つことになりがちです。

《私の問い》を立てることができなければ、切実性のあるグループでの学びも実現できないわけです。

96. 《私の問い》を立てることや見直すことは小学生でも中学生でも同じですか

《私の問い》を立てることや見直すことは同じですが、立てた《私の問い》の質は学年や学習経験によって異なります。

中学生が立てた《私の問い》と小学生のものとでは問いの質が異なります。中学生は単元の全体像を見ることができるため、解決までに時間がかかる《私の問い》になることが多いです。一方、小学生は比較的短い時間で解決できる問いが多く、問いを更新する頻度が多い傾向があります。

学年や年齢に関係なく、はじめて《私の問い》を立てるときは、教師が積極的に《私の問い》の立て方を教えるようにします。具体的に問いの立て方を教えなければ、いつまでたっても、児童生徒は《私の問い》を立てられるようになりません。児童生徒が問いを立てることに慣れてくれば、徐々に教師のかかわりを小さくしていきます。

97. どのような《問い》を立てることがいいのですか

「問い」とは、自分の中から湧き上がってくるものですから、本来、「このような問いでなければならない」ということはありません。すべての問いが尊重されるべきです。しかし、国語科の学習としての学習課題の解決のための《問い》ですから、学習のために役立つ問いを立てることを目指しましょう。

学習課題に示された言語活動をやり遂げるために解決しなければならないことを自分の言葉で《私の問い》にするのです。

「読むこと」の学習の場合、物語の作品内容(ストーリー)についての疑問を《私の問い》としがちですが、そうではありません。学習課題のAフレーズが「考えの形成」にかかわることであれば、小説のあらすじについての疑問が《私の問い》になることもあるでしょうが、Aフレーズが「構造と内容の把握」や「精査・解釈」にかかわることであれば、あらすじについての疑問は解決すべき《私の問い》としてふさわしくないこともあります。

教師は、児童生徒と学習課題を確認し、言語活動モデルを手がかりにしてどんなことを解決するための《私の問い》を立てるのか、見通しをもたせることが大事です。

98.《私の問い》は分類できますか

問いはいくつもの見方で分類することが可能です。

立てた問いが、「はい・いいえ」や短い言葉だけで答えられ、それで完了するものを「閉じた問い」、答えるのにある程度の説明が必要で思考が連続していくものを「連続する問い(開いた問い)」に分類することができます。

問いの目的で分けるなら「知りたい問い・分かりたい問い・できるようになりたい問い・問い返したい問い」のように分類できます。

「作品や題材との出会いの問い・学びとの出会いの問い・振り返りの問い」のように、単元の過程で分けることもできます。

「場面設定にかかわる問い・人物設定にかかわる問い」のように学習課題の指導事項で分けることや「登場人物Ａについての問い・登場人物Ｂについての問い」のように作品や題材の内容で分けることもできます。

問いを細かく分類しようとし過ぎたり、分けること自体に神経質になり過ぎたりする必要はありません。児童生徒にとっても教師にとっても学級内の《私の問い》の傾向を把握し、協働的に学ぶこと（問いの解決に付き合える仲間さがしと仲間づくり）に役立てる程度の分類で十分でしょう。

99.《私の問い》はいつ立てるのがいいでしょうか

単元びらきのとき、またはそれに続く学習（問いにつなぐ過程のあと）で立てることが多いです。教師は、問いを立てるタイミングを提案することはできますが、すべての児童生徒がそのタイミングでそろって問いを立てられるとは限りません。児童生徒によって問いを立てられるとき（学びどき）がいつやってくるかは異なります。

《私の問い》は、学習課題に示された言語活動をやり遂げるために解決しなければならないことを自分の言葉で問いのスタイルに表したものですから、何より学習課題を正しく理解し、言語活動モデルを詳しく丁寧に見ることが必要です。

「読むこと」の単元について考えてみましょう。多くの場合は、作品と出会ってから《私の問い》を立てることになるでしょう。

ただし、作品をどれくらい読み込んでから問いを立てるかは単元の学習計画によって異なります。作品を詳細に読み込んでから問いを立てる場合であっても、単元びらきのときに、言語活動についての見通しをもつわけですから、その時点でおおまかな《私の問い》を立てることは可能です。学習が進む中でその問いを修正したり更新したりしていけばいいのです。例えば、場面の移り変わりを理解するための言語活動として紙芝居をつくるなら、まずおおまかに場面を分けるような問いが立ちますが、その問いはすぐに具体的な場面の数（使用する紙の枚数）の問いになったり、場面をどこで区切るかの問いになったりして、問いが更新されます。

作品と出会う前に言語活動モデルを詳しく見ることでも問いは立てられま

す。「本の帯にはどんなことを書くことが必要か」「人物紹介コラムは何段落で構成するか」などは、作品と出会わなくても立てられる問いです。

100.《私の問い》は教師の願いで誘導して立てさせてもいいですか

学習指導ですから、教師の願いはあるべきです。それは目標の達成のためのものですから、誘導ではなく指導です。しっかりと教えることです。ただし目標とかけ離れた作品の謎解きのような問いにならないように、質の高い学習課題を設定し、A フレーズにかかわる問いを立てられるように指導することが必要です。

児童生徒がすぐに質の高い問いを立てられるわけではありません。学ぶ値打ちのある《私の問い》を立てるためには、教師がある程度、問いを立てる対象の幅を狭めることも必要です。とりわけ、教師に依存することが多い小学校低学年の児童には、学級全体で一緒に問いを立てる場を設けたり、問いのサンプルを示したり、「問いの一覧」を使って問いを共有したりして、対話しながら問いを立てることが有効です。

ただし、教師がかかわることが習慣化すると、児童生徒が 1 人でやろうとする機会がなくなり、児童生徒の自立性が育たなくなるので、教師のかかわり方の計画を立てることが必要です。

101.《私の問い》は必ず解決されなければならないですか

《私の問い》を立て、その解決に向かうわけですから、児童生徒は、当然、解決したいと思っているでしょう。しかし、問いは必ず解決できるとは限りませんし、解決しなければならないと決めつけるものでもありません。重要なことは問いを解決しようとする過程で A フレーズについて学ぶことなのです。

《私の問い》が単元内に解決できないことはよくあることです。

《私の問い》を更新していくことで、時間が足りなくなることがあります。だからといって時間がないから問いの更新をしないのではなく、解決する時間がなくても問いを更新したり、新規の問いを立てたりすることは、「問いを立てる力」を高めることですから、大いに称賛したいことです。

一方で、難しかったり手間がかかったりすることで解決できないこともあります。「1 秒で解決できる問い」や「何時間かけても解決できない問い」を学びがいのある問いではないとすることもありますが、「何時間かけても解決できない問い」は必ずしも否定されるものではありません。現実の社会では解決できない問いの方がずっと多いのですから。

解決することを目指している以上、もちろん解決できたほうがいいでしょうが、学習においては、《私の問い》を立て、その解決に向かって学び続ける中でAフレーズの力の育成を実現することが重要なのです。《私の問い》を解決できたかどうかよりも、目標とする資質・能力を育成することができたかどうかです。解決できなくても力が育成されればいいのです。だからこそ、学習課題が重要なのです。

102. 《私の問い》を立てられるようになったあとはどのような指導が必要ですか

問いを立てるための指導とともに必要なのは、《私の問い》の解決のために学びをデザインするための指導です。どのように思考操作して問いを解決するのか、解決したこととこれまで学んできたことをどのようにつなぐのかなど、解決に向けて学びをデザインできるように指導することが必要です。

《私の問い》の解決を児童生徒に任せっぱなしにするのはいけません。

児童生徒の学習経験による成長や習得した能力の活用は頼もしく、《私の問い》を立てることが日常化していくと、学習計画に沿って進めていくことについての教師のかかわりは少なくなっていきます。その分、「問いの解決」についての指導にかかわることができます。

表面的な《私の問い》の解決では言語活動も充実しません。単元の目標も達成できません。児童生徒が熟考した解決に向かうために、教師は、時間的にも質的にも個に応じた指導を行うことが必要です。

それには、児童生徒がどのレベルで《私の問い》を解決しようと学びをデザインしているのか、解決したこととこれまで学んできたことをつないでどのように言語活動を充実させようとしているのか、など、児童生徒の学習状況を丁寧に観察することが必要です。

また、児童生徒がこの過程での学習の記録を「第四の書く」(第13章参照)として1枚に書いて残すことは、自身の学習を自覚することに役立ちます。教師にとっては、粘り強く学習に取り組むことや、学習を調整することにかかわる評価の資料としても活用できます。

■実践　話すこと・聞くこと(オ)互いの立場や意図を明確にしながら計画的に話し合い、考えを広げたりまとめたりすること。：小学校第６学年

これまでの私の授業観は次のようなものでした。「教師が分析した読み、教師が理想とする読みに近づけるために、教師が問いを考え、それに子どもが応えていく。または、初発の感想の中から、教師の考えた問いに近いものを選び、全体の問いとしてクラスで話し合っていく。」このように、教師の意図を第一に考えた課題設定をしてきました。教師用指導書の赤文字を追うように教材を分析し、そこに書かれた重要項目を効率的に子どもたちに気付かせていく発問を考えることに終始していたのです。

教師によって練りに練られた発問に対し、子どもたちは一生懸命応えようとします。「先生の思っている答え」が何かを考え、そこに近づくために一生懸命活動します。その姿は一見「主体的な態度」で学んでいるように見えます。しかし、このように「教師の期待する正解を見つける」学びは、結局のところ教師主導の受け身の学びとなっているのではないか、さらに、このような授業では「見通しを持って粘り強く取り組む」力を育むことはできないのではないかと考えました。そこで、単元のめあてを子どもたち１人１人が自分のこととして捉え、「分かりたい・出来るようになりたい」と心から思いながら主体的に学習を進めることができるよう《私の問い》に着目した授業づくりをはじめました。

ただ、《私の問い》を持たせる授業づくりを進めていくと「どうすれば子どもが『問いたい』と思えるだろうか」「子どもが学びにつながる《私の問い》を立てるにはどのような単元づくりが必要であるか」「そのためにはどのような言語活動が適切なのか」「どこでどのように評価するか」など、教師としての問いが次々と生まれました。

子ども主体の授業づくりをしようとすることで、教師の興味による学習材分析ではなく、子どもの思考をしっかりとイメージして授業を作り上げることができるようになりました。子どもたちも、本気で取り組んでみたいと思えるような《問い》を立て、解決に向けて取り組む経験を通して、自身の成長を感じられているようです。また、自ら立てた《問い》によって学びが進むことが主体的な学習態度を育むことに繋がっているように感じます。「今回の学習では、自分たちで問いを考えて、それが分かるまでグループで話し合いをしました。問いを立てていくと、また問いができたり、他のグループの問いと重なったりすることもありました。今までの学習は『読みとるところが決まっていて、全員で話し合う』ということが多かったけれど、今回の学習では、最初から自分たちで問いを考えていきました。その方が読みが深くなるし、新たな発見もあるのでとてもよかったです。」これは授業後のある子どもの感想です。このような学習を続けていくことで、子どもたちは誰かに問われた問いに答えるだけでなく自ら問い続ける大人へと成長していくのだと感じています。

① 育成を図る資質・能力と言語活動／題材「いちばん大事なものは」光村図書

この単元では、「互いの立場や意図を明確にしながら計画的に話し合い、考えを広げたりまとめたりする」ことを目標とし、「ツリートークでお互いの考えに対して尋ね合う」言語活動を設定します。具体的には、子どもたちが考える「いちばん大事なもの」についてグループをかえながら、質問をし合うことで自身の考えを形成していく活動です。

「ツリートーク」とは少人数に分かれて自由な対話を行い、メンバーをかえながら何度も対話を続けることにより、お互いの意見や知識を集めることができる対話手法です。また、話し合うと同時に、お互いの発言を机に広げた模造紙に書きこんでいきます。木々が成長していくように、考えが徐々に広がっていく様子を視覚的に認識できるようにしています。四隅から書き始めさせ、徐々に中央へと書き進めさせることで、それぞれの思う「いちばん大事なもの」が違っていたとしても、根底では同じような考えがあることに気付けるようにと考えました。

それぞれが考える「いちばん大事なもの」ですから、互いに言い負かすことを話し合いの目的とするのではなく、異なる立場からの考えを聞き、意見の基となる理由を尋ね合うことで、互いに考えを広げたりまとめたりすることが重要です。

② 学習課題

146ページの学習計画に記載した学習課題を参照してください。

③ 《私の問い》を立てられるようにする教師の仕事

この学習では「考えを広げること」にかかわった《私の問い》を立てることが必要です。

この学級の子どもは《私の問い》を立てる学習の経験がなかったため、それぞれが立てた《私の問い》をお互いが見られるようipadのノートアプリを用いて共有できるようにしました。また、お互いが立てた《問い》について尋ね合う時間を設定することで、お互いの《問い》を例として参考にするとともに、よりよい《私の問い》にむけて精査できるようになることをねらいました。

また、子どもたちが心から「このことを考えながら話し合ってみたい」と思えるような《問い》を立てられるように、まずは普段通りの話し合いをさせました。この学級の子どもたちの(話し合い)傾向として「相手を言い負かす」ことに終始してしまうことが多くあり、今回のような「異なる立場からの考えを聞く」話し合いは停滞することが予想されました。あえて失敗の経験をさせることで、子どもたち自身で「考えを広げる」という視点を得てほしかったのです。実際、《問い》のない状態、つまりは「考えを広げる」というめあてを自分のこととしないまま話し合いをした子どもたちからは「それは違うんじゃない。」「こういう場合はその考えはあてはまらないでしょ。」といった相手の考えを否定するような発言が見られ、話し合いが停滞するグループも多く出ました。失敗経験を積んだ子どもたちは、「お互いの考えを広げる話し合い」のためにと、1回目のツリートークの際に撮影したipadの記録ビデオを何度も見返していました。その時に出てきた「どうすればいいのだろう。」という子どもたちの内から湧き出るつぶやき、《私の問い》の元となる思いを取り上げ、評価することで、子どもたちが本当に問いたいと思える《問い》作りを促しました。

―《私の問い》を立てることを導く教師の語りの例―

・自分たちがした質問は、考えが広がる質問だったのかな。確かめながら、ビデオを見返してみよう。

・1回目の話し合いで困ったことを考えて、それを乗り越えられるような問いを考えていきましょう。

・「このことを考えながら話し合ってみたい」と思えるような問いを立てよう。

④ 《私の問い》

はじめに立てた《私の問い》
児童A　話し合いが盛り上がる質問にはどんな共通点があるのか。
児童B　考えが広がる質問と、広がらない質問の違いは何か。
児童C　考えが広がる質問とはどんなものだろうか。
更新した《私の問い》
児童A　相手との共通点を見つけるにはどのような質問をすればいいのか

児童B	テーマが変わっても、今回考えた「考えが広がる質問」は同じように考えを広げることができるのだろうか。
児童C	どうしたら、お互いの意図を考えながら、話し合いをすすめることができるだろうか。

⑤ 言語活動の実際

児童Cは、言語活動において「相手の意図を考える」ことに着目した話し合いをしています。はじめに立てた《問い》は、よりお互いの考えが広がること、更新された《問い》では、「お互いの意図を考えながら」話し合うことに着目しています。更新後のツリートークでは、友だちの「リラックスっていう意味ですね。」という言葉に着目し、相手が言いたいことを考えて、分かりやすく言い換えること、整理することのよさに気が付くことができました。《私の問い》と記録ビデオを何度も往還しながら吟味することで、豊かな気づきにつながっていることがよく分かります。

【ツリートーク】	【ふりかえり】
C　なんで「自然」にしたんですか。 D　心が落ち着く場所だから。自然がいちばん気持ちいいし、心が安らぐ。 E　安らぐ。リラックスっていう意味ですね。 C　どういうところが楽しいの。 D　秋とか虫の声とかがすごくて、気持ちいい。トンボが飛んでいたり、川があったらアメンボがいたり、カエルがいたり。そんなところ。 ・・・・・・(中略)・・・・・・ D　なんで自由が大切なんですか。 C　人間、自由がなかったらストレスで大変だから。自由があるからリラックスできる。さっきも出た、リラックス。(Dの書き込みと線で結ぶ) E　ストレスがたまるって、どんな。 C　ずっとさ、決められたことばっかりだったら、みんないやでしょ。 F　たしかに。	F　みんなバラバラだったのに、結構意見がつながっていったね。 E　もう、後半、紙ぐちゃぐちゃ。 D　リラックスとか、楽しいとか感情の部分は繋がることが多いんじゃない。 E　だから、どんな気持ちなのかってことを聞いていくといいってこと？ D　だって、みんなが大事に思っていることだから、ものはちがっても、楽しい思いはしてるはずやん。 C　(ビデオを見ながら)ここの「リラックスって意味ですね」っていう言葉も大事じゃない。 F　たしかに。この言い換えてるところ。 C　考えてることがきちんと言葉になるから、なんか整理できる。

⑥　学習計画

単元　いちばん大事なものについてツリートークでたずね合おう

氏名（　　　　　　　　　　　　　　）

この単元では、意見の違う友だちとの話し合いを通して、自分の考えを広げられることができるようになる学習をします。課題は自分の「いちばん大事なもの」について、お互いの考えが広がるような質問をたくさん集め、それらを吟味して、ツリートークで何度もたずね合いをすることです。

〔知る〕思考に関わる語句の量を増やし、話や文の中で使うこと。

【学習計画】４時間ぐらい

これまで	お互いの意見の共通点や相違点に着目して、考えをまとめる。
今から	お互いの立場や意図を明確にしながら話し合い、考えを広げたりまとめたりする。

１．単元の見通しをもつ　　　　１時間

たいせつ　**色々な考え方を聞いて、自分の考えに活かす**

- 人によって考え方は違う。その人がなぜそのように考えるのか、理由や背景を理解する。
- 他の人と思いや考えを交流することで、自分の考えを広げたり、深めたり、新しい視点を見つけたりする。

② 先生のプレゼンテーションを見て、何をするかを知る。
②ブレインストーミングで自分の考えをもつ

２．お互いの「いちばん大事なもの」についてツリートークでたずね合う　　　　２時間
①問いを立てずに、普通に話し合う（各自 iPad で撮影）
②全体で紙を見合い話し合いをふり返る
③《私の問い》を立てる
④一回目とメンバーをかえて
《私の問い》にそってツリートークをする（各自 iPad で撮影）
⑤振り返り

３．再度、お互いの「いちばん大事なもの」についてツリートークでたずね合う　　　　１時間
①記録した動画を見なおしながら《私の問い》を考える
②《私の問い》にそってツリートークをする（各自 iPad で撮影）

４．単元のふり返りをする
①先生から
②単元のふり返り

５．力を確かめる（活用題）　　　　（六年生「考えを明確にして話し合おう」）

（原口創／はらぐち・はじめ）

第10章 「評価」を具体化する

私は、教師になって20年になります。それなのに、このような質問をするのはとても恥ずかしいですが、今日は、思い切って先生にお手紙を書きました。

評価に関することです。一生懸命学んでいる子どもたちに果たして、私は、適切な評価をすることができているのか、実は自信がもてないでいます。テスト平均の順位付け、宿題の提出状況、授業中の発表数、限られた材料を根拠にして評価をしていた頃もありました。今思えば、子どもたちに本当に申し訳なく思います。

それではいけないと思い、単元を始める前に評価規準を定めて、評価ができるようにしようと取り組み始めたのですが、いざ、評価となったとき、B評価とA評価の違いが曖昧であることに気づきました。きっと評価規準に具体性がなかったために、何を見ていいのか、どのように判断すればいいのかが自分でも納得できていなかったのだと思います。自分で設定した規準なのに、その自分が活用できないというのは情けないことです。

生徒にどのような評価をつけようかと考えたとき、結局のところ、私は、主観にたよって評価をしているような気がしてなりません。そうではないと言い切れる自信もあるのですが、主観がゼロとも言えないのです。グループ主体の授業は、さらに評価が難しくなります。1つ1つのグループに目がいかず、個々の生徒がどのように学んでいるか、目が届かないからです。やはり、おのずと評価は曖昧になってしまいます。

こんなこともあります。対話活動のとき、黙している生徒がいます。それは、理解していないのか、それとも熟考中で考えを整理しているのか、評価規準に照らしても適切な評価につながらないのではないかと思うのです。

先生にお聞きしたいことは、子どもの言語活動のどの場面をもってどのような評価をすれば適切な評価ができるのかということです。評価規準を定めても1単位時間の中で実際にそれをどう使えばよいのでしょう。

それと、言語活動後の評価です。従来の発問中心による読解中心・知識偏重の授業をしていた頃は、空所補充や選択肢のテストで、どんな知識を得たか、読み取りは正しいかという評価をしていました。しかし、これが教師の思い込みによる大きな誤解であるということは理解できました。では、グループ学習中心の課題解決型の単元学習を行った後、果たしてどのようなテストをすれば子どもたちの力を測れるのでしょうか。テスト作成の手がかりを教えてください。教師であれば誰もが通る悩みだとは分かっているのですが、よろしくお願いします。

鹿児島県 霧島市立横川中学校　河野 隆啓

103. 評価についての基本的な考え方はどのようなものですか

学習評価は、「学校における教育活動に関し、児童生徒の学習状況を評価するもの」です。

『「指導と評価の一体化」のための学習評価に関する参考資料』には、学習評価の基本的な方向性として次の3点があげられています（文部科学省国立教育政策研究所教育課程研究センター、2020）。

①児童生徒の学習改善につながるものにしていくこと
②教師の指導改善につながるものにしていくこと
③これまで慣行として行われてきたことでも、必要性・妥当性が認められないものは見直していくこと

平成29年の小学校学習指導要領解説総則編には、次のように示されています（第3章「教育課程の編成及び実施」、第3節「教育課程の実施と学習評価」、2　学習評価の充実」）。中学校学習指導要領解説総則編にも同じ旨が示されています。

・指導の評価と改善

児童のよい点や進歩の状況などを積極的に評価し、学習したことの意義や価値を実感できるようにすること。また、各教科等の目標の実現に向けた学習状況を把握する観点から、単元や題材など内容や時間のまとまりを見通しながら評価の場面や方法を工夫して、学習の過程や成果を評価し、指導の改善や学習意欲の向上を図り、資質・能力の育成に生かすようにすること。

・学習評価に関する工夫

創意工夫の中で学習評価の妥当性や信頼性が高められるよう、組織的かつ計画的な取組を推進するとともに、学年や学校段階を越えて児童の学習の成果が円滑に接続されるように工夫すること。

このように、学習評価は、児童生徒の学習改善と教師の指導改善の両方につながるものであり、そのために、教師は、単元全体を見通しながら評価の場面や方法を工夫していかなければならないのです。

104. 単元をはじめる前に評価規準を設定するのですか

当然、単元びらきの前に評価規準を設定しておく必要があります。国語科において、単元の評価規準は、現在の子どもの実態、この単元までの学習履歴や学

習状況等を考慮しつつ、学習指導要領の目標や内容をふまえて作成しますから、単元の目標と評価規準をセットで設定します。観点は「知識・技能」「思考・判断・表現」「主体的に学びに向かう態度」の3観点で設定します。

評価規準の「知識・技能」「思考・判断・表現」の観点は、目標の〔知識及び技能〕と〔思考力、判断力、表現力等〕の観点と重なるものですから、目標を設定した時点で評価規準も設定することができます。

評価規準の「主体的に学習に取り組む態度」は、「言語活動の充実に向けた粘り強い取り組みを行おうとする側面」とその取り組みを行う中で「自らの学習を調整しようとする側面」の2つの側面で規準を設定します。

その単元での具体的な言語活動における児童生徒の学びの姿と重ねて設定することが必要ですから、単元づくりにおいて教師が言語活動モデルを作成するときに、適切な評価規準になっているかどうかを点検し、修正することが必要です。評価できる言語活動になっているのかの点検も必要です。いずれにしても、評価規準は単元前に設定しておくべきものです。

105. 評価規準はどのように設定すればいいのですか

単元の評価規準は、単元の目標に応じて、「知識・技能」「思考・判断・表現」「主体的に学習に取り組む態度」の3つの観点で設定します。

目標の〔知識及び技能〕は、評価規準では「知識・技能」とします。設定の方法については『「指導と評価の一体化」のための学習評価に関する資料』(前掲書)に、以下のように説明されています。

> 当該単元で育成を目指す資質・能力に該当する〔知識及び技能〕の指導事項の文末を「～している。」として作成する。育成したい資質・能力に照らして、指導事項の一部を用いて作成することもある。

目標の〔思考力、判断力、表現力等〕は、評価規準では「思考・判断・表現」とします。設定の方法については『「指導と評価の一体化」のための学習評価に関する資料』(前掲書)に、以下のように説明されています。

> 当該単元で育成を目指す資質・能力に該当する〔思考力、判断力、表現力等〕の指導事項の冒頭に、指導する領域を「(領域名)において、」と明記し、文末を「～している。」として作成する。育成したい資質・能力に照らして、指導事項の一部を用いて作成することもある。

目標の〔学びに向かう力、人間性等〕は、評価規準では「主体的に学習に取り組む態度」とします。設定の方法は『「指導と評価の一体化」のための学習評価に関する資料』（前掲書）に、以下のように説明されています。

以下の①から④の内容をすべて含め、単元の目標や学習内容等に応じて、その組合せを工夫することが考えられる。文末は「～しようとしている。」とする。なお〈　〉内の言葉は、当該内容の学習状況を例示したものであり、これ以外も想定される。

①粘り強さ〈積極的に、進んで、粘り強く等〉

②自らの学習の調整〈学習の見通しをもって、学習課題に沿って、今までの学習を生かして等〉

③他の２観点において重点とする内容（特に、粘り強さを発揮してほしい内容）

④当該単元の具体的な言語活動（自らの学習の調整が必要となる具体的な言語活動）

106. １時間ごとに評価ができるようにする必要がありますか

単元中の適切な場面で評価を行うことが望ましいため、毎時間、評価を行わなければならないというものではありません。単元での評価は、単元の目標の実現に向けた学習の状況を把握するためのものですから、指導内容や児童生徒の特性に応じて、単元を通して評価の場面や方法を工夫する必要があります。

すべての児童生徒を同じ時間に評価できるわけではありません。児童生徒によって学習や思考のスピードは異なりますから、教師の都合だけで評価のタイミングを決定するのではなく、単元びらきにおいて、児童生徒と学習計画を共有するときに評価の計画についても説明しておくことが必要です。

107. B評価とA評価の違いをどのように考えればいいですか

B評価と判断できる児童生徒の様相に質的な高まりや深まりが見られるとき、A評価と判断することができます。この単元の学習課題の解決の過程における学びの文脈の中でこれまでの学習経験を活用して目標とする資質・能力が十分満足できる状況に育っていると判断できる場合です。どのような学びがA評価なのかを単元びらきのときに児童生徒と確認するといいでしょう。

B評価（おおむね満足できる状況）とA評価（十分満足できる状況）の違いは量的な違いで判断するのではなく、質的な違いを見る必要があります。考えを述べるときに１つの根拠をあげていればB評価、根拠が複数であればA評価というようなものではありません。

また、B評価の規準とは別の内容を取り入れているからといってA評価になるわけでもありません。ある児童生徒だけがICT機器や辞書を用いていたからといってA評価になるわけではないのです。

B評価は、学習課題の解決の過程において、目標とする資質・能力(Aフレーズ)がおおむね満足できる状況にあると判断できる場合です。A評価は、学習課題の解決の過程における学びの文脈の中でこれまでの学習経験(この単元でのAフレーズ以外の指導事項の内容も含めて)を活用して目標とする資質・能力(Aフレーズ)が十分満足できる状況にあると判断できる場合です。学習課題から《私の問い》を立て、その解決に向かう主体的な学習だからこそ本当の学びの姿が可視化され、真正な評価ができるのです。

108. 主観による評価にならないためにはどうすればいいでしょうか

教室の事実を捉え、教師としての評価する力を高めるしかありません。

1人で評価をしている限り、評価が主観的になっていないか心配になるのは当然ですが、常に誰かと一緒に評価をすることは現実的ではありません。

年に数回は、評価の規準や方法についての研修を行うとともに、普段から教師間で評価を話題にし、評価の経験を交流することで自身の評価力を高めることです。主観に頼らない真正な評価を実現するには、職員室が教室の事実に支えられた評価の話題で満たされること、評価を語り合える仲間をもつことも大切で有効なことです。

主観的な判断が必ずしも否定されるものではありません。主観だけでの評価はいけませんが、客観的な事実を根拠にし、謙虚に評価することを心掛けましょう。

109. グループ学習での個人の評価はどのようにすればいいですか

個人の学びを評価することが必要です。グループの活動の様子にとらわれることなく、適切な方法で評価規準に照らし、想定しておいた様相と重ねて丁寧な評価を行わなければなりません。

グループ学習では、グループとして学んでいる場面と、グループの中であっても個人として学んでいる場面の両面があるため、教師は、個人をどのように観察し、どのような方法で評価するのか計画を立てておくことが必要です。

グループで話し合っているときに、話し合いの様子を観察するだけでは学習課題のＡフレーズの評価はできません。どの領域であれ、話し合いに参加している（あるいは参加していない）児童生徒が、学習課題のＡフレーズ（指導事項）にかかわってどのように学習しているのかを観察しなければいけないのです。

グループ学習に積極的に参加しようとしていないように見える児童生徒がいますが、そのようなときは、参加させるための指導をすることから評価がはじまります。そうすることで、指導のきっかけを得ることができるからです。積極的に学んでいるように見えないけれど本当は熟考している児童生徒、あるいはその逆の児童生徒なども想定しておくのです。評価は、教師の期待している児童生徒の姿だけを対象にするのではなく、うまく指導できていないと感じられる児童生徒を含めた教室のすべての事実を対象として行うことが必要です。

110. 言語活動を位置づけた学習ではどの場面でどのような評価をすれば適切な評価ができますか

評価を行うときには、評価の規準、評価のタイミング、評価の方法、評価の根拠（材料）を明確にし、評価の計画を立てておく必要があります。

評価の規準は、単元の目標と重ねて３観点で作成するものです。評価のタイミングは、言語活動中および言語活動後です。評価の根拠（材料）は、「児童生徒の談話・活動」と「児童生徒の記述・作品」です。談話とは児童生徒の話し言葉のやりとりのことです。１人の発話も含みます。活動とは学習の様子のすべてです。記述とはノートやワークシート、付箋紙などです。作品とは言語活動として取り組んでいることです。

評価の方法は大きく２つです。１つは、教師が「児童生徒の談話・活動」にかかわること（関与すること）、観察すること、そして省察することです。もう１つは、教師が「児童生徒の記述・作品」に目を通すこと（把握すること）、精読すること、そして分析することです。評価のタイミングと根拠（材料）と方法を表にすると次のようになります。

	言語活動中		言語活動後
談話や活動など	かかわる(関与)	観察する	省察する
記述や作品など	目を通す(把握)	精読する	分析する

活動中の評価は、リアルタイムで評価をするわけですから、偶発的な遭遇やすれ違いも含め、量的にも質的にも限界がありますが、まず、談話や活動などには、児童生徒にかかわることからはじめます。関与して学ぶ姿の概要を知るのです。記述途中のものや手がけたばかりの作品もじっくり読むというよりは目を通す程度でもかまいません。今の状況を把握することです。関与や把握の質が高まっていけば、談話や活動などを観察したり記述や作品などを精読したりできるようになります。うまくできないことも想定しつつ、大局的な評価計画を立てることです。

活動後の評価は、根拠(材料)もそろい、時間も確保して取り組むことができます。談話や活動などは、活動中のメモによる記録や記憶だけではなく、採録した音声や動画も活用して省察します。記述や完成作品は、出来映えだけではなく、精読して詳細に分析します。このようにして児童生徒の言語活動の軌跡を評価するのです。

「主体的に学習に取り組む態度」の評価は、活動中のリアルタイムの評価が基本となります。児童生徒が互いにかかわり合う姿を丁寧に観察する必要があるからです。児童生徒は互いにかかわりながら成長します。自分たちのかかわりの加減の仕方は自分たちがもっとも長けています。教え合っているだけのグループに大きな育ちはありませんが、かかわり合いの中で学び合っている児童生徒たちは加減しながら大いなる育ちを実現します。互いに相手を認め、尊び、協力し合っている姿がそこにはあります。他者を敬愛することで、自分も集団において敬愛されていることに気づくのです。そして、さらに集団の中で主体的に学んでいくのです。このような主体的に学習に取り組む環境がなくて真の協働的な学びは成り立ちません。1つの単元の評価でとどまるのではなく、生涯、学び続ける力の育成の礎となるものです。評価のための評価ではなく、成長のための評価として教師は記録しておきたいものです。評価が愛情に包まれたものであることを感じます。

一方で、「ひとり学び」にも注目することが大切です。児童生徒は時として１人で学ぶことを選択します。「ひとり学び」は学びを整理して実感する時間でもあります。仲間を自分の学びに役立つ他者と捉え、自分を他者の学びに役立つ自分と感じるのも、ふとしたときの「ひとり学び」の機会です。「ひとりぼっち学び」は、放っておいてはいけませんが、価値ある「ひとり学び」を見つけたときは、そっと見守るとともにその学びの姿を記録しておきたいものです。粘り強さの側面からの「主体的に学習に取り組む態度」の評価の根拠（材料）となります。

事後の評価として、《私の問い》の更新の事実を分析することで、児童生徒の主体的な学びの事実を捉えることもできます。《私の問い》を修正し、更新していくことは、自身ができることを学びの文脈にどのように活用できるかを振り返り、学習の見通しを確かめ、デザインしていこうとしている姿です。学習を調整しようとする側面からの「主体的に学習に取り組む態度」の評価そのものです。

111．言語活動後の評価はどうすればいいですか

活用題による評価は妥当性や信頼性が高いです。

単元で学習してきた内容と異なる試験や、単元でできるようになったことを活用できない課題の結果だけで評価していては児童生徒にも保護者にも説明がつきません。単元末や学期末の試験や活用題は評価のためだけの機会ではなく、単元として連続した学習の最後の学びの場なのですから、育ちつつある資質・能力を存分に活用する機会にしなければなりません。

活用題の例として、はじめて読む短編作品を扱って、単元と同じ学習課題に取り組むことがあります。初見の作品ですから、授業中の記憶やあらすじの理解だけのような小手先では対応できません。単元での学習のすべてを活用するからこそ取り組める課題です。児童生徒にとっては、単元での学びを自覚し、学習の成果を喜び、成長を実感することができる最後の学びの場となるでしょう。教師も真正な評価が可能になり、評価が楽しくなります。

■実践 読むこと(イ)登場人物の相互関係や心情などについて、描写を基に捉えること。：小学校第6学年

教師になって初めて、子どもたちに通知表を渡したとき、「この子どもたちはこの通知表をどのような気持ちで受け取るのだろう」「『◎』や『△』の数を数えているこの子たちにとって、この通知表はどれだけの価値があるのだろう」などと考えたことがあります。評価は子どもの頑張りを認め、これからの頑張りどころを共有するものであるべきではないかとも思いました。そして、評価が子どもたちの成長のきっかけとなるような価値のあるものにするにはどうすれば良いのか考えました。

そこで、まず「この単元で何を、どのくらいできるようになると『○』だよ」などと、単元のはじめに、子どもたちと評価の視点を共有することにしました。評価の視点を理解した子どもたちは、自分の頑張りどころを知ることができます。どこをどのように頑張ると良いかが分かるということは、見通しをもって主体的に学習に取り組むことにつながります。活動中も自己評価や相互評価をくり返すことで、評価は自分を高めるためのものであると知り、前向きに自分の頑張りを認めながら取り組むことができるようになると思います。ひいては、評価によって自分と友達を通知表の「○」の数で比べるのではなく、自分の学びや成長に目を向けるようになっていきます。

ただ、このように評価について考えながら単元づくりを進めていくと、「子どもにとっても教師にとっても分かりやすい評価の視点をどのように作ると良いか」「単元のどの場面でどのように評価を子どもへ手渡すと効果的なのか」「教師からの評価はどのように手渡すのか」「実際にどのように評価をすると良いか」など、教師としての問いが生まれました。

評価を子どもと共有し、子どもが自分で評価することができるようになると、自己の学習を調整し、粘り強く学習に取り組むことができるようになります。評価が子どもの意欲を削ぐものではなく、学びの座標を知るコンパスのように機能し、評価を成長につながるものにすること、こういったことが教師の仕事だと感じています。

① 育成を図る資質・能力と言語活動／学習材「風切るつばさ」東京書籍

この単元では、「登場人物の相互関係について、描写を基に捉える。」ことを目標とし、「登場人物になりきって、友達について語る」言語活動を設定します。具体的には、朝日新聞の「おやじのせなか」を参考に「友達のせなか」に変えて、描写を基に登場人物それぞれの相手に対する思いを綴る活動です。

登場人物の相互関係を捉えるということは、読者から見た思いではなく、それぞれの人物の視点で、別の人物への思いを語らなければいけません。登

場人物になりきって相手のことを語ることができればB規準としました。まずは人物相関図を書いてみて、場面によって心情が変わることにも触れました。そして、《私の問い》の解決を通して「クルル」という登場人物の視点でその友達「カララ」への思いに迫り、「友達のせなか」を書きました。最後には、活用題として「カララ」の視点で「クルル」を語る活動をして、相互関係を読み取る学習に取り組みました。

② 学習課題

159ページの学習計画に記載した学習課題を参照してください。

③ 《私の問い》を立てられるようにする教師の仕事

この学習では「登場人物の相互関係」に関わる《私の問い》を立てることが必要です。

まずは、たくさんの問いを書き出し、グループで友達と吟味しながら問いを整理していく中で、学習課題に向かってくことのできる《私の問い》を立てるようにしました。友達の問いで、「いいなと思ったものを『真似すること』も『学び』だよ。真似される人も快く真似してもらおう。」と伝えました。

1人1人のノートに書き出された問いを、みんなで自由に見て周るようにしました。「これいいね」「あ～たしかに」などと、自由に発話する様子も見られました。中には、問いの答えについての軽い議論も始まっていて感心しましたが、その姿も認めつつ、できるだけたくさんの問いを見たり聞いたりしてくるように促しました。

―《私の問い》を立てることを導く教師の語りの例―

・登場人物の行動に迫る問いを選びましょう。

・友達の問いで、いいなと思ったものは積極的に真似しましょう。その時は、その友達に一声かけると良いですね。

④ 《私の問い》

はじめに立てた《私の問い》
児童A　どうして、カララはクルルのところに行ったのか。

児童B クルルはなぜ飛べなくなったのか。
児童C カララが何も言わずにクルルのとなりにおり立った理由はなにか。その時、どのような気持ちだったか。
児童D クルルはなぜ飛ぶつもりはなかったのに、カララと一緒に飛び立ったのか。

更新した《私の問い》

児童A どうしてカララはクルルのところに行ったのか。カララは体が弱くてクルルにえさを分けてもらっていた。その恩返しだと思う。どこからそれが分かるか。
児童B クルルは仲間から、仲間殺しの犯人のようにあつかわれ、クルルの味方はいなくなり、悲しくて飛べなくなったと思う。カララはなぜ戻ってきたのか。
児童C カララは今まで、クルルにえさをもらっていないと死んでいたけど、もらっていたおかげで生きることができ、命の恩人だとカララは気づいたのではないのか。だからせめてカララは覚悟(死を)してクルルのそばにいて死ぬつもりだったので降り立ってきたのではないのか。
児童D クルルが「こいつ覚悟してるんだ」と思っているとき、カララは、「クルルが飛ばないから自分も一緒に死ぬ」という覚悟をもっていたんだと思う。だから、クルルは「おれが飛ばないならカララが死ぬ」と思い一緒に飛んだのではないか。

⑤ 言語活動の実際

	クルルとカララの人物関係について理解している。
A	クルルやカララになりきり、自分の言葉で、より効果的に相手のことを語っている。
B	クルルやカララになりきって相手のことを語っている。
C	クルルやカララになりきって相手のことを語ることができていない。

児童Dは始めに立てた《問い》でクルルの行動に着目しています。そして更新した《問い》では、その行動の原動力となったカララの覚悟に着目しています。

評価の視点として、右のルーブリックを子どもたちと共有しました。児童Dはこの視点をもとに、試行錯誤しながら言語活動に取り組んでいました。

評価する際には、まず、「B規準」に達しているかどうか考えました。以下に示す児童Dの言語活動を見ると、「おれの友達」「大切な友達」「感謝」「カララがいてくれたおかげで」「さりげない優しさ」といった言葉で、カララのことを綴っており、クルルになりきって、カララに対してどのような感情を抱いているかを語ることができていることが分かります。よって「B規準」に達していると考えました。

また、より効果的な言葉で表現したり、多くの描写と結び付けたりすることができれば「A評価」と共有しています。「より効果的な」「多くの」といった抽象的な言葉で示したのは、全ての児童が自分なりにこだわるポイントを見いだし、主体的に取り組んでほしいと思ったからです。

児童Dは、書いた文章を何度も消しゴムで消しながら、一人称からその他の表現までこだわり始めました。例えば、単なる「優しさ」ではなく「さりげない優しさ」と書き換えています。また、冒頭では「体の弱いおれの友達」と綴っているのに対し、後半では「大切な友達」「感謝」といった言葉で語っています。これらのことから、児童Dは、クルルのカララに対する心情の変化までふまえた人物関係を捉えていることが分かります。よって「A評価」としました。

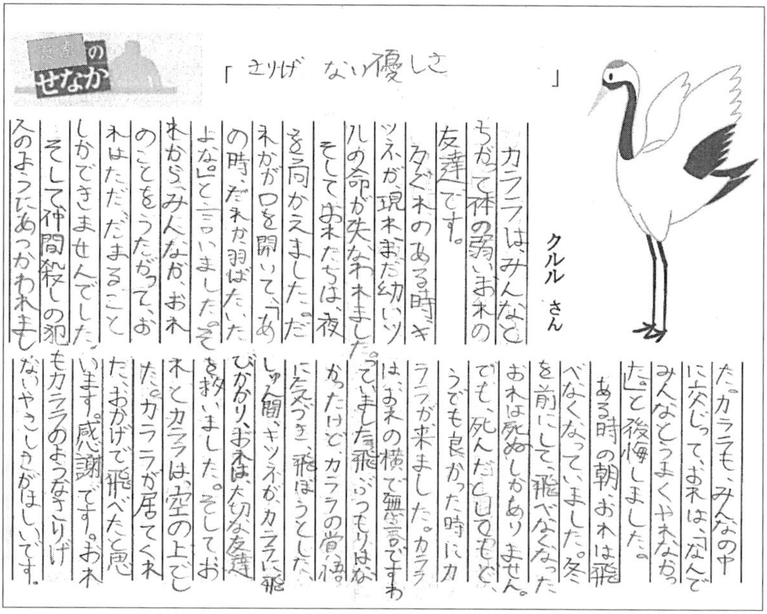

⑥ 学習計画

人物どうしの関係を考えよう「風切るつばさ」（7時間）

学習課題 描写をもとに、人物どうしの関係をとらえることができるようになる学習をします。
課題は、行動や会話、地の文などの描写を結び付けて、クルルの視点でカララを語る「友達のせなか」を書くことです。

〔知る〕行動や会話、地の文などのいくつかの情報を結び付けて、人物関係をとらえること。

これまで	描写をもとに、人物像をとらえる。
今から	描写をもとに、人物どうしの関係をとらえる。

人物の関係と心情の変化をとらえる

【学習計画】

1 単元の見通しをもとう。（1）時間くらい

《私の問い》

① この単元でどんな力を身につけるのか、そのために何をするのかを知る。
② 文章を読み、《私の問い》を立てる

2 人物相関図をかき、人物どうしの関係をとらえよう。（3）時間くらい

① 班で協力して人物相関図をかき、他の班と交流する。
② 《私の問い》について考え、人物どうしの関係をとらえる。

たしかめ（イ）人物関係図
たしかめ（ウ）ノート、様子

3 「友達のせなか」を書く。（2）時間くらい

たしかめ（ア、イ）友達のせなか

① クルルになりきって、カララについて語る。
② 友達と読み合うなどして、書いた文章をよりよくする。
③ できた文章をみんなで読み合い、良いところを伝え合う。

4 単元のふり返りをしよう。（1）時間くらい

たしかめ（ウ）ふり返り
たしかめ（イ）活用題

① 単元で身につけた力をふり返る。
② 【活用題】クルル目線で書いた文章を、今度はカララ目線で書いてみる。

ア	知識・技能	行動や会話、地の文などのいくつかの情報を結び付けて、人物関係をとらえることができた。	
イ	読む力	クルルとカララの関係について、描写をもとに理解することができた。	
ウ	学習に向かう姿勢	進んで行動や会話、地の文などを結び付け、ねばり強く人物どうしの関係をとらえようとした。	

（小川将吾／おがわ・しょうご）

■実践　読むこと(エ)観点を明確にして文章を比較するなどし、文章の構成や論理の展開、表現の効果について考えること。：中学校第２学年

これまでの私の「評価」は生徒の作品にA、B、Cをつけることに終始していました。生徒の今後の学びに生きる評価にしたいと思いながらも、生徒にとって、なぜ自分はBだったのか、どうすればAの力をつけられたのか、そもそも何を大切にした活動に自分たちは取り組んでいたのか、こういった大切なことが見えにくい評価になっていました。

これでは、「評価」が生徒の学びに生きず、教師の成績づけのための作業になってしまいます。そこで今は単元で身に付ける資質・能力を「単元のゴール」として生徒に示すようにしています。また、資質・能力の育成を評価する観点を生徒と共有し、生徒が自分の学びを点検できるように工夫しています。このように評価規準を明示することで生徒の学びの指針になる評価を目指しています。

ただ、このように「学びの指針」となる評価に取り組んでいると、「単元で身に付ける資質・能力やその評価の観点を一方的に伝えるのではなく、子どもたちがイメージできるようにするにはどうするか」「単元を通して子どもが評価を意識し、自己の学びを調整できるようにするにはどうするか」など、教師としての問いが次々と生まれました。

教師が「評価」と向き合うことは、単元の見通しをもち、主体的に学ぶ子どもの姿の実現、確かな資質・能力の育成、延いては教師自身の単元構想力の向上につながると考えます。

①　育成を図る資質・能力と言語活動／学習材「走れメロス」光村図書

この単元では、「観点を明確にして文章を比較し、表現の効果を考える。」ことを目標とし、「走れメロス」のスピンオフ作品「セリヌンティウスの叫び」を書く言語活動を設定します。具体的には、「走れメロス」の中から好きな場面を選び、セリヌンティウスを主人公とした物語を書く活動です。単元前半では、「読むこと」の学習に取り組み、まずは読み手として表現の効果を考えます。単元後半では書き手として、限られたセリヌンティウスの描写から想像を膨らませて表現する「書くこと」の学習に取り組みます。

単元前半は、表現の効果を考えながら読む学習なので、メロスの心情ではなく、作中の表現が読み手に与える印象を考えなければなりません。そこで、「走れメロス」と原作である「人質」を比較しながら、太宰治が加筆・修正した表現の効果を読み解き「発見！文豪太宰のワザ」としてまとめる言語活動に取り組みます。その際、表現にこだわる学習だからこそ、類義語と

の比較を促し、語感を豊かにして語彙を増やすことも大切にしたいと考えました。このような意図や願いをもとに次の評価規準を作成しました。

	知識・技能	思考・判断・表現	主体的に学習に取り組む態度
B規準	文章中の表現を類義語と比較することで、語感を磨き語彙を豊かにしている。	「人質」と比較し、加筆修正された表現の効果を考えている。	類義語や「人質」の表現と比較し、粘り強く表現の効果を考えようとしている。
A規準	B に加えて、抽象的な概念を表す語を調べ、語彙を豊かにしている。	B に加えて、作品の価値や魅力を評価している。	B に加えて、粘り強く作品の価値や魅力を評価しようとしている。

② 学習課題

164 ページの学習計画に記載した学習課題を参照してください。

③ 《私の問い》を立てられるようにする教師の仕事

この学習では「表現の効果」に関わる《私の問い》を立てることが必要です。そこで、「走れメロス」と「人質」を比較し、太宰が加筆・修正した表現の中から《私の問い》を立てることにしました。《私の問い》を立てる時間には、文章を比較して見つけた「太宰が加筆・修正した表現」を列挙させ、その中から注目したい表現を選ばせることで、どの子どもも《私の問い》を立てられるようにしました。さらに、てびきの中に《私の問い》の例を示し、子どもたちが《私の問い》を立てるイメージをもてるようにしました。この《私の問い》の例の中には、A 規準に至るような「作品を批評する」ための問いも用意しました。A 規準に迫る例を示したことで、生徒 C は、経験と重ねながら「走れメロス」の価値を語っています。

このように《私の問い》を立てようとする生徒を A 規準や B 規準に至れるように支えることで、生徒は表現の効果をより味わい、作品の面白さに浸ることができました。「評価」は子どもたちにとって学びの指針であり、教師にとって単元設計の指針にもなりうるのだと学びました。

―《私の問い》を立てることを導く教師の語りの例―

・「人質」から太宰が加筆・修正している表現を探しましょう。
・みなさんが作者なら、メロスが裸になる描写を書き足しますか？なぜわざわざ書き足したのでしょうね？

④ 《私の問い》

はじめに立てた《私の問い》
生徒Ａ　6の場面でメロスは、なぜネガティブになって自分に問いかけていたのか。なぜその描写が加筆されたのか。
生徒Ｂ　「愛と誠の力」から「もっと恐ろしく大きいもの」と表現を変えたことで、“走れメロス”を通して、読者に伝わるメッセージはどうかわったのだろうか。
生徒Ｃ　なぜ最後にメロスを「赤面」させたのか。
更新した《私の問い》
生徒Ａ　メロスが刑場へ向かう途中に諦めようとした描写が加筆されることで、読み手が物語を読み終わった後に抱くメロスや結末のイメージはどう変化するのか。
生徒Ｃ　「勇者」はひどく「赤面した」を加筆することでどんな印象が作品に加わったか。

⑤　言語活動の実際

生徒Ｃは、次に示す言語活動「発見！文豪太宰のワザ」の中で、「走れメロス」と原作である「人質」を比較しながら、太宰治が加筆・修正した表現の効果を読み解き、解釈を綴っています。はじめの≪問い≫で生徒Ｃは、作者が表現を加筆・修正した理由を考えようとしていました。この問いの答えは作者の太宰しか解決できず、叙述にかえっても解き明かすことはできません。しかし、更新した≪問い≫は、表現が読者に抱かせる印象を考えるものになっています。このような≪問い≫の更新により、生徒Ｃは「赤面」という色彩語と「勇者」という呼称表現の加筆に着目し、「メロスが、泥臭く、人間らしい他人目線でも認められる勇者に成長したことを読者に伝える効果がある」という解釈に至っています。この記述は表現の加筆・修正が読者に抱かせる印象を物語っているのでＢ規準を満たしています。

さらに、生徒Ｃは体育大会の経験を振り返り、「人質」と比較しながら「あえてもろく、醜い部分のある主人公として描いた『走れメロス』だから、私たちは自分と重ねてメロスを応援したくなる」と語っています。表現の効果の解釈をきっかけに、生徒Ｃは作品の魅力を語ることができています。したがって、生徒ＣはＡ規準に到達していると評価しました。

また、ワークシートには「表現の効果を捉える」と称し、Ａ規準、Ｂ規準のポイントを位置付けました。さらに自分の解釈に線を引きながら点検する

「力のたしかめ」に取り組みました。このような手立てにより、生徒Cは指導事項を意識して1度綴った文章を何度も推敲していました。

☆発見！文豪太宰のワザ

【問い】「勇者」はひどく「赤面した」を加筆することで、作品にどんな印象が加わったか。

「勇者」は、辞書にあるように「勇気を持って行動する人」だと思っていました。しかし、中谷さんは「四回書いてある勇者のうち、最後に書いてある勇者は自分目線でなく語り手目線になっている」と言っていて、途中に出てくる「勇者」との使われ方の違いに意味があると思ってまず「勇者」という表現を分析しました。自分目線の「勇者」に注目すると「正義だの愛だの考えてみればくだらない」や「気の毒だが正義のためだ」から、メロスの思う勇者とは「正義や愛や真実を信じられる人」のことだと考えられます。それを最後に語り手目線で「勇者」と呼ぶことで辞書にある「勇者」にもメロスが考える「勇者」にもなれたことを読み手に印象付けています。

　次に、「赤面」を「勇者」と比較すると、「勇者」は完璧で尊敬されるようなイメージがあるけど、「赤面」はかわいらしくて親近感があるイメージがあります。また、「赤面」は感情表現の一つだから「人間だからこそできること」だと思いました。「赤面」があることによって、「勇者」だけど完璧な存在ではない人間らしさのあるメロス像が印象付きます。

　「勇者」「赤面」という表現の加筆は、正義を語る完璧な存在と自分目線で思っていたメロスが、泥臭く、人間らしい他人目線でも認められる勇者に成長したことを読者に伝える効果があると思いました。私は体育が苦手だから体育大会の練習でうまくいかないことがいっぱいで友達に助けてもらいながら成長できました。「人質」と異なり、あえてもろく、醜い部分のある主人公として描いた「走れメロス」だから、私たちは自分と重ねてメロスを応援したくなると感じました。

表現の効果を捉える

【思考力・表現力・判断力】

A　「人質」から加筆・修正された表現に立ち止まり、「走れメロス」ならではの魅力と関連付けながら作者の用いた表現の効果を捉えることができる。

B　「人質」から加筆・修正された表現に立ち止まり、作者の用いた表現の効果を捉えることができる。

☆力のたしかめ

①着目した加筆・修正された表現
→「　」（赤の傍線）

②分析した表現の効果
→「〜」（黒の波線）

C・B・Ⓐ

⑥ 学習計画

単元　短編集「セリヌンティウスの叫び」を作ろう【前編　読むこと】

学習課題

この単元では、**表現の効果を考える**ことができるようになる学習をします。課題は、「走れメロス」と「人質」の表現の効果を比較して、物語「セリヌンティウスの叫び」を書くことです。

【知る】
文章中の表現を類義語と比較することで、語感を磨き語彙を豊かにする。

これまで…根拠を明確にして、表現の効果を考えることができる。
今から　…☆文章を比較しながら表現の効果を考えることができ

【学習計画】12時間くらい

1　単元の見通しをもつ　（1時間）

2　「人質」と「走れメロス」を読み比べ、「私の問い」　を立てる　（1時間）
○「表現の効果を考える」ための「私の問い」って例えば…
　A　「人質」から加筆・修正された表現に立ち止まる「問い」
　　（例）　なぜ、○の場面の△は、～という表現に修正されたのだろうか。
　B　立ち止まった表現が読み手に与える印象を考える「問い」
　　（例）　最後に「～」という場面が付け加わることで、読み手にどんな印象を与えるのだろうか。

☆最高学年への道！　3年生レベルの学びを目指す「問い」
　C　加筆・修正された表現が「走れメロス」の魅力にどうつながるか考える「問い」
　　（例）「～」という場面の加筆と「走れメロス」から伝わる～という印象はどうつながっているか。
　　　「～」という表現が多用されていることで、作品にどんなメッセージ性が加わるのだろうか。

3　「私の問い」を解決し、分析した表現の効果を「発見！文豪太宰のワザ」にまとめる　（3時間）
　①　セリヌンティウスの叫び」を書くためには？
　②　少ない「セリヌンティウス」の描写から、想像を膨らませよう。
　③　太宰治も短い「人質」を膨らませて、「走れメロス」を書いているなあ。
　④　まずは「人質」から加筆・修正された表現で「走れメロス」を魅力的にしている「表現の効果」を分析して、「発見！文豪太宰のワザ」にまとめよう。
　⑤　発見した太宰のワザを生かして、表現豊かな物語を書こう。

4　「発見！文豪太宰のワザ」を読み合い、「走れメロス」を読んで身に付けた力を振り返る　（1時間）

5　表現の効果を考えながら「セリヌンティウスの叫び」を書く　単元計画【後編　書くこと】へ　（5時間）

6　「セリヌンティウスの叫び」を読み合い、作品を書いて身に付けた力を振り返る　（1時間）

7　確認（活用題）
　①　初めて読む文章の表現の効果を考える問題に取り組む。
　②　豊かに描写する問題に取り組む。

（荒牧剛志／あらまき・たけし）

第 11 章 「見通しと振り返り」をつなぐ

私はこれまで授業を計画する際に、発問が大事だと考えて教材研究に取り組んできました。どの発問が思考を深めるかということを考え、同僚や志を同じくする国語教師と議論することも多々ありました。「この発問をしたから、このような生徒の変容があった」という発問を蓄積し、中心発問を何にするか、ということを教材研究の柱として実践してきました。

あるとき生徒が「先生、次の授業、何するの。」と尋ねてきました。そのとき、はっと気付いたのです。私の授業は、私の自己満足の授業であって、生徒自身の授業にはなっていないのではないかと。単元目標を設定し、1 単位時間の学習目標も板書してきました。しかし、それはぶつ切りであり、生徒自身は先の見通しをもてないままに、受け身的に授業に参加していたのです。もちろん生徒自身は授業に参加し、反応も良く、言語活動の際には積極的に取り組む様子が見られます。けれど、これは生徒主体の授業とはいえません。

小学校では単元の導入時に学習計画を立て、その計画に沿って授業を進めていると聞いたことがあります。これなら最終ゴールも明確になり、子ども自身が見通しをもって授業に臨めるように思います。中学校でもみんなで話し合って学習計画を立てた方が、生徒主体の授業になるのでしょうか。

重ねて、単元末は、どのように学習の成果を振り返るかということも課題です。言語活動の作品を交流し、互いに批評し合うだけで終わり、というのでは、生徒自身がどのような力が身に付いたかを実感させられていないと反省しています。私の評価のことばも漠然とした感想で、どんな力がついたかを実感させられていません。1 つ 1 つの学習材から何を学ぶのか、どんな力が付いたのか、効果的な振り返りの仕方とはどのようなものか、教えてください。

これまで、私自身、生徒主体の授業をしていると思い込んできました。けれども、目標から計画、答え合わせまで、すべて私自身がしているのですから、これでは教師主体の授業と言われても仕方ありません。生徒自身が学習に対して見通しをもち、学習の振り返りを効果的に行うにはどうしたらよいか、是非ご教授ください。

鹿児島県 鹿児島市立郡山中学校　前田 壮一

112. 国語科の学習において児童生徒の見通しは必要ですか

国語科に限らず、主体的に粘り強く学ぶためには、児童生徒が自分の学習についての見通しをもつことが必要です。学習に限らず、主体的に何かをしようとするときには見通しが必要です。

教師の発問に答えるだけの授業であれば単元の見通しをもつ必要はないかもしれませんが、言語活動を通して学びをデザインしていくならば見通しをもつことは不可欠です。

誰かについていくのであればその背中だけを見ていれば目的地に着くでしょう。しかし、自分の考えで目的地まで行くのであれば、最終地までの見通しと必要に応じてそれをいくつかに区切った小さな見通しが必要でしょう。小さな見通しは、歩みを進めるうちに修正したり、更新したりすることも必要です。

学習における見通しも同じです。大きな見通しである学習課題とその解決にむけた小さな見通しである《私の問い》の修正や更新が必要です。

113. 国語科の学習において児童生徒の振り返りは必要ですか

国語科に限らず、主体的に学習を調整しながら学び続けていくためには、児童生徒が自分の学びを振り返ることが必要です。学習に限らず、主体的に何かを続けようとするときには振り返りが有効です。

今の学習と次の時間の学習をつなぐことをしないのであれば、振り返りは必要ないかもしれませんが、言語活動を通して学びをデザインしていくならば振り返ることは不可欠です。

最終地である学習課題の達成に向けた学習の見通しが適切であったか、歩みは順調だったか、どのようなことをしたのか、そのことは効果的であったのか、誰とどのようにかかわったか、次の見通しのためにはどのようなことを考えなければならないか、また自分はどんなことができるようになったのか、できなかったことは何か、それはできそうなことなのか、など、今を振り返るからこそ、次の見通しが明確になるのです。

114. 学習計画が児童生徒主体の授業を実現するのでしょうか

学習計画は「することのプラン」ではなく、「解決するためのデザイン」です。こなすためだけの学習プランではなく、楽しみながら工夫してつくりあげる学びのデザインとすることで児童生徒が主体となる授業になります。

教師が作成し、はじめから固まって動かないプランは、学習計画として児童生徒に役立つものにはなりにくいでしょう。児童生徒の「そうだ！いいこと考えた！」というその時のビジョンが取り込まれ、作っては修正し、進めては見直すことが可能な学習計画こそが、児童生徒の学びのデザインとして機能するのです。このような学習計画からは児童生徒の工夫に満ちた見通しがあふれてくるものです。

学習計画が「することのプラン」ではなく、「解決するためのデザイン」であるためには、解決しなければならない学習課題がなければなりません。単元の学習課題が質の高いものでなければデザインする価値もなければ、デザインする必要もありません。まずは、質の高い学習課題を設定し、教師が作成した学習計画(案)を児童生徒と一緒に作り替えてデザインしていくのです。その中で１人１人の児童生徒に自分の学習をイメージさせ、自分が解決したいことの見通しを自分の言葉にさせていくのです。

115. 児童生徒が学習の見通しをもつにはどのようなことをすればいいですか

児童生徒に見通しのもちかたを教える必要があります。

「学習の見通しのもちかた」を習ったことがない児童生徒には、自分が解決したいことの見通しとは、「学習課題を自分のこととして捉えて立てた《私の問い》とその解決のための段取りのこと」だと教えることです。《私の問い》を立て、その解決策を集めて吟味し、それを順序立てて柔らかくデザインすることが学習の見通しをもつことだと教えるのです。

そのためにも、まず、学習課題を自分のこととして理解できるようにすることです。教師は学習課題について丁寧に説明するだけではなく、学習課題を話題にして児童生徒とたっぷり話し合い、これからの学習が楽しいことで、やりがいのあることだと憧れと興味をもたせることが大切です。

次に、学習課題と言語活動モデルから《私の問い》を立て、その解決のために、まず何をしていきたいか、何をしなければならないか、どんなことからならできそうか、を自分の言葉にするのです。教師も一緒に考えていきますが、この《私の問い》を立てることとその解決策を自覚することまでの一連の学びをデザインすることが見通しをもつことなのです。

116. 児童生徒が学習の振り返りをするにはどのようなことをすればいいですか

児童生徒に学習の振り返り方を教える必要があります。

学習の振り返りとは、自分が見通しをもって解決しようとしたことに対して、その見通しが適切であったか、解決のためにどのようなことをしたのか、誰とかかわったか、自分はどんなことができるようになったのか、できなかったことは何か、それはできそうなことなのか、そして、次はどのようなことを考えなければならないかなど、学習をする前と今とを比較してこれまでの学びの事実を見つめることです。

そのためには、自分の学びを記憶し、思い出さなければなりません。作品の内容や面白かったことは覚えているでしょうが、工夫しても解決できなかったことや話し合って解決しようとしたことなどは思い出せないかもしれません。教師が、本人が自覚していない学びの姿を言語化することが重要です。また、各自の記憶だけに任せるのではなく、板書や教室に掲示してある大きな学習計画表に単元の記録や児童生徒の名前、語ったことなども書き込んでおくようにするのです。まさに、学びのデザインの歴史です。これを学習の振り返りを行うときに活用するのです。各自が綴じている学習計画プリントにも自分のしてきたことをライフヒストリーとして書き込ませ、学習のてびきなどとともに見返すことが効果的です。

117. 学習の振り返りを効果的にするにはどうしたらいいですか

学習の振り返りを効果的なものにするためには、振り返ることが形骸化しないようにすることです。したことの日記ではなく、「一枚に書く(第四の書く)」によって学びをメタ化する機会にするのです。

振り返ったことが次に役立つようにすることが大事です。つまり、振り返りの二次活用です。児童生徒の振り返りの中から、互いに読むことで学びが深まると期待できるものを教室で共有するのです。そうすることで、自身の学習に役立てるだけでなく、他者の振り返りの仕方を学ぶこともできます。

また、振り返りを行う回数や時期についても柔らかく考えることが必要です。毎時間、振り返る必要がなければ、1つの単元に数回の設定にすることや、授業の終わりの短時間ではなく、たっぷりと時間を設定して「第四の書く」として振り返ることも効果があります。値打ちのある振り返りだからこそ、二次活用でき、次の見通しに生きるのです。また書きたくなるのです。

118. 振り返りにはどんな種類がありますか

学習の振り返りには、単元内の振り返りと単元末の振り返りがあります。

単元内の振り返りとは、単元中の小さな解決について確認するためのものです。小さな解決をつないでいくことで単元内の軌跡を振り返ることができます。一方、単元末の振り返りは、その単元での学習課題の解決を通した成長をメタ化して自覚するためのものです。育成した資質・能力をこれから続く単元に生かし、学びをつないでいくことができます。

どちらの振り返りも、学んだことを自覚することで自尊感情を高め、今からの学習の原動力になります。「どんなことを知ることができたか」だけではなく、「どんなことが分かったか」「どんなことができるようになったか」を言語化し、単元末には「第四の書く」として1枚に書いてみることです。

振り返りには他者の名前が出てくるようにします。そうすることで学級全体の学びのつながりが立体的に見えてきます。そのつながりの中で、自分の学びの成果を実感していくのです。教師が1人1人の発話をつないでも、それは教師の指導の振り返りです。児童生徒が学びに誇りをもって1人1人の自分がつなぐことで、教室がつながっていくのです。

児童生徒の学びを価値あるものするためにも、後味のいい振り返りにすることが大切です。後味のいい振り返りは、次の見通しを連れてきます。

119. 学習の振り返りと授業のまとめとは何が異なるのですか

学習の振り返りとは、児童生徒の学びの軌跡です。授業のまとめは、授業の内容の総括です。授業のまとめは教師でも行うことができますが、学習の振り返りはその本人にしかできません。

学習の振り返りは、その本人のライフヒストリーでもあるのです。「私は」を主語にして学びの事実に基づいて言語化することが重要です。

授業のまとめは、学習用語を中心として授業内容を再構成して短くまとめることです。板書を見れば誰にでもまとめられるものです。

■実践　読むこと（イ）場面の展開や登場人物の相互関係、心情の変化などについて、描写を基に捉えること。：中学校第１学年

何度も教材文を読み、書き出した多くの発問から発問計画を立て、これなら生徒に国語力を付けられると思い込んで指導計画を作成していました。はじめの感想で生徒が疑問に感じたことも課題として、指導計画に組み込みました。授業は教師の発問で成り立ち、教師の読み取りに近付けようと必死でした。終末では自己評価・相互評価の場を設定し、読みの変容や言語活動に関する評価を行ってきました。

これでは生徒が見通しをもって授業に参加できず、どんな国語力が身に付いたかも自覚できません。私自身も単元を振り返ることなく、次の指導計画作成に勤しみました。そんな時、達富先生から「生徒が主語になる授業をしよう」と助言を頂き、授業改善に取り組みました。

具体的には、課題意識を持続させるために活動の目的を明確にしました。一方で学習意欲を持続させるには、魅力ある学習課題と力を発揮し成果を見取ることのできる言語活動が必要です。現在も「学習効果を高める学習課題の設定の仕方」「生徒が主体的に学習に取り組む《私の問い》の設定の手立て」「生徒の資質・能力を見取る言語活動の発掘」など、私自身の課題が次々と生まれています。

見通しは単元レベルと１時間レベル、振り返りは単元レベルで行うことこそ、生徒が主体的に学習に臨むことにつながります。そして、誰にでも書ける振り返りではなく、自分にしか書けない振り返りにすることが、教師である自分に与えられた使命だと心に刻んでいます。

①　育成を図る資質・能力と言語活動／学習材「少年の日の思い出」光村図書

この単元では、「場面展開や人物描写、用いられた語句に着目して、登場人物の心情変化を中心に読み深める」ことを目標とし、「未来の自分へ手紙を書き、その手紙に対する返事を書く」言語活動を設定します。具体的には、主人公の心情変化とそれを自分なりに解釈した内容が書かれた未来の自分への手紙を書く活動、さらに未来の自分の立場で返事を書く活動です。

単元の見通しをもたせるために、導入でアンジェラ・アキさんの「手紙」の歌詞をモデルとして提示し、《私の問い》を解決させる場面でも、解決した内容をどのように手紙に認めるかを常に意識させました。手紙を書く際は、未来の自分への質問を１つは入れ、返事を出す必然性をもたせました。30年後の自分の立場で返事を書く際は、少年時代の自分を受容しつつ、励まし、諭す内容の文面が多数見られました。単元末の振り返りでは「手紙を書くことで、主人公の気持ちを整理できた。」「問いの解決の後に、ペアで手

紙のやり取りをしたので、さらに深く読み取れた。」「自分の考えを書く学習が楽しくなってきた。」と書く生徒が多く、この単元での指導事項を意識して学習活動に取り組んだものと考えます。

② 学習課題

174ページの学習計画に記載した学習課題を参照してください。

③ 《私の問い》を立てられるようにする教師の仕事

この学習では「登場人物の心情変化」を捉えるための《私の問い》を立てることが必要です。

この学級の生徒は《私の問い》を立てる学習を10か月行い、問いの立て方をある程度理解していました。まず、生徒1人1人が、文章を読んで疑問に感じたり解明したいと感じたりしたことを書き出します。その後、幾つか書き出した問いを組み合わせたり、別の視点からの問いを考えたり、級友や教師の助言から本文を読み直したりすることで、問いはさらに核心に迫るものになりました。このように、交流を行い、助言し合いながら問いを吟味し、《私の問い》を立てることへつなげていきます。

④に《私の問い》の更新例がありますが、生徒Eは級友と語り合う中で、「いつからそう思っていたのだろう」と新たな疑問が生じ、それを最終的な《私の問い》として立てました。

生徒に《私の問い》を吟味させる際、意識させたのは、場面展開や人物描写、用いられた語句に着目し、解釈を加えることで解決できるかということです。そして解決した内容を手紙に表すことで、登場人物の心情変化を捉え、自分の考えをもつという資質・能力が身に付けられるかという見通しをもたせることです。これは振り返りでも視点としてもたせました。

―《私の問い》を立てることを導く教師の語りの例―

・級友と交流し、主人公の心情変化を捉えるために、「これなら解決するに値する」「手紙に書ける」という問いを立てましょう。

・学習計画に載せた、教科書の「学習」の部分も参考に自分の問いを見直し、より深く心情に迫る問いにしましょう。

④　《私の問い》

はじめに立てた《私の問い》
生徒Ａ　最後にチョウを１つ１つつぶしている時、「僕」はどんな気持ちだったのだろうか。
生徒Ｂ　なぜ急に「僕」の良心は目覚めたのだろうか。
生徒Ｃ　「僕」はどんな気持ちで、エーミールのチョウを盗んだのか。
生徒Ｄ　客が話し終わった後、どんな気持ちだっただろうか。
生徒Ｅ　償いのできないものだと分かっていたのに、なぜ「僕」はチョウをこなごなにつぶしたのか。
更新した《私の問い》
生徒Ａ　エーミールが大切にしていたチョウをつぶし、最後に自分のチョウをつぶしている時、「僕」に謝罪や申し訳なさの気持ちがあったのだろうか。
生徒Ｂ　誰かの存在を感じないと目覚めなかった「僕」の良心は、いつから失われていたのだろうか。そしていつ「良心」は目覚めたのだろうか。
生徒Ｃ　「僕」は、ただチョウが見たくて盗んだのではなくて、エーミールを嫌い、また尊敬していたから盗んだという気持ちもあったのではないか。
生徒Ｄ　客は昔話をすることで少年時代のどんな気持ちを思い出し、語り終えた後どのような気持ちになっただろうか。
生徒Ｅ　「僕」はいつから自分の収集したチョウを潰してしまおうと考えていたのか。また償いのできないものだと分かっていたのに、なぜそうしたのか。

⑤　言語活動の実際

下は、言語活動で実際に書かれた手紙の往還です。右側は、生徒Ｃが書いた未来の「僕」への手紙です。生徒Ｃが更新した《私の問い》では、エーミールに対する「僕」の相反する気持ちを考慮した上で、チョウを手にした心情を考えようとしています。

問いの解決では「非の打ちどころがない悪徳」に着目し、エーミールを尊敬しながらも、素直に受け入れたくない「僕」の心情を捉え、エーミールを妬ましく思う気持ちからではなく、ただ自らの欲望を満たすためだけに盗んだことを明らかにしました。そして、理性を失わせる欲望の恐ろしさについても言及していました（傍線部）。文面から「僕」の心情変化を、「幸福感」→「悲しみと後悔」→「欲望の恐ろしさ」と捉えたことが分かります。その上で、「欲望と戦いながら生きていく」と自分の考えを明確に書き表しています。左の返事をもらった生徒Ｃは、集中して読み、充実感にあふれた表情をしていました。

拝啓　未来のぼくへ

お元気ですか。ぼくが昔、エーミールのチョウを盗んだことを覚えていますか。もう何十年も前のことだと思います。

自分の欲望をおさえきれず盗んでしまいました。でも盗んだ時の気持ちは幸福感でした。今となったら「どうしてあんなことをしたのか」という大きな後悔でいっぱいです。良心にふれ、エーミールに謝りに行って。エーミールに言われた言葉を覚えていますか。完全に被害者のエーミールは、ぼくを軽蔑しました。ぼくはその時、償いきれないことを悟り、大きな悲しみと後悔を感じました。人間の欲望の恐ろしさを、この時、身をもって感じることができました。

これからもぼくは欲望と戦いながら生きていくことになると思います。未来のぼくは少しでも欲望に強くなっているでしょうか。

十二歳のぼくより

拝復　十二歳のぼくへ

ぼくは欲望に強くなれたと思う。あの頃は、欲望のおもむくままに生きていたけど、あの事件から自分の欲望を満たすだけの生活はやめた。あの事件を思い出すと、今も後悔の波がおしよせてくるようだ。だからこそ、あんなことを二度と繰り返さないように、今、欲望に強くなる練習をしているところだ。それでもまだ欲望に負けてしまうときだってあるんだ。そんなときは、一度冷静になって考え直してみるのがいい。今ぼくは、そうやって欲望と戦っている。

君がもし、欲望に負けてしまいそうになったら、一度その一点から目をはなし、他の意見、やり方はないか、これが一番正しい選択なのかを見極めてほしい。君にはその力があるはずだ。きっとこれからの人生で欲望と戦わないといけないことも沢山あるだろう。そんな時に、この手紙のことを思い出してくれたら嬉しい。

まだまだ未来のある君に、この手紙を送ります。

未来のぼくより

⑥ 学習計画

単元 未来の「ぼく」と手紙交換をしよう

氏名（　　　　　　　　　　）

学習課題

本単元では登場人物の心情の変化を捉え、それについて自分の考えをもつことができるようになる学習をします。課題は、場面展開や人物描写、用いられた語句に着目し、解釈を加えることにより、少年時代の「ぼく」と未来の「ぼく」（客）との手紙交換をすることです。

［知る］抽象的な語句や類義語などに着目して読み、語感を磨き語感を豊かにすること。

【学習計画】８時間くらい

これまで	場面や描写を結び付けて心情を捉える。
今から	場面や描写を解釈し、心情変化を捉える。

1 単元の見通しをもつ　1時間

内容を整理しよう

1 現在と過去のそれぞれの場面における登場人物を全てあげ、その関係を整理しよう。

2 「ぼく」は「エーミール」のことをどう思っていたのだろうか。「ぼく」が使っていることばを用いて説明しよう。

考えを深めよう

3 「チョウを一つ一つ取り出し、指でこなごなに押し潰してしまった」（16ページ・18行め）ときの心情を考えよう。

4 「ぼく」や「エーミール」の言動について、共感するところ、疑問に思うところを発表し合おう。

5 この話を打ち明けられた「私」は、「客」にどのようなことばを返すだろうか、想像しよう。

① 学習計画を立て、何を学ぶ単元であるのかの見通しをもつ。
② 手紙の書き方を、アンジェラ・アキの「手紙」を例に確認する。
③ 文章を読み、登場人物の心情の変化に関する《私の問い》を立てる。
④ 場面展開や人物描写、語句にこだわって読みを深め、問いの解決を図る。
⑤ 問いを解決した内容を含んで、未来の「ぼく」に対する手紙を書く。
⑥ 級友の書いた手紙に、未来の「ぼく」の立場で返事を書く。

2 「少年の日の思い出」を読んで、初発の感想を交流する　1時間

3 新出漢字や難語句の確認をする。類義語の「ことばちず」を作成する　1時間

4 第一フレーズを解決するための《私の問い》を立て、学習計画を立てる　1時間

5 「問い」の解決に取り組む　2時間
　① 場面展開や人物描写を丁寧に読み取り、解釈する。　② 語句に着目する。

6 解決した内容を含んで、未来の「ぼく」（現在の「客」）に手紙を書く　1時間

7 級友が書いた手紙に、未来の「ぼく」の立場で返事を書く　1時間

8 二つの手紙をセットとして交流する

9 単元の振り返りをする
　① 先生から
　② 単元の振り返り

○ 定期試験（活用題）　初めて読む小説で、気持ちの変化を伝える手紙を書く。　定期試験

（前田壮一／まえだ・そういち）

第12章 「語彙学習」を日常化する

こんにちは。おたずねしたいことがあります。子どもたちの「語彙力」を質・量ともに高めたいのですが、語彙学習はどのように進めたらよいのでしょうか。

たとえば、漢字指導だったら、この学年のこの時期に何文字教えなさいと決められていますよね。教師は、教科書や市販のドリル通りに指導していけば漏れがないとわかります。ベテラン教師も若手教師も漢字指導をしたか、していないかが目に見えてわかります。子どもたちも、宿題ノートやテストを通して、使える漢字、まだ覚えていない漢字と、自覚することができます。

しかし、語彙指導には、道しるべが少ないのです。語彙指導のタイミングは、担任の裁量の部分が大きいと思います。たまたま子どもたちの中から、ある語句について質問が出たら立ち止まって答えることや調べさせることはできますが、子どもたちも疑問に思わず、教師もその語句の重要性に気がついていなければ、限られた時間数しかない単元の中では、必要な語彙指導が行われないまま過ぎてしまうかもしれません。そうなればたいへんなことです。もったいないことです。「語彙ドリル」のようなものもありません。ですから、私たち教師も子どもたちも、一体、今、自分たちがどれくらいの語彙を知っていて使えているのかが見えません。何か、目に見えて、語彙力を計るツールがないものかと考えることもしばしばあります。

語彙学習においても、子どもたちに、漢字テストで100点を取ったときのような達成感を味わわせたいのです。そして指導する私たちも、「子どもたちの語彙力が伸びている！」という達成感を味わいたいのです。

教材研究のときに、「語彙指導をするべき語彙を見つける手立て」と、「語彙指導の方法」を知りたいです。そこがわかるようになれば、学校をあげて語彙指導のタイミングやその学年(単元)で指導できる(指導すべき)語彙を整理し、一覧表にまとめていきたいと考えています。

教科書が新しくなりました。掲載されているものが変われば、使われている言葉も変わります。それぞれの学年で立ち止まって考えさせたい語彙はどれなのか、先生方は、何をもって、語彙指導をしていけばよいのか、ぜひ教えてください。よろしくお願いいたします。

長崎県 時津町立時津東小学校　竹中 奈月

120.「指導すべき語彙を見つける手立て」「語彙の指導方法」はありますか

指導すべき語彙の目安は、まずは学習指導要領と教科書に示されたものを参考にすることです。具体的な指導方法は出会った言葉を使うことで使えるようにすることです。

学習指導要領には、指導すべき個々の言葉は示されていません。「身近なことを表す語句」「様子や行動、気持ちや性格を表す語句」「思考に関わる語句」のように、まとまり(語彙)として示されているのみです。教科書には、このまとまりの言葉のいくつかが一覧として掲載されています。

語彙の学習には「言葉の量を増やす学習(語彙の獲得)」と「言葉を使えるようにする学習(語彙の活用)」があります。大人も、言葉の量を増やし、言葉を自在に使えるように努力しているわけですから、教師として児童生徒に語彙の獲得と語彙の活用を教えたいと願うのは誰も同じでしょう。

教科書にも語彙学習の単元はあります。例えば、中学1年生の教科書には、「指示する語句と接続する語句」「方言と共通語」などの単元があります。しかし、これだけで中学1年生の語彙学習が完了するわけではありません。語彙は教科書に設定されている単元だけではなく、あらゆる機会で学べるものであり、学習しなければならないものなのです。

まず、語彙の獲得について考えてみましょう。児童生徒の語彙研究には『小学生の言語能力の発達』(1964、国立国語研究所)、『幼児・児童の連想語彙表』(1981、国立国語研究所)、『新教育基本語彙』(1984、阪本一郎)、『改訂分類児童語彙』(1987、柳田国男・丸山久子)、『児童の作文使用語彙』(1989、国立国語研究所)、『語彙力の発達とその育成－国語科学習基本語彙選定の視座から－』(2001、井上一郎)、などがあります。児童生徒が使っている語彙や児童生徒が知っておくといい語彙を収集したり分類したりしたものです。指導する言葉の適否を検討することには役立ちますが、この中から指導しなければならない語彙を選定するのは現実的ではありません。語彙学習の趣旨としても馴染みません。また、仮に、小学生や中学生に必要な言葉を収集し、小学校教育語彙や中学校教育語彙として選定したとしても、それらのすべて使って物語や説明文を書くことができるわけでもありません。

語彙学習は選ばれた言葉や決められた使い方だけを覚えるのではなく、言葉を獲得しながらいろいろな場面で使うことを通して(使ってみて)使えるようにすることが大切です。獲得する言葉や使い方を限定することは現実的ではありません。

指導法としては、教科書の語彙単元や掲載作品、巻末資料をはじめ、身の回りにある文化としての情報源から獲得した言葉を言語活動を通して適切に使えるように継続して学習化していくことがいいでしょう。

121. 語彙はどのように分類されますか

言葉は「知っている言葉」と「使える言葉」、その間にある「知っているけれど使っていない言葉」とに分けられ、それぞれ理解語彙、表現語彙、表現準備語彙と呼びます。

理解語彙とは、知っている言葉の集まりです。その言葉の意味は知っているので聞いたり読んだりしても理解できます。ただし、それを積極的に使うことはあまりない言葉です。

表現語彙とは、使っている言葉の集まりです。日常の生活場面で話したり書いたりしている言葉をはじめ、授業で使っている言葉も表現語彙です。

表現準備語彙とは、いつも使っているわけではないけれども使おうと思えば使える言葉の集まりです。習ったばかりで使ってみたいと思っている言葉なども表現準備語彙です。表現準備語彙には幅があります。使おうと思えばたやすく使えるものから、なかなか使いづらいものまで、準備状況には差があるからです。

指導としては、理解語彙を増やす指導(語彙獲得の指導)と、理解語彙を表現準備語彙に移動させ、表現語彙として使えるようにする指導(活用前の語彙準備の指導)、表現語彙として使いこなし、使うことを楽しむための指導(語彙活用の指導)があります。

122. 「語彙力が伸びている！」と実感させるにはどうすればいいでしょうか

語彙学習を日常化して学習機会を増やすとともに、児童生徒が進んで表現準備語彙や理解語彙を使ってみようとする姿勢をタイミングよくほめることです。

児童生徒が自分の語彙にかかわる力の伸びを実感するのは、分かりそうにない話を聞いて分かったとき、難しそうな本を読むことができたとき、的確な言葉を使って話したり書いたりできたときなど、活動を通して言葉を使いこなせたときでしょう。しかし、そのことに気づかなければ実感することはできません。だからタイミングよくほめることが大事なのです。

まず、言葉の使い手として言葉に関心をもつ機会(言葉を知る機会)と、言葉を使うことに興味をもつ機会(言葉を使う機会)を増やすことです。児童生徒は、今の自分の言葉の力がどの程度か、以前よりどれくらい成長したか、などを自覚することが少ないため、これらの機会を通して具体的にほめたり、振り返らせたりすることが効果的です。

普段の授業では、〔思考力、判断力、表現力等〕を重点化しがちですが、〔知識及び技能〕の語彙についても言語活動に位置付けて計画的に指導と評価の場を設けることです。

123. 語彙学習のタイミングはどのように決めればいいでしょうか

できるだけ多くの学習機会を設けることです。

「言葉の量を増やす学習(語彙の獲得)」と「言葉を使えるようにする学習(語彙の活用)」に分けて考えてみましょう。日常のあらゆる場が語彙学習の場になり得ますが、ここでは国語科の学習時間に限定して考えます。

言葉の量を増やす学習(語彙の獲得)については単元のはじめ、言葉を使えるようにする学習(語彙の活用)については特設した学習場面が主な学習のタイミングになることが多いでしょう。

まず、語彙獲得の学習のタイミングについてです。この単元ではじめて出会う言葉や意味の難しい言葉、想像だけでは手に負えない言葉の意味を調べるなら単元のはじめになるでしょう。教科書の脚注に示された言葉を中心に家庭学習させることもあります。

一方で、意図的に多くの言葉にふれる学習を設定することも可能です。たくさんの言葉を集めて１枚のプリントにし、その言葉の意味を調べて覚えるというような学習を特設することがあります。ただ、言葉の意味を覚えることだけが語彙学習ではありません。知ることと使えることを一体化させた活動型の学習にすることが大切です。読書ではじめて見る言葉に出会うたびに、それをメモに残して短文を作るようにすると、知ることと使えることを近づけることができます。

次に、語彙活用の学習のタイミングについてです。言葉を使うことができるようになるには、書いたり話したりするしかありません。継続して取り組めるものに「一枚に書く(第三の書く)」活動があります。教師が与えても児童生徒が選んでもいいのですが、1つの言葉を決め、その言葉を使ったひとまとまりの物語を1枚の紙に書くこと、2つの類義語を選んで、その違いを1枚の紙に説明することなど、ある言葉に着目して「一枚に書く」活動を設定するのです。授業時間に位置づけて継続したり、帯学習として集中的に取り組んだりすることで語彙活用の成果が見られます。書いたものは印刷して「ことば文集」にして読み合うと、多くの使い方にふれることになり、これも語彙獲得の機会になります。本書の第13章を参照してください。

124. 何を手がかりに語彙学習をしていけばいいですか

過不足のない学年別語彙一覧表を作成することが現実的ではないのであれば、私たちのよりどころとなるものは教科書です。

教科書には掲載作品や単元の他にその学年で習得したい語彙や学習用語が紹介されています。それだけで十分とは言えませんが、まずは教科書の言葉を完全に獲得し、活用できるようにするのです。

手元の教科書(令和3年度版　光村図書　中学3年)には、「語彙を豊かに－見方や考え方を表す言葉－」として次の言葉や表現が紹介されています(一部抜粋)。

■情報を読み取る

全体の傾向として、最も大きな変化は、○○を境に

■情報を組み合わせる

○○は□□に比べて、○○に□□を加味すると、○○と□□を満たすには

■考えたことを述べる

○○が疑われる、○○と推定される、○○にちがいない

■評価する(焦点化する)

○○の魅力は□□にある、○○を語るには□□がはずせない

小学校の教科書(令和2年度版　光村図書　小学5年)では、「言葉のたから箱」として次のような言葉が紹介されています(一部抜粋)。

■考え方を表す言葉

ーの点から分類すると、ーの点で比べると、原因として考えられるのはー

■心情を表す言葉

ほれぼれする、こみ上げる、むねがすく、快い、声がはずむ、むねが高なる、息をのむ、うろたえる、まごつく、もの悲しい

ほんの一部を抜粋しただけですが、理解語彙としては知っているけれど、あまり使わない言葉が並んでいます。教科書の見開きに載せられている程度の量ですが、単元と関連させたり、取り立てたりして指導していくことからはじめましょう。そしてこの語彙を手がかりにして類義語や対義語へと広げていくのです。たちまち言葉の数が増えていくとともに、言葉への興味が増していくでしょう。

125. 語彙学習はどのように進めたらいいでしょうか

語彙学習は、教科書の語彙単元を除けば、学習の機会も指導の工夫も指導者に任されている部分が多いのが現実です。語彙学習の指導計画を作成することが必要です。

学習指導要領の指導事項が大きな手がかりになりますが、語彙についてはそれほど詳細に示されているわけではありません。学習指導要領の「語彙」にかかわる指導事項は次のように示されています。

〔知識及び技能〕(1)言葉の特徴や使い方に関する事項

小学校第1学年及び第2学年

(オ)身近なことを表す語句の量を増し、話や文章の中で使うとともに、言葉には意味による語句のまとまりがあることに気付き、語彙を豊かにすること。

小学校第3学年及び第4学年

(オ)様子や行動、気持ちや性格を表す語句の量を増し、話や文章の中で使うとともに、言葉には性質や役割による語句のまとまりがあることを理解し、語彙を豊かにすること。

小学校第5学年及び第6学年

(オ)思考に関わる語句の量を増し、話や文章の中で使うとともに、語句と語句との関係、語句の構成や変化について理解し、語彙を豊かにすること。また、語感や言葉の使い方に対する感覚を

意識して、語や語句を使うこと。

中学校第1学年

（ウ）事象や行為、心情を表す語句の量を増すとともに、語句の辞書的な意味と文脈上の意味との関係に注意して話や文章の中で使うことを通して、語感を磨き語彙を豊かにすること。

中学校第2学年

（エ）抽象的な概念を表す語句の量を増すとともに、類義語と対義語、同音異義語や多義的な意味を表す語句などについて理解し、話や文章の中で使うことを通して、語感を磨き語彙を豊かにすること。

中学校第3学年

（イ）理解したり表現したりするために必要な語句の量を増し、慣用句や四字熟語などについて理解を深め、話や文章の中で使うとともに、和語、漢語、外来語などを使い分けることを通して、語感を磨き語彙を豊かにすること。

教科書には、これらの指導事項に準拠した語彙単元が設定されています。また、語彙単元でなくても年間指導計画の「語彙」の事項に◎印や○印が付けられている単元は、上記の語彙にかかわる指導事項を取り上げて指導する機会として設定されています。普段の言語活動も教師の創意工夫によって語彙学習と一体化させて指導することが可能なのです。

〔知識及び技能〕の語彙単元であれ、〔思考力、判断力、表現力等〕の領域単元であれ、「年間語彙指導計画（年間語彙学習計画）」を作成すると充実した語彙指導を行うことができます。

126. 語彙の学習にはどのような学習がありますか

語彙学習は次のような機会として設定することができます。

①語彙単元で語彙を学ぶ機会

②領域単元で語彙を学ぶ機会

③言語活動の下ごしらえとして語彙を学ぶ機会

④取り立て学習で語彙を学ぶ機会

⑤日常の場面で語彙を学ぶ機会

⑥帯単元で語彙を学ぶ機会

①から③は年間指導計画上でしっかりと準備をしておかなければならない語彙学習です。④は準備できることもありますが、授業中の瞬時の判断で設定することも必要な語彙学習です。⑤は国語科以外での学習機会のことです。⑥は学習機会の工夫として短期集中、あるいは期間限定として設定するものです。帯単元として⑤や③に取り組むこともあります。

127. 語彙単元は教科書のとおり進めていいのですか

語彙単元とは、語彙を学ぶことを目標として設定された単元のことです。教科書通りに学習を進めることが基本です。

教科書に示されている言葉の数は限られていますから、取り上げられている言葉以外に、児童生徒の身近にある言葉や他の学習で扱った言葉などを取り上げ、多くの言葉があふれた語彙学習にしたいものです。

「指示する語句と接続する語句」「方言と共通語」「さまざまな表現技法」「類義語・対義語・多義語」「敬語」「話し言葉と書き言葉」「和語・漢語・外来語」「慣用句・ことわざ・故事成語」などを単元として設定している中学校の教科書もあります。

語彙単元は、語彙を学ぶことを目標として設定されているわけですから、語彙そのものを学ぶための機会として年間計画に位置づけられています。領域単元の隙間に位置している小単元と考えるのではなく、語彙単元は領域単元を支えている柱として存在していると価値づけて指導にあたりたいものです。

128. 領域単元ではその領域学習と語彙学習とどちらを優先すればいいですか

領域単元で語彙を学ぶというのは、その単元の〔知識及び技能〕の目標として「語彙」が設定されている単元において語彙学習を行うということです。単元における3観点の目標はどの観点も同じように指導する必要があります。

3観点の目標に軽重はありませんが、言語活動を通した学習を行うわけですから、〔思考力、判断力、表現力等〕についての学習が単元の流れを作ることになるでしょう。あらかじめ、その学習の流れの中で語彙学習をもっとも効果的に行えるタイミングを計画しておくことが必要です。

小学校5年生及び6年生の〔思考力、判断力、表現力等〕の「読むこと」の領域の単元において、〔知識及び技能〕の「語彙」を目標に設定している単元が4月に計画されています（光村図書）。概要は次の通りです。

〔思考力、判断力、表現力等〕の目標

◎登場人物の相互関係や心情などについて、描写をもとに捉えることができる。

〔知識及び技能〕の「語彙」の目標

○語感や言葉の使い方に対する感覚を意識して、語や語句を使うことができる。

学習課題

この単元では、登場人物どうしの関わりをとらえることができるようになる学習（A フレーズ）をします。課題は、登場人物の行動や会話、様子などを表している言葉や文を結びつけて（B フレーズ）読み、「春花」と「勇太」になりきって「未来日記」を書くこと（C フレーズ）です。

〔知識及び技能〕の「語彙」の学習として、「心情が表れている表現や言葉」を探し、その言葉について考えるわけですが、このことは、言語活動である「春花と勇太の未来日記を書く」ための学習とつながっています。心情を表す語彙が春花と勇太の相互関係の理解を連れてくるのです。

新たな語彙（理解語彙）を獲得するため、そしてそれを表現語彙として活用するかけがえのない機会として領域単元における語彙学習を行うのです。領域単元では、〔思考力・判断力・表現力等〕の学習と、〔知識及び技能〕の語彙学習とを一体化させて指導することがもっとも効果的であると言えます。

129. 言語活動の下ごしらえとしての語彙学習とはどういうことですか

言語活動を学びがいのある学習にするための下ごしらえとして、事前に語彙学習をしておくことです。

学習指導要領の目標に示されている通り、国語科の学習では、「言語活動を通して資質・能力を育成すること」が必要です。ところが単元の全体像を捉えた学習計画（指導計画）を立てずに言語活動を行うと、言語活動の作品は完成したけれども学習成果が見られないということにもなりかねません。

言語活動を通した学習が充実したものになるには、教師が自作した言語活動モデルが不可欠ですが、児童生徒の言語活動がモデルの形式をコピーしただけのものになってしまってはいけません。言語活動を通して、考えたことを自分が選んだ言葉で表現し、学びの意味を創造することが必要です。言語活動を手持ちの言葉だけで済ませてしまったり、便利な言葉を写すだけで終えてしまったりしては言葉による見方・考え方をはたらかせたことになりません。

言語活動を価値あるものにするには言葉の学習が不可欠です。そこで言語活動の下ごしらえとしての語彙学習を位置づけるのです。単元がはじまる前に言語活動を充実させるために必要な語彙の学習をしておくのです。下ごしらえとしての語彙学習は、言語活動を進めるときに、語彙の面で児童生徒を不自由にさせないためのものなのです。

ただし、児童生徒が使ったことのない語彙を一覧にして配布するだけでは、意味も使い方も分からないまま珍しい言葉を貼り付けるだけになり、形式のコピーになってしまいます。借りてきた言葉を写すのではなく、理解し、納得して使いこなせるように指導する必要があります。

先ほどの「未来日記」における「心情や相互関係を表す語彙を集め」は、単元がはじまる前から、日記を書くときに必要な心情や相互関係を表す語彙を集めているわけですから、まさに言語活動の下ごしらえとしての語彙学習です。

言葉を獲得する学習は、その先に、獲得した言葉を活用する学習があるから切実なものになります。教師の語彙指導計画があるからこそ充実した語彙学習が生まれ、それが児童生徒の語彙獲得、語彙活用を価値あるものにしていくのです。

130. 取り立て学習はどんなときに行うのですか

取り立て学習は、年間指導計画にはない学習です。しかし、今、学習しているただ中に興味をもったことであるからこそ、児童生徒にとっては切実に語彙を学ぶ機会になります。言葉を見つめるためのかけがえのない機会なのです。

「読むこと」の学習のときに、児童生徒から語彙にかかわる質問があれば、当然、取り立てて指導するべきですが、児童生徒からの質問がなくても、教師として、語彙にかかわって指導をしたくなるときがあります。その瞬間の「読むこと」の学習の文脈を大事にするなら、語彙の指導は日を改めることになります。今、語彙指導を行うことが効果的であると判断するなら、授業の流れを止めてでも指導を行うことになります。このような指導が取り立て指導です。

例を挙げてみましょう。重松清の「カレーライス」(光村図書／小6年)を児童が音読していたときのことです。本文には「真夜中」と書いてあったのですが、その児童は「深夜」と音読してしまいました。周りの児童が小さな声で「真夜中」と指摘しました。音読していた児童はすぐに訂正して読み続けました。このようなときは言葉を増やす機会です。「真夜中」という漢字が読めないための読み間違いではありません。むしろ、意味を正しく理解したからこその読み替えでしょう。そのことを説明し、短時間ですが、同じ夜でも時間によって呼び方が異なる言葉を集める学習を取り入れました。「夜中でもいい」「夜半とか夜半過ぎという言葉を聞いたことがある」「夜更けでもいいかも」「早い夜は宵」「明け方なら未明」という言葉が集まりました。児童の夜を表す言葉への興味は高まりました。

同じ時間にもう一度、取り立て学習の機会がありました。本文には「二人で作ったカレーライスができあがった。野菜担当のお父さんが切ったじゃがいもやにんじんは、やっぱり不格好だったけど、しんが残らないようにしっかりにこんだ。台所にカレーのかおりがぷうんとただよう。カレーはこうでなくっちゃ。」とあるのですが、ある児童が、「△台所のカレーのかおりがぷうんとただよう」と読んだのです。「○台所<u>に</u>カレーのかおりがぷうんとただよう」と「△台所<u>の</u>カレーのかおりがぷうんとただよう」、それだけの違いなのですが、この児童はこの部分を音読したあと、すぐに読み直そうとしました。しかし、また同じように「の」と読んでしまいました。2度目も3度目も同じように「の」と読んでしまいます。「どうしましたか」とたずねると、「どこを読み間違ったかは分からないけれど、何か意味が違うような気がする」ということでした。聞こえてくる自分の声から伝わってくる意味と、本文の意味との差異に違和感を覚えたのでしょう。

この単元のAフレーズである「登場人物の相互関係の変化」を考えるにはいい機会だと判断し、グループ学習を取り入れ、「に」と「の」の意味の違いを比較させることにしました。その結果、どのグループからも「〈の〉だとひろし(登場人物)は台所にいない。〈に〉だとお父さんと二人で台所にいることが分かる。1文字違うだけで2人のいる場所が変わってしまう。2人は仲直りしているので、〈に〉のほうがいい。」という考えが出されました。

取り立て学習の機会は、音読の間違いのときだけではありません。類義語や対義語、多義語などへの気づきがあるとき、以前の学習で扱った言葉と対比させたいとき、言い換えが可能なとき、などさまざまな場面で取り立てることができます。物語に出てくる「たぬきの恩返し」と「きつねのつぐない」などを考えることも取り立て学習のいい例です。「恩返し」と「つぐない」の意味を、児童はどちらも同じように動物から人間への無償の愛と捉えていることがあります。2つの言葉の意味の違いを考えることで、それぞれの行為の動機や背景を理解することができます。言葉を考えることで「たぬきの糸車」や「ごんぎつね」の理解が近づいてくるのです。

向田邦子の「字のない葉書」(光村図書／中2年)には、「三畳の布団部屋に寝かされていたという」「二十数個のかぼちゃを一列に客間に並べた」「茶の間に座っていた父は、はだしで表へ飛びだした」のように、部屋を表す言葉が続いて出てきます。疎開先で「布団部屋」に寝かされる状況、父親が自宅に帰ってくる末の娘を迎える準備を「客間」に施す愛情、にもかかわらず自分は「茶の間」で待っている性格、など、似ている言葉がもつそれぞれに異なる意味を比べることは言葉による見方・考え方を働かせる絶好の機会であり、言葉の量だけでなく質を高める学習にもなります。

「取り立て学習」は、本来の学習の文脈との兼ね合いの中で、教師の判断で取り立てるか取り立てないかを判断をすればいいのです。

131. 日常の場面で語彙を学ぶのはどんな機会ですか

総合的な学習の時間や特別活動などがあります。

他教科の学習、異学年や地域の方との交流、特設された場面など、使用する場面が異なれば使う言葉や言葉の使い方も異なります。そのようなことを知るだけでも言葉を増やす機会になりますし、使い分けることで言葉を活用する機会になります。

相手意識や目的意識をもった社会の場で自分の考えを表すにはどのような言葉が適切か考えることは表現語彙を増やすきっかけになります。また、語彙についての意識が高まりつつある自分に気づく機会にもなります。

実際の学習場面としては、総合的な学習の時間や特別活動などの校外活動や、校内放送での給食委員会からのお知らせで、美味しさや味、調理の方法を表す語彙を集めたり、異学年交流で相手に伝わりやすい言葉を選んで説明をしたり、校長先生と事前に調整して全校朝会での話に使う言葉を工夫してもらってそれを聞き分けたりする活動が考えられます。朝の会や帰りの会でのスピーチでも、使う言葉を指定したり言葉にかかわったテーマにしたりすることで、児童生徒の言葉への意識は高まります。

132. 帯単元での語彙学習で気をつけることはどんなことですか

語彙学習を習慣化するには読書生活を含めた帯単元が有効です。ただし、児童生徒は新しさのない取り組みを続けると興味を示さなくなるため、帯単元は期間を限定し、2週間程度をめどに区切りをつけるのがいいようです。

小学校なら、今週は、「おかずの名前を集める」「天気のオノマトペを集める」「痛さの表現を集める」「寒いという言葉を使わないで寒さを表す」など、1週間ごとにテーマを変えて言葉を増やしていくのです。

また、言語活動の下ごしらえを帯単元で扱うこともできます。「〔笑う〕を表す言葉集め(「走れメロス」の描写を考えることに関連)」「〔見る〕の類義語集め(「大造じいさんとガン」の表現の工夫を考えることに関連)」「〔言いました〕を言いかえる言葉集め(「お手紙」の会話文に続く述語を考えることに関連)」などに取り組んでおくと、その後の「読むこと」の単元における言語活動を充実させることにもつながります。

授業前の朝の時間帯に読書を設定している学校が多いですが、読書は語彙獲得の絶好の機会です。「朝読書」は、それ自体が年間を通した帯学習でもあります。年間を通した読書の機会として設定されているものなので新しさはありませんが、読書と語彙学習を帯学習として連動させるのです。例えば、週替わりで「知らない言葉を探す」「知っている言葉でも新しい使い方の言葉を探す」「使ってみたい言葉を探す」「友だちや親に贈りたい言葉を探す」など、言葉との出会いを短い文章で1枚に書いて(「一枚に書く」)残しておくのです。

課題と期間を限定した帯学習での取り組みによって、児童生徒が自ら語彙に近づいていく機会が充実していきます。

133. 教師が取り立てることの価値に気付かないときはどうすればいいですか

取り立てて学習の機会を逃すことはもったいないことですが、すべての機会を取り立てることは不可能です。

年間指導計画を確認するときや単元づくりを進めるとき、言葉に注意して作品や題材の特性を分析するとともに、教師として言葉への感覚を高める努力をするようにしましょう。作品や題材にふれる時間を多くし、何度も読み、教師用指導書や専門書などを参考にすることや、研究する仲間と単元について語り合うことがいちばんです。

教科書には単元ごとに「学習の手引き」が掲載されています。児童生徒の学習を学びがいのあるものにするために工夫して作成してあり、たいせつに扱いたいものです。しかし、「学習の手引き」のままでは十分に活用できないときがあることを私たちは経験的に知っています。一般的な学級を想定して作成してあるからです。もう１歩ふみこんだ「手引きのてびき」が必要なときがあります。そのようなとき、「自作の手引きのてびき」を作成すると、単元の全体像が具体化するため、取り立て指導が必要であるかどうかに気づきます。ぜひ、「学習の手引きのてびき」づくりを通して、私たちの指導の感覚をみがきましょう。

児童生徒にはどれくらいの語彙数が必要なのかを定めることも、どれくらいの語彙力があれば十分なのかを決めることも簡単なことではありません。仮にその基準を作ったところで、それがどれほど実用的なものなのかも不明です。だからこそ、児童生徒と対峙する教師として、語彙獲得と語彙活用の努力を続けるしかないのです。教師が新しい言葉を語ることで児童生徒は教師の声を新しく聞きます。言葉を育てることは人を育てることなのです。

■実践 読むこと(イ)登場人物の相互関係や心情などについて、描写を基に捉えること。：小学校第5学年

これまでの「語彙学習」は、教科書に言葉の学習として位置付けられている時間と、初読の後に行う意味調べの時間に行うものという認識が強かったように思います。しかも、その力の定着を授業の中でじっくりと行う時間はなかなか取ることができず、宿題や自習プリントとして子どもたちに課していました。これでは、「学習指導要領(平成29年告示)解説　国語編」に示された「語彙指導の改善・充実」を図っているとは言い難いと気がつきました。

「では『語彙学習』は、実際にいつ、どのように設定していけばよいのだろうか」「子どもたち自身が、語彙の量と質を豊かにしていくために、教師はどのような仕事をしていけばよいのだろうか」これが《私の問い》になりました。

そこで私は、単元づくりの際に「言語活動の中でどのような言葉を子どもたちが使えるとよいか」を考えることから始めました。すると、前学年までの語彙学習の履歴が気になり始めました。また、単元に入る前に言葉集めをしておく必要性を感じることも増えました。理解語彙はあっても、使用語彙つまり「使いこなす語句」にはなっていないように思えたからです。使いこなすには、自分の中で熟成させる時間が必要です。その熟成期間までを想定し逆算すると、いつ頃から言葉集めをしておくと良いかということも考えるようになりました。つまり、教師の仕事として「語彙学習の年間計画を作成すること」の重要性を意識し始めたのです。

まず私は、子どもたちと一緒に言葉集めをするところから始めました。そして、集めたものを仲間分けしたり、順序付けたりして整理したファイルを手元に置き、言語活動の中で生かせるようにしたのです。すると子どもたちは、みんなで集めた言葉の中から自分が表現したいことにぴったりな言葉を探し、悩んだ時には再び辞書を手に取って調べ始めました。その姿を見た時、この積み重ねが語彙量を増やし語彙の質を高めることにつながると希望がもてました。「語彙学習」は、夢中になって取り組む言語活動の中でこそ行われるものなのです。

ただ、このように「語彙量を増やし語彙の質を高める語彙学習」を進めていこうとすると「(限られた時間の中で)言葉集めに充てる時間をどのように設定するか」「語彙学習の年間計画はどのように立てたらよいか」「子どもたちの語彙量や語彙力の高まりをどのように評価、分析すればよいか」など、教師としての問いが次々と生まれました。

「語彙学習」は、語彙を活用できる機会(言語活動)の設定を前提に、そこから逆算して言葉との出会いの場をつくっていく必要があると捉えています。未来を信じて、今、種を蒔く。それが価値ある仕事だと感じています。

① 育成を図る資質・能力と言語活動／学習材「なまえをつけてよ」光村図書

この単元では、「登場人物の相互関係や心情などについて、描写を基に捉える」ことを目標とし「未来日記を書く」言語活動を設定します。具体的に

は、会話や行動を確かめながら読み、春花と勇太それぞれが相手に抱いた心情を想像します。それらを基に登場人物になりきって日記を書く活動です。

「なまえつけてよ」を読んで登場人物の相互関係や心情を捉えることができるようになる学習としての「未来日記を書く」活動ですから、単なる「出来事を記す日記」になってはいけないと考えました。そこで「未来日記」のワークシートに、心情や相互関係を表す言葉を書くスペースを作りました。教師も実際に書き込んでみると、行動や会話からどのような心情が想像できるか、相互関係をどのように表現しようかと悩みました。その事実から、子どもたちがこの単元で言語活動に取り組む際に「心情や相互関係を表す語彙」を豊かにしておく必要があると考えたのです。

子どもたちはこれまでに「様子や行動、気持ちや性格を表す語句」に出会ってきています。ですから、単元に入る前に「様子や行動、気持ちや性格を表す言葉」を整理・再認識できる時間を設けました。そして、新たに5年生で出会う言葉を教科書の巻末等も使いながらみんなで国語ファイルに追加しておきました。この時間は、そこを見ながら言葉を選ぶ子どもの姿がありました。

② 学習課題

194ページの学習計画に記載した学習課題を参照してください。

③ 《私の問い》を立てられるようにする教師の仕事

この学習では「登場人物どうしの関わりをとらえること」にかかわった《私の問い》を立てることが必要です。

この学級の子どもたちは《私の問い》を立てる学習の経験はあるものの、まだ十分ではなかったため、学習計画の中に《私の問い》の穴埋めを例示し、それを参考にして立てられるようにしました。

―《私の問い》を立てることを導く教師の語りの例―

・空欄の中に気になった会話文や行動を表す言葉を入れて問いを立ててみましょう。

・「この言葉から登場人物どうしの関わり（春花が勇太のことをどう思っているか、またはその逆）が読み取れそう」と予想できるものを選んでいくといいですよ。

これ以外にも、問いを立てる時のポイントを教えました。具体的には「1秒で解決できる問い」と「一生かかっても解決できない問い」ではなく、「この単元で身に付けたい力が身に付く問いにしよう」ということです。また、子どもが自分で問いのチェックができるようにそのポイントを教室に掲示したり、既習の学習材を用いて練習したりしました。さらに、「《私の問い》の一覧」も作成しました。この一覧があると、仲間の問いを見て相談したり一緒に解決に向かったりすることが可能になります。教師も、どの子どもとどの子どもをつなぐと解決に向かえそうかを考えることができます。次第に子ども同士で問いの質や解決の見通しなどについて助言し合う姿も見られ、結果的には全員が《私の問い》を立てて学びに向かうことができました。

単元を通して《私の問い》の解決に主体的に向かい続けるためには、自分が立てた問いを好きになる、ずっと考えたくなる、放っておけない、誇りに思う、そのような思いが大切だと感じています。

そのために、子どもが立てた問いを決して否定しないことを心がけました。と同時に、学級の中でも相手の問いを否定したり馬鹿にしたりしないということを約束しました。1人1人の問いをみんなが大切に思い、どのように考えていくと解決できそうかを共に考えるのです。

初めは一見バラバラで、それぞれが何をしているのか分からない時間を過ごしているように感じ、教師は不安になりますが、そのような時私は子どもたちの表情を見るようにしました。どの子も自分の解決に必要なページを繰り返しめくったり、何か書き込んだり、友達のところへ相談に行ってまた自分1人で考え込んだりしているのです。やがて、バラバラだったそれぞれの問いが、解決していくと互いにつながっていく瞬間に出会います。「○○さんの問いの解決が自分の問いの解決に役立った。」という振り返りを書いている子どももいました。

④ 《私の問い》

はじめに立てた《私の問い》

児童A 「牧場に子馬がいるんだけど、気が付いた。」という会話から、春花のどんな気持ちが想像できるだろうか。

児童Ｂ　「『なによ、その態度。』と言いそうになったけれど、春花は言葉をぐっと飲み込んだ」のはなぜか。
児童Ｇ　歩き慣れた通学路なのに、なぜ春花は、まるで知らない道を歩いているような気がしたのだろうか。（※登場人物どうしの関わりを捉えることには直接つながらない問い）
児童Ｍ　なぜ勇太は、「もう行こう。」と言ってぷいと向きを変えて歩き出したのか。

更新した《私の問い》

児童Ａ　「勇太ってこんなところがあるんだ。」という言葉から、春花は勇太に対してどのような想いに変わったと想像できるか。
児童Ｂ　春花はなぜ、何を考えているか分からない勇太からもらった折り紙ではっとしたのか。
児童Ｇ　「勇太ってこんなところがあるんだ。」の「こんな」とは、どんなところか。
児童Ｍ　春花に対してぶっきらぼうだった勇太は、どんな気持ちで、紙で折った子馬に「なまえつけてよ。」と書いてわたしたのか。

⑤　言語活動の実際

児童Ａのはじめに立てた《私の問い》は、会話文に着目し、春花の気持ちを中心に考えていく《問い》です。児童Ａは、春花が、自分が嬉しくてたまらなかった子馬の話題を出すことで、無口な勇太と親しくなれるのではないかと期待したこと、勇太の態度が悪くて腹を立てたこと、でも「言葉をぐっと飲み込んだ」という叙述から、「何とかならないかな。」とそれでも勇太と親しくなるきっかけをつくりたいと思っていることなどを想像して１日目の日記を書きました。さらに、「ちらっと春花の方を見た」という叙述から、勇太の気持ちも想像し、２人の関係を表す言葉として「仲が悪い」から「気になる」に書き換えました。このように言語活動を進めていき、最後は春花の勇太に対する想いの変化を中心に考える《問い》に更新しました。全体を読み返して考えを整理し、２人の関係を「思い合える関係」「信頼」という言葉で表現しました。

児童の言語活動例

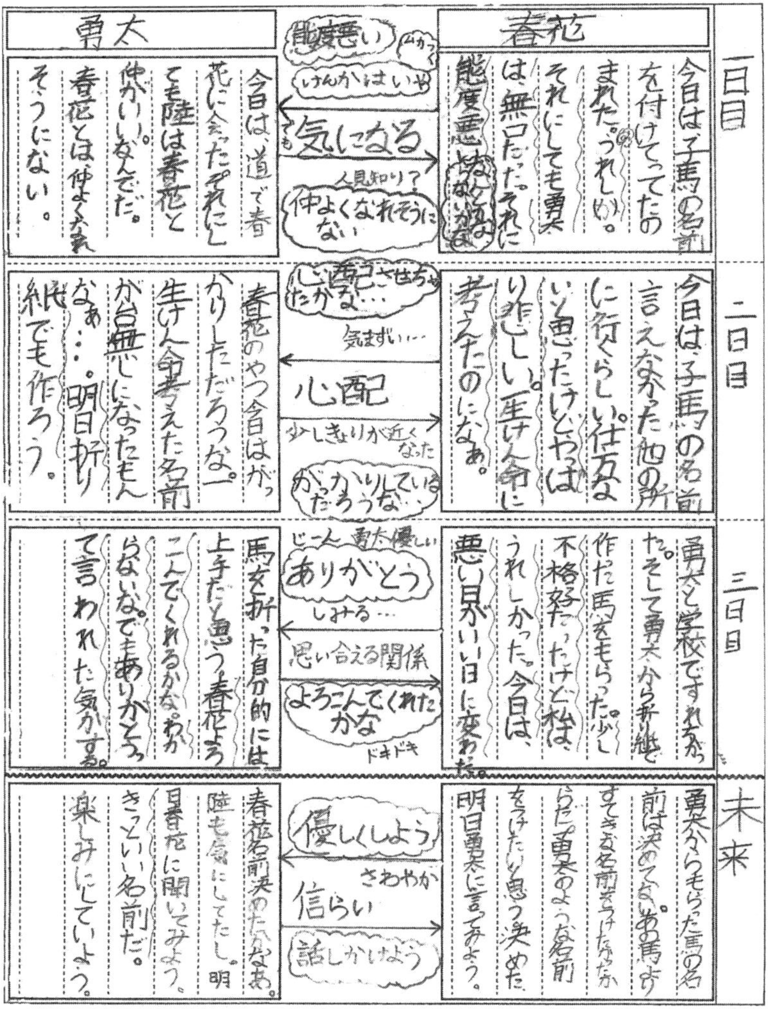
勇太
春花
一日目
今日は子馬の名前を付けてってたのまれた。うれしいな。それにしても勇太は無口だ。それに態度悪いな。
態度悪い
ムカつく
けんかはいや
気になる
人見知り？
仲よくなれそうにない
今日は、道で春花に会った。それにしても陸は春花と仲がいいんだ。春花とは仲よくなれそうにない。
二日目
今日は、子馬の名前言えなかった。他の所に行くらしい。仕方ないと思ったけどやっぱり悲しい。一生けん命に考えたのになあ。
しょんぼりさせちゃったかな…
気まずい…
心配
少しきょりが近くなった
がっかりしているだろうな…
春花のやつ今日はがっかりしただろうな。一生けん命考えた名前が台無しになったもんなぁ…。明日折り紙でも作ろう。
三日目
勇太と学校ですれちがった。そして勇太から折り紙で作った馬をもらった。少し不格好だったけど私は、うれしかった。今日は、悪い日がいい日に変わった。
じーん 勇太優しい
ありがとう
しみる…
思い合える関係
よろこんでくれたかな
ドキドキ
馬を折った自分的には上手だと思う。春花よろこんでくれるかな。わからないな。でもありがとうって言われた気がする。
未来
勇太からもらった馬の名前は決めてない。あの馬よりすてきな名前をつけたかったからだ。勇太のような名前をつけたいと思う。決めた明日勇太に言ってみよう。
優しくしよう
さわやか
信らい
話しかけよう
春花名前決めたかなあ。陸も気にしてたし。明日春花に聞いてみよう。きっといい名前だ。楽しみにしていよう。

⑥ 学習計画

単元　登場人物どうしの関わりをとらえ、「未来日記」を書こう

名前（　　　　　　　　　　　　　）

学習課題

この単元では、登場人物どうしの関わりをとらえることができるようになる学習をします。
課題は、登場人物の行動や会話、様子などを表している言葉や文を結びつけ、「春花」と「勇太」になりきって「未来日記」を書くことです。

［知る］
言葉の使い方に対する感覚を意識して、語や語句を使うこと。

【学習計画】　五時間くらい

これまで	場面の移り変わりと気持ちの変化を関連づけて読む。
今から	登場人物どうしの関わりを読む

1　単元の見通しをもつ…みんなで　　1時間

たいせつ　**登場人物どうしの関わりを読む**

登場人物どうしの関わりは、次のようにしてとらえることができる。
- ●登場人物の会話や行動をたしかめる。
- ●それぞれの場面の、たがいに対する心情を想像する。
- ●たがいに対する心情が変化すると、人物どうしの関わりも変化する。そのきっかけとなった出来事に着目し、関係がどう変わったかについて考える。

① 未来日記のモデルを見て、登場人物どうしの関わりのとらえかたのイメージをもつ。
② 「なまえつけてよ」を読み、登場人物を確認する。
③ 意味のわからない言葉を調べる。

2　《私の問い》を立て、解決に向かい、春花と勇太になりきって日記を書く。…一人で、班で　　1時間

① 「春花」と「勇太」の関わりをとらえることにつながる問いを立てる。
- ・［　　　　　　］という会話から、春花（勇太）のどんな気持ちが想像できるだろうか。
- ・春花（勇太）が、［　　　　　　］という行動をとったのは、なぜだろうか。
- ・（　出来事　）のあと、春花（勇太）の勇太（春花）に対する心情や関わりは、どう変化しただろうか。

② 書いた日記（一日目）を紹介し合う。

3　日記の続きを書く…一人で、みんなで　　2時間

① 残りの日の日記を書く。
② 三日間を通して、二人の心情の変化や、関わりの変化について話し合う。
③ 未来日記を書く。

4　まとめ…みんなで　　1時間

①未来日記を紹介する
②先生から

5　力を確かめる（活用題）
（五年生「なまえつけてよ」知・技（1）オ、思・判・表C（1）イ）

（竹中奈月／たけなか・なつき）

第 13 章 「一枚に書く」を継続する

書く力を子どもたちにつけさせたい。自分の力を信じて書くことの喜びを味わわせたい。では、どうすればよいのか。質問させてください。

私が悩んでいることは、次の 2 点です。

1 点目は、日常の書くことです。日常的に書く力をつけるためにはどのような取り組みが効果的でしょうか。2 点目は学習の振り返りを書くことです。自分の成長が自覚できるようにするためにはどのように学習の振り返りを書かせるとよいでしょうか。

これまで書く力をつけるために、教科書の「書くこと」の単元や、学校行事などにかかわらせて設定した「作文」「感想文」の学習などで多くの時間を費やしてきました。書けない子どもたちに題材やヒントを与えたり技術的なアドバイスをしたりして熱心に指導をしてきたつもりです。しかし、子どもたちは私の気持ちとは裏腹に、ますます書くことに嫌気がさし、書くことをためらい自信をなくしていきました。何のために書いているのか、書くことの価値を見いだせず、ただ書くだけになっています。

また、書く力をつけるためには、日常的に書き慣れることだと考え、これまで日記を中心に、「もしも作文」「なりきり作文」「未来日記」など様々な題材を与えて指導を行いました。しかし、子ども自身は日記だけでは書く力がついたとは実感できないようです。作文や日記だけではなく、普段の「書くこと」で、書く力がついたことを実感し、次の学びへとつなげていくことを意識させたいのですがうまくいきません。書く楽しさを味わわせるためにはどのような言語活動をしたらよいのでしょうか。

次に、学習の振り返りを書くことです。毎時間、どの教科でも振り返りを書いています。しかし、学習したことを書いているだけのものもあります。学習の振り返りを書くことを日常化するとともに、書くことで学習を自覚する喜びを感じさせることはできないでしょうか。自分の力をメタ認知でき、学んだ成長の足跡が見えるように書かせるのはどうでしょうか。子どもたちが考えたことを言葉にしていくことはできないでしょうか。

子どもたちが書くことを楽しみ、言葉の力をうんと伸ばせるような「書く」指導を教えてください。

佐賀県 鹿島市立明倫小学校　中島 絵梨香

134. 日常的に書く力を育てるにはどうすればいいですか

書く力を育てるには書くしかありません。書き方を知ることも大事なことですが、書き方が分かっているだけでは書くことはできません。書く力は、書くことに親しみ、書くことを楽しみ、いろいろな書く機会を通し、書き続けることで身につくのです。

書く力を育てるには、書くことに親しみ、書くことを楽しむことが必要です。書くことを特別なことにするのではなく、普段からいろいろな機会に書くことにふれ、書くことを習慣化することが大切です。

そのための方法として、ゆっくり時間をかけて長編の作文を書くことを日常の取り組みとすることは現実的ではありません。それほど時間をかけず、比較的短い文章を書く機会を増やし、書く力をつけていくのがいいでしょう。ここでは、「日常的に書くこと」を「あらたまった作文を書くこと」とは区別して考えます。

では、日常的に書く機会として、どのような機会を設けるといいのでしょうか。書く力を育てることにもなり、また、書くことで学習の質を高めていくことにもなるような日常的な書く機会について考えてみましょう。

135. 日常的に書く機会とはどのようなものと考えればいいですか

日常的に書くこととは、書写として字を書くことや作文を書くことではなく、自分の考えを短く書いたり、考えるために書いたり、記録として書いたりすることです。「第三の書く」(青木 1986)と「第四の書く」と呼ぶことにします。

日常的に書くことには、大きく「言語活動として書くこと(第三の書く)」と「メタ的に学習の記録を書くこと」があります。どちらも珍しいことではなく、私たちは日常的に取り組んできているものです。

「第三の書く」とは、青木幹勇(1986)の考えによるものです。青木は、「仮に書写を「第一の書く」とすれば、作文は「第二の書く」ということになります」とし、第一、第二の「書くこと」とは違った「書くこと」を、「第三の書く」と名付けました。実際の教室に「第三の書く」が存在することは誰もが知っていることです。

青木は、著書『第三の書く』において、「たとえば、聞きながらメモをとる。ここはと心をひかれた文章を書き抜くなど、この種の書くことは、作文というほどのことでもなく、もちろん文字の練習でもありません。何となくつかみどころのない「書くこと」なのです。わたしはこのような「書くこと」、これを「第三の書く」と名付け」、第三の書くとして「筆答を書く」「書き込みをする」「書き足しをする」「書きまとめをする」「質問・意見・感想」「図式化」などの書くことを紹介しています。青木が「第三の書く」としていることのすべてが、「言語活動として書くこと」というわけではありませんが、「言語活動として書くこと」は、青木の「第三の書く」と多くの部分で重なり、「第三の書く」に含まれるものと考えていいでしょう。言語活動として考えながら書いていることが、日常的に書く力を育てているのです。

もう1つの日常的に書くこととして、「メタ的に学習の記録を書くこと」があります。本書では、これを青木の「第三の書く」の次に位置付け、「第四の書く」とします。

「第四の書く」は、見通しをもつ、《問い》を立てる、学習を振り返る、授業のまとめを行うなどの機会に書くことです。「第四の書く」を意図的に設定することで、児童生徒が自分の学習をメタ的に捉え、それを言語化する機会になります。授業における「見通し」「振り返り」「授業のまとめ」などを日常的にメタ的に書いていることが、書く力につながっているのです。

136. 「第三の書く」や「第四の書く」はどのような方法で行うと効果的ですか

「第三の書く」や「第四の書く」を効果的に行う方法の1つに、教師が指定した文字数の用紙に完結させて書き切る方法(「一枚に書く」)があります。

授業の折々に「一枚に書く」ことを取り入れることで、ひとまとまりのことがらを一枚に書き切ることが習慣になります。

実際には、日常の言語活動に「一枚に書く」ことを取り入れたり、学習の見通しや振り返りを「一枚に書く」ことで残したりするのです。

137. 「一枚に書く」とはどのようなものですか

「一枚に書く」とは、教師が指定した1枚の用紙に過不足なく書き切ることです。指定された文字数で、目的意識、相手意識をもち、段落構成や様式を調え、タイトルや小見出し、表現や言葉選びをいい加減にしないで書くようにします。「一枚に書く」ことを継続することで書く力が育成されるとともに言語能力の高まりが期待できます。

何よりも大切なことは、1枚の文字数の決定です。実施する学年や時期はもちろんのこと、何についてどのように書かせるかによって、ふさわしい文字数は異なります。少ない文字数であれば負担が少ないと決めつけるのではなく、書く内容によって文字数を決めることが必要です。児童生徒に書かせたいと考えていることを具体的に想定して（できれば教師が実際に書いてみて）文字数を決定するのがいいでしょう。文字を書くことに慣れてからの取り組みになりますが、しっかりと考えて書くのであれば、経験的に小学校低学年で100字から200字程度、中学生では400字から500字程度の設定がふさわしいと考えています。

また、明確な目的意識や相手意識をもつことで、書き手のゴールがはっきりします。段落構成や様式を調え、タイトルや小見出し、表現や言葉選びをいい加減にしないで書くことで、冗長な文章になることを避け、読み手に伝わる記述になることが期待されます。この過程で言語能力の高まりが期待できます。

1枚の用紙に書き切るわけですから、書くものの全体を俯瞰することができます。また、比較的、短時間で完結でき、達成感を味わうことができます。そのことが次の書く意欲につながり、「日常的に書くこと」の学習として効果的です。

教師は、「質、量、構成（様式）、速さ、語彙」の5つの側面から書くことの指導を行いますが、とりわけ、段落構成（様式）を調えること、言葉を吟味することについては具体的なモデルを示して適切に指導し、言語能力を高めていく必要があります。

138. どのようにして言語活動に「一枚に書く」ことを取り入れるのですか

書く様式に条件がないと言語活動が冗長的になったり、適当に済ませることになったりすることがあります。「一枚に書く」というスタイルを決めて、文字数をはじめ、学びがいのある言語活動になるための条件を設定するのです。

「一枚に書く」ことは、全体を俯瞰することができるため、児童生徒にとっては取り組みやすい言語活動といえます。だからこそ、文章全体を見ながら、段落構成を調え、タイトルや小見出し、表現や言葉選びをいい加減にしないで書くようにさせます。例えば、〔思考力、判断力、表現力等〕の「読むこと」の単元（中学校3年）において、「登場人物の考え方や生き方を読み取り、自分の考えをまとめる」という言語活動を設定したとします。「作品の展開を踏まえて人物像を捉え、その生き方についての考え」をまとめるわけです。この場合、全体を「中心的主張」「根拠」「予想される反論と再反論」「まとめ」の4段落で構成し、500字程度で「一枚に書く」言語活動を設定するのです。生徒は、教師が作成した言語活動モデルをてびきとして全体を確かめながらまとめていきます。

〔知識及び技能〕の漢字や語彙の学習、文法の学習などでも「一枚に書く」ことは有効です。〔知識及び技能〕の語彙についての「いろいろな意味をもつ言葉」の単元(小学校4年)では、多義語を1つ選び、意味の違いを1段落ごとに分けて説明し、最後の段落でまとめをします。言語活動モデルで活動を確認した児童は、段落ごとにタイトルをつけ、そのタイトルを参考にして段落の順序のつながりを確かめることで、自分の考えの組み立てを再検討することができます。

139. 学習指導要領の言語活動例のすべてで「一枚に書く」ことは可能ですか

言葉で書く言語活動であれば可能です。音声化や動作化の言語活動でも、音声化や動作化のための工夫点や自分の考えを「一枚に書く」ことで言語活動は深まります。

言語活動が書く活動であれば、その書く活動を「一枚に書く」こととして実践することができます。書く活動以外の言語活動であっても、「一枚に書く」ことで自分の考えていることを分かりやすくまとめようとする意識が高まります。

中学校学習指導要領国語編の「C 読むこと」には次のような言語活動例が示されています(下線は筆者による)。

〔第1学年〕ア　説明や記録などの文章を読み、理解したことや考えたことを<u>報告</u>したり<u>文章にまとめ</u>たりする活動。

イ　小説や随筆などを読み、考えたことなどを<u>記録</u>したり伝え合ったりする活動。

ウ　学校図書館などを利用し、多様な情報を得て、考えたことなどを<u>報告</u>したり<u>資料にまとめ</u>たりする活動。

〔第2学年〕ア　報告や解説などの文章を読み、理解したことや考えたことを説明したり文章にまとめたりする活動。

イ　詩歌や小説などを読み、引用して解説したり、考えたことなどを伝え合ったりする活動。

ウ　本や新聞、インターネットなどから集めた情報を活用し、出典を明らかにしながら、考えたことなどを説明したり提案したりする活動。

〔第3学年〕ア　論説や報道などの文章を比較するなどして読み、理解したことや考えたことについて討論したり文章にまとめたりする活動。

イ　詩歌や小説などを読み、批評したり、考えたことなどを伝え合ったりする活動。

ウ　実用的な文章を読み、実生活への生かし方を考える活動。

下線をつけた部分が活動ですが、実際の学習では、育成を図る資質・能力や扱う作品の特徴を生かし、もう少し具体的な言語活動として設定することになります。例えば、第3学年の「イ　詩歌や小説などを読み、批評したり、考えたことなどを伝え合ったりする活動」であれば、「書評を書く」「設定の意味を考える」「投書－返書」「登場人物紹介を書く」「主人公に向けたメッセージ」など、多様な言語活動が考えられます。

これらの言語活動を「一枚に書く」スタイルの活動（第三の書く）として設定するのです。具体的には「500字書評を書く」「設定の意味を論説文の段落構造で問う」「200字投書－200字返書」「登場人物紹介を4段落で書く」「主人公に向けた1枚メッセージ」などとして、文字数や段落数、段落構成（様式）などを指定することで、言語活動の質が高くなります。

140. 「第四の書く」ことにはどのような効果がありますか

「第四の書く」ことを継続することで、自分の考えを形成する力、自分の成長を自覚する力、これからの自分の学習をデザインする力など、メタ認知的な育ちに効果があります。

書くことは、考えたことの結果を文章で残すという側面もありますが、書くことで考えを確かめたり、深めたり、理解できたりする側面もあります。「第四の書く」ことを継続することで、自分は何を学んだのか、どのように学んだのか、何ができるようになったのか、これからどんなことができそうか、自分はどのようなことを考えているのか、などメタ的に捉えたことを言語化することができるようになります。このことは、学習の原動力にもなると考えられます。

141. 毎回の見通しや振り返りを「一枚に書く」で行うのですか

2行や3行で見通しや振り返りを行うときがあってもいいですが、単元で1度や2度は、「一枚に書く」スタイルでしっかりと書き切る機会が必要です。

単元びらきでは、児童生徒が学習課題を自分のこととして捉え《私の問い》を立て、その単元で何を学ぶのか、何ができるようになるのか、どのように学ぶのか、どのように思考していくのかを自覚し、学びをデザインしていくのですが、その見通しを1枚に書いて残すのです。書いた通りに学びが進むわけではありませんが、言語化しておくことで、学びのデザインを具体的にイメージすることができるのです。

学習の振り返りも同様です。自分の学習の振り返りを数行で書いたり、マークで記したりすることも悪いことではありませんが、これまでの学習を今からの学習に生かそうとするならば、具体的な言葉で書き表し、文章でしっかりとまとめて学びを自覚させることで学習の高まりが期待できます。

《私の問い》を立てて、解決の見通しをもつことについても、頭の中だけで完結するのではなく、思考の過程を文章にして記録しておくことで自身の成長を自覚することにつながります。

学びっぱなしにしておくのではなく、何を学んだのか、どのように学んだのか、何ができるようになったのか、どのような思考操作ができるようになったのか、など自分の学びの軌跡をメタ化することが大切です。

学習の見通しをもつことや振り返ることについて指導するとき、教師が見通しや振り返りを1枚に書いたものをモデルとして示し、メタ認知的な見通しや振り返りのしかたを教えると理解が深まります。

142. 「一枚に書く」スタイルは交流活動にも活用できますか

交流活動に「一枚に書く」を取り入れることで、単元を通して、協働的な学びが活性化し、創造的な教室が実現します。

交流を行うには、互いに相手のことを理解し合い、自分自身を表現して通じ合うことが必要です。そのためには思いや考え、事実を共有することが必要です。「一枚に書く」スタイルにまとめたものは、書かれた内容の全体を俯瞰しやすいため、読むために必要な時間も短く、協働的な活動を活性化するための生きた学習材となり、その可能性を広げます。

グループ学習は分かったことの報告だけではなく、分からないことを出し合って協働して解決していく場です。自他のよさがぶつかり合う場です。そのようなグループ学習には手ぶらで参加するのではなく、未解決な部分を残したままであっても書き切れていなくても、1枚に書こうとしたものを持って参加するようにするのです。それぞれの未解決の《問い》が書いてある1枚を持ち寄ることで、1人では解決できなかったことにグループで取り組むことができるのです。

さらに、グループで解決できなかったことを学級で話し合うことは協働型の学習として学ぶ楽しさに浸る機会になります。

143.「一枚に書く」ことの評価はどうすればいいですか。

「第三の書く」としての「一枚に書く」ことは、言語活動として書くわけですから、当然、単元の評価規準によって評価します。「第四の書く」としての「一枚に書く」ことは、主体的に学習に取り組む態度の評価の材料とすることもできますが、学習記録として書いているわけですから、常に評価の対象とするわけではありません

「一枚に書く」ことは、生活の作文ではありませんから、「感動したことを書く」わけではありません。「感動したことを書く」のではなく、目的意識、相手意識をもち、段落構成(様式)を調え、タイトルや小見出し、表現や言葉を選んで「一枚に書き切ったことに感動する」機会となるようにしたいものです。感動を書くのではなく、書くことで感動するのです。

第四の書くとしての「一枚に書く」ことは、書くことを通して学びを自覚し、今からの学びをデザインしていくことに役立つものですから、児童生徒には、①何を書いているか、②どのように書いているか、③自分の学びのデザインとどのようにつなごうとしているか、の3点で自己評価させることが効果的です。児童生徒は書けたことで感動します。

■実践 読むこと(エ)人物像や物語などの全体像を具体的に想像したり、表現の効果を考えたりすること。：小学校第６学年

感想を求められると「よかったです」と簡単に済ませ、作文や文章題に取り組ませようとすると「自分は書けない」と自己肯定感の低い子どもたちがいます。書くことから逃げ、どう書けばよいか思い浮かばず鉛筆はずっと止まったまま。

そのような子どもたちが「自分の考えを伝えたい」と意欲的に表現するために、また適切に表現する力や正確に理解する力がついたのかを自覚させるためには「魅力ある言語活動をどのように位置づけるのか」「成長の足跡が見えるには、どのように書かせるとよいか」という教師の問いからの始まりでした。そのためには、様々な単元で魅力ある言語活動を位置づけることや、思考したことを言語化することの必要性を感じました。これが、学ぶ価値、書くことの意義にもつながっていくのではと考えています。そして、自分の考えをコンパクトにまとめ書き慣れることの必要性です。これまでのように、ふり返りをただ書かせるのではなく、どんな力が付いたのかどのような思考をして解決したのかを言葉にすることで自分のついた力を自覚でき、さらに積み重ねていくことで、力がつくのではと考えています。

しかし、長い文章を書かせることは単元計画に長時間を要し、学びどきを逃してしまいます。そこで、短く書き切る「一枚に書く」を位置づけることにしました。主に、言語活動としての「一枚に書く」、自身の学びを振り返る「一枚に書く」です。単元を進めていくなかで「思考を具体的にかつコンパクトにまとめるためには、どんなアドバイスができるか。」「思考操作を言語化する際にどう指導したらよいのか。」「資質・能力がついたことをメタ化するにはどのように振り返らせたらよいか。」「何をどのように考えたのかを言語化するには、終盤だけでなく単元計画にいつ位置づけた方がいいのか。」と、教師としての問いが生まれました。

書くことで学びをメタ化し、成長を目に見える形で残す。子どもが自分の力を自覚し次への学びに向かうよう学び方を教える。これこそが、教師の仕事だと考えています。

① 育成を図る資質・能力と言語活動／学習材「海のいのち」東京書籍

この単元では、「人物像や物語などの全体像を具体的に想像したり、表現の効果を考えたりする。」ことを目標とし、「折れない心を作る言葉集」(名言)を書く言語活動を設定します。具体的には、名言(会話や描写)についての登場人物の心情を読み取り、表現の効果に着目して、読んでほしい人へのメッセージを書く活動です。単元びらきでは、登場人物との関係性や事件から生まれた言葉について書かれた「鬼滅の刃折れない心」(あさ出版)を示しました。「鬼滅の刃折れない心」には、名言とその言葉が生まれた状況設定、そして伝えたい相手へのメッセージが書かれています。状況設定には、人物

像やその場面の人物相互の関係と中心人物の変容が描かれています。まずは、登場人物同士の関係に基づいた行動や会話から結び付けて人物像を具体的に想像し、その表現についての効果を読み取らなければいけません。名言の背景にある登場人物の心情から生み出される言葉。その表現の効果について自分の考えを語ること。それを読者へのメッセージとつなげる必要があります。物語が自分に最も強く語りかけてきた言葉集を書くことで、登場人物の相互関係を手がかりに優れた叙述に着目することにつながるのです。

②　学習課題

209ページの学習計画に記載した学習課題を参照してください。

③　《私の問い》を立てられるようにする教師の仕事

この学習では、「登場人物を具体的に想像するために登場人物の行動や会話、様子などを表している複数の叙述を結び付けること」にかかわった《私の問い》を立てることと、さらに人物像や全体像と関わらせながら、メッセージや題材を強く意識させる表現に着目する2段階の《私の問い》が必要です。

この学級の児童は、《私の問い》を立てる学習を4月から行っています。問いの一覧表から《私の問い》と似ている問いを見つけて交流したり、問いが解決できたら新たな《私の問い》を作ったりでき、振り返りでは《私の問い》を解決したことをまとめることができます。

―《私の問い》を立てることを導く教師の語りの例―

・「言葉集」を作るためには、どんなことを知る必要があるかな？どんなことがわかったら「言葉集」が書けそうかな？

・友だちの問いを見て、自分と似ている問いや解決できそうな問いを見つけよう。

・登場人物と関わって、なぜこの表現が使われているのか考えられる問いにしよう。

④ 《私の問い》

はじめに立てた《私の問い》
児童 R 題名「海のいのち」にこめられた思いは何か。
登場人物はどういう人で、他の人物との関係はどうなっているのか。
児童 A 太一のあこがれる漁師とは何なのか。
おとう、与吉じいさの死や人生から、太一はどういう影響をうけたのか。
児童 H おとうの「海のめぐみだからなあ。」と与吉じいさの「千びきに一ぴきでいいんだ。」という言葉は何かつながりがあるのか。1 つ 1 つの会話には、登場人物のどんな思いがかくされているのか。
児童 Y なぜ最後の方に「海のいのちは全く変わらない」と書いたのか。
その言葉にこめられた意味とは。
太一、おとう、与吉じいさ、3 人の言葉にこめられた意味は何か。
(たとえば、千びきに一ぴきなど)
児童 K 太一の心の変化は物語が進むにつれてどのように変わっているのか。
更新した《私の問い》
児童 R 海のいのちだけの特しゅな描写はどんなものがあるか。
児童 A クエと出会ったときの太一の心情とそれにこめられた意味は何か。
児童 H いろんなキーワードは、最後の「海のいのちは、全く変わらない。」につながりがあるか。
児童 Y なぜ最後の方に「海のいのちは全く変わらない」と書いたのか。
その言葉にこめられた意味とは。
児童 K 「追い求めているうちに、不意に夢は実現するものだ。」の名言には、作者、立松和平さんのどのような気持ちが入っているのか。

⑤ 言語活動の実際

児童 R は、題名に着目した《私の問い》と人物像、人物相互の関係の《私の問い》をはじめに立てています。しかし、更新した《私の問い》では、特殊な描写へと変わっています。特殊な描写にこそ、登場人物の心情や性格、作者の思いがこめられていると考えて問いを更新しています。名言集を作成するにあたり、名言が生まれる前後の表現やできごとにも着目し、言葉と文章をつないでいます。《私の問い》の解決のなかで、言語活動を中心に学習課題をしっかりと捉えていることがわかります。

児童 A は、言語活動で名言「追い求めているうちに、不意に夢は実現するものだ」の 1 文を取り上げています。はじめの《私の問い》は、太一の人物像について、人物相互の関係から立てています。更新した《私の問い》は、太一の心情について深く読み取るための問いに変化しています。名言の言語活動を書き上げるために、まず、中心人物と登場人物との関わりをとらえる必要性がある第1段階の《私の問い》を立てて解決しています。そして、言語活動「名言集」を書くために必要な、名言の場面の中心人物の変容に特化した第2段階の《私の問い》へと解決していったことがわかります。

振り返りの「一枚に書く」では、「○○の力」として、今回の単元で身についた力についてタイトルをつけています。①は「○○の力」についての自分の言葉での説明、②は《私の問い》を立てて解決していった解決策、③は今後「○○の力」をどのような時に生かすことができるか、他教科や日常生活と結びつけた見通し、④は読んでほしい人へのメッセージ、を書いています。「○○の力」を自分の中で完結して終わらせるのではなく、相手意識をもたせて書かせることで、自分の力をメタ認知させるためです。そしてこの力を次の学習に生かすためでもあります。児童2人の振り返りの「一枚に書く」を見ると、「物語が自分に最も強く語りかけてきたことをまとめる」力をつけるために立てた《私の問い》を解決するためにつけた力について振り返っています。児童Aは、1文から行動や会話、描写など(小さな問い)を立てながら解決していったことを「分析する力」としています。児童Rは、更新した《私の問い》の特殊な描写を解決する際にウェビングでつなげ広げていった「想像力」について振り返っています。

■解決策　左が児童A・右が児童

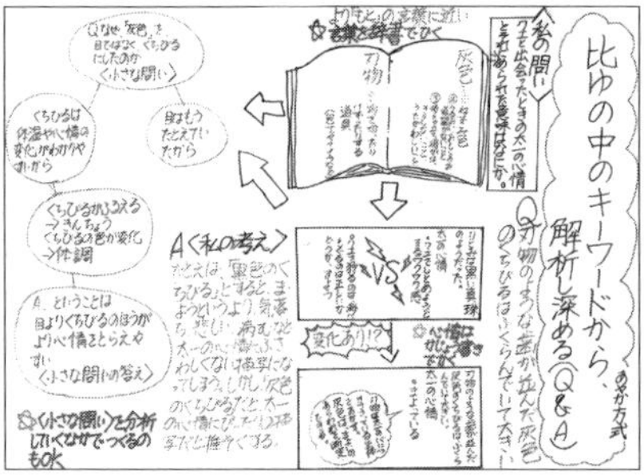

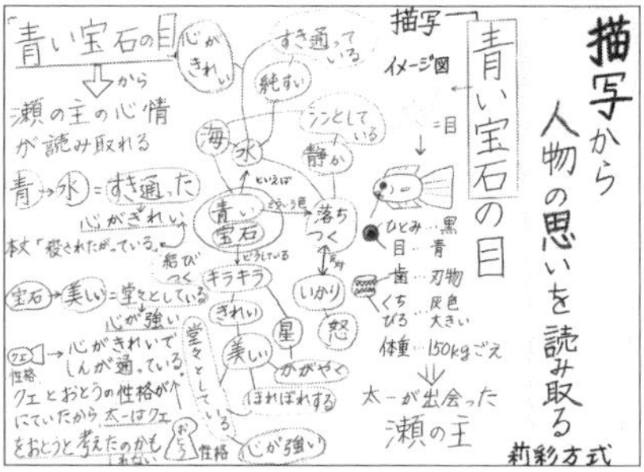

■《私の問い》 左が児童A・右が児童R

工夫された描写から何がみえてくるのか。

①工夫された描写には、登場人物の心情や性格、作者の思いが入っている。「たとえ」は読者により分かりやすく伝えたいことを伝えるための方法の一つである。「海のいのち」ならではの工夫された描写として「たとえ」があると私は感じ取った。

②そこで、工夫された描写を選び、その描写からウェビングで感じることを広げていった。その描写は海にたとえるとどんな言葉で表すことができるのか、どんな場面なのか、心情はどうなのか、などを探し出す。「」といえば「」という考え方でつないでいくと広がりやすい。このウェビングを使ったことで、クエ(瀬の主)とおとうとは「心がきれいで、芯の通った謙虚な人」という性格が似ているのではないかということにいきついた。

③工夫された描写の中にかくれているには、大事な言葉を結び付けて想像することが大切である。〈有森莉彩〉

クエと出会ったときの太一の心情とそれにこめられた意味はなにか。

①解決例と例と

クエと太一の心情はつながっている。例えば、クエの目を青い宝石と太一が比ゆをつかっていたところ。太一の純ずいなうれしさ。宝石は、ずっと追い続けていたクエを発見して心がはずんでいるという太一の心情。つまり、太一の目を通した比ゆの表現に太一の心情が表れている。

②解決策と分析と

まず、太一がクエや景色などを色やものにたとえたものを見つける。そして、可能なかぎり辞書で調べる。次に、その意味と「海のいのち」を結びつけて自分なりに分析して想像する。分析するときは、前に分析したことと結びつけるのがこつ。

③今後生かす場面

本の感想などを伝えるとき、分かりやすく説明するとき。

高田彩華

■振り返り (第四の書く) 左が児童A・右が児童R

想像力

①想像力とは、空想上のもの、または一つの言葉・事がらから意味や事実をもとにして考えを広げていく力のことである。

②この力は、全教科において必要な力であると言えるだろう。学習課題からどのように考えるべきかを想像しなければ、問いを解決することができない。

今回の「海のいのち」では、描写から作者や登場人物の思いを読み取った。そのときに活用するのが、ウェビングだ。ウェビングは想像力がないと広げることができない。

私はウェビングを広げることにより想像力を身に付け、想像力をはたらかせることでウェビングを広げることができるようになった。

③想像力は、一生必要になる力だ。勉強だけではなく、日々の生活にも役立つ。たくさんの情報を集め、ふさわしい情報を選ぶためにも、想像力は大切である。〈有森莉彩〉

分析する力

①力の説明

文字通り何かを分析することである。○○の意味を辞書で調べてぎんみし、△△と結び付けるのも分析の力である。

②身についたのは?

「海のいのち」では、太一やクエや五感で得たことを何かにたとえていた。例えば、クエのひとみを黒い真珠というように。たとえていた言葉を辞書で調べ、それを「海のいのち」にあてはまる意味へ重ね合わせる。これをくり返し行って、解決していく。

③これからミ

この力を使って、物語にしかけられている「おもしろみのある描写」をつきとめていきたい。

④メッセージ

達富先生は、どんな分析のしかたをしていますか。私だけが発見した描写。個性的な力だけど大切にします。

高田彩華

■言語活動「名言集」　上が児童Ａ・下が児童Ｒ

高田　彩華

追い求めているうちに
不意に夢は実現するものだ

太一とクエの関係

村一番のうでをもつもぐり漁師のおとう。おとうにあこがれる太一。しかし、そんな無敵のおとうを破ったのは、百五十キロ以上あるクエだった。太一がしばらくぶりにおとうの海へもぐる。そして、一年後、太一は手ごわい宿敵と再会する。太一は、うれしさや敵意丸出しのオーラをはなつ。

名言

太一がクエと再会したときの言葉である。太一はクエを追うためだけに与吉じいさのでしになった。瀬にもぐり続けた。すると、予想もしない夢の実現のしかたであった。

太一の人物像

自分の考えをつらぬとおす屈強な子であったが、人思いの太一。だから、おとう、与吉じいさの意志、母の悲しみまでも背負おうとしていた。おとう、与吉じいさは、まだ、ありがとうを言えないまま海に帰ってしまう。しかし、海で生きることにあたっては、しかたのないことだと太一は悟り、拝むことができた。自暴自きになってもおかしくないその背中に背負っているものは、太一自身を大人へとした。

題名（太一の変化）

太一に本当の海のいのちを気づかせてくれたクエ。クエそのものが、太一の心情を示している。不意に夢が実現するのは、神様のおかげではなく、今までつんできた数々の夢への道が切り開かれたということ。要するに、太一は今までの努力にひっぱられるようにしてクエと出会った。加えて、おとうと与吉じいさのゆい言のなぞも解明された。

メッセージ

努力をおこたると、不意に夢がかなうわけではない。努力をつみ重ねてきたからこそ、とつぜんと夢がかなう。「自分はこれをがんばる」「つらぬきとおす」と夢へのしゅう念を維持し続けて、おもいえがく人生を、その手で切り開いてほしい。

これが自分の追い求めていたまぼろしの魚、村一番のもぐり漁師だった父を破った瀬の主なのかもしれない

子供のころ父を亡くした太一。与吉じいさの弟子となり、やがてかつての父のように村一番の漁師となる。毎日魚を二十匹取り、船に乗らなくなったじいさに届けに行った。「千びきに一ぴきでいいんだ」といいながら毎日二十匹だけ取っていたじいさの教えなのだ。太一の屈強な背中とは裏腹にひたむきで海への一途な思いが感じられる。

毎日毎日魚二十匹を取る太一。父の死んだ瀬に潜り始めて１年。ずっと探していた太一の夢だった巨大クエを見つける。ああこれが父を破ったクエ、瀬の主なのかと感じ取ったときの太一の言葉がこの言葉だ。

父の死んだ瀬に毎日一本づりに行くじいさの弟子になった太一。いつか父の死んだ瀬に潜り、父を破ったクエを取る。そして、父に認めてもらえるような一人前の漁師になる。その夢は不意に実現することになる。

追い求めてきた瀬の主を見つけたのに、太一はとらなかった。クエと父の「心がきれいで芯の通った謙虚な人」という性格を重ね合わせ、瀬の主を父と見た。瀬の主の全く動じない「おだやかな目」が、大物をしとめたときでも自慢することのなかった父の姿と深く結びついたのかもしれない。

ずっと信じて追いかけてきたものが、突然変わるかもしれない。しかし、それはあなたの見方が変ったということ。あなたらしく、道を切り開いていってほしいと思う。　＜有森　莉彩＞

⑥ 学習計画

単元 「海のいのち」の折れない心をつくる言葉集

学習課題

この単元では、物語が自分に最も強く語りかけてきたことをまとめることができるようになる学習をします。
課題は、中心人物と登場人物との関わりを、行動や会話、心情と結び付けて『〇〇 折れない心をつくる言葉』のように書くことです。

【知る】
メッセージ性のある表現や人物を表す的確な語彙を選び、思考に関わる語句を使いながら名言集を作ること。

【学習計画】 9時間くらい

1 単元の見通しをもつ（学習計画を立て、音読する） 1時間
（ア）学習課題を覚える
（イ）活動のモデルを理解する。
（ウ）学習計画を覚える。

これまで	表現の工夫をみつける
今から	表現の効果を考える

物語が自分に最も強く語りかけてきたことを考える

物語が自分に最も強く語りかけてきたことは何かを考えることで、物語をより深く味わい、自分の感動の中心をとらえることができます。そのためには、まず物語に書かれていることをていねいに読み、内容の理解を深めることが大切です。特に、山場で起きる大きな変化は物語の内容の中心と深く関わります。どのような変化が起きたのか、なぜその変化が起きたのかを考えましょう。

物語が最も強く語りかけてきたことを考えるときには、次のことを手がかりにしましょう。

・物語の山場で起きる大きな変化とその理由
・物語の中でだいじだと思う言葉　・題名の意味

2 語彙を集める。 1時間
㋐ 表現が読み手に与える効果の言葉や、メッセージを意識させる表現、人物を表す語彙を集めたり比較したりする。
㋑ 選んだり比較したりした結果、この作品にふさわしい語彙か確かめる。

《私の問い》

3 《私の問い》を立てて解決する。（三〜四人グループ） 3時間
㋐ ☆ おとうに影響を受けた太一
㋑ ☆ 与吉じいさに影響を受けた太一
㋒ ☆ 太一の行動に影響を受けている母

4 《私の問い》を解決したことを生かして『心をつくる言葉』を書く。 2時間
《みんなの問い》を解決する。

一枚に書く

㋐ 《私の問い》を解決する中で明らかになった、太一との関係やそれぞれの登場人物の生き方に関わる表現について どのように『心をつくる言葉』に表すとよいのか熟考する。
㋑ 《私の問い》を解決する中で、物語が強く語りかけてきたことが伝わるように使う語彙を取捨選択して、『心をつくる言葉』の形式に合わせて書く。
㋒ 伝えたい相手に向かって、キャッチコピーで表す。 1時間
〇〇への言葉

5 『心をつくる言葉』を交かんして、味わう。
・ 自分の考えと比べて、感想を交流する。
・ 6—1の言葉集にするために、構成を考える。
・ 「はじめに」と目次を書く。

☆ 見通しをもって進めましょう。
今日の問いは何か。
今日は何をするのか。
今、どこをしているのか。
☆ 完成するまでの間、（2〜5）の間に、自分で判断し、3回はふりかえりをしましょう。

一枚に書く

6 単元のふり返りを行う。 1時間
㋐ ふりかえり（物語文で、身についた力を「はがきカード」に一枚に書く）
㋑ 先生から （できたこと・力がついたこと・学び方について）
㋒ 力をたしかめる。（活用題）

（中島絵梨香／なかしま・えりか）

■実践　読むこと（ウ）文章と図表などを結び付け、その関係を踏まえて内容を解釈すること。：中学校第２学年

> どのような学習をしたら、「文章をどのように書いたら良いかわからない」という生徒の声に応えることができるのか、記述問題における無回答の答案を減らすことができるのかということを考えながら指導を行ってきました。
> 書くことへの抵抗をなくしたいと思い、身近な題材や興味関心をもてそうな文種を選んで書かせてきましたが、これだけでは書けるようにはなりませんでした。そこから、「一枚に書く」に取り組みました。「一枚に書く」とは、明確な目的をもって200字から500字程度で完結させて書くことです。これまで、学習材を読んで自分の考えを新聞のコラムのように書くことや登場人物を紹介する文章を書くことなど、言語活動として行ってきました。このように「考えるための表現として書くこと」ができます。また、単元びらきにおける「単元の見通し」や単元中の「学習の振り返り」など「自覚するための記述として書くこと」もできます。単元展開の中に効果的に取り入れることで単元全体の目標を達成することができると考えます。
> 生徒の作品からは、指導の足りなかったところや改善すべきところが見えてくるため、互いに読み合う時間に補足するようにしています。そして、活動をより効果的なものにするために「いつ、どのように交流の場面を設定するか。」「表現を工夫したり、語彙を吟味したりするためにはどのような手立てをとればよいのか。」「どのような学習課題を設定し評価を行えばよいか。」などの問いが次々と生まれます。
> １人１人に考える時間ができ、量的に負担が少ないため、子どもたちの主体的に学習に取り組む姿が見られます。何度も取り組み、自分自身の成長を自覚した生徒たちの顔は誇らしげです。生徒に自信をもたせられる仕事をしていきたいと感じています。

①　育成を図る資質・能力と言語活動／学習材「クマゼミ増加の原因を探る」光村図書

この単元では、「文章全体と部分の関係を捉え、文章と図表の関係を踏まえて解釈する」ことを目標とし、「『クマゼミ増加の原因を探る』に用いられた図表の中で重要なものを選んで、自分の考えを書く」言語活動を設定します。具体的には、重要な図表を選んだ理由について、文章の構成や展開と図表の効果を関連付けて500字程度で書く活動です。

「クマゼミ増加の原因を探る」を読んで、各段落が文章全体の中で果たす役割について捉え、図表が何のために示され、文章のどの部分と、どのような関係で結びついているのかを踏まえて解釈することができるようになるための学習として「重要な図表を選んで、自分の考えを書く」という「考える

ための表現として書く」活動を設定しました。

学習材には9つの図表が用いられていることから、「重要な図表を選ぶ」とすることで、提示された図表の1つ1つに、どのような効果があるのかということと、筆者がどのように論を進めているのかということを併せて読み取ることができるのではないかと考えました。

単元の導入では、既習事項である「段落の役割」と「文章の構成」を確認しました。そして、自分の考えをまとめるための文章のモデルとして、頭括型・尾括型・双括型の構成で書いた3つを提示しました。

② 学習課題

214ページの学習計画に記載した学習課題を参照してください。

③ 《私の問い》を立てられるようにする教師の仕事

この学習では「文章全体と部分の関係を捉え、文章と図表の関係を踏まえて解釈する」にかかわった《私の問い》を立てることが必要です。

この学級の生徒は第1学年から《私の問い》を立てる学習を行っています。生徒が立てた問いを一覧にして示したり、単元の振り返りをする際に《私の問い》を振り返って、今ならどのような問いにするかということを考えたりしてきました。その中で、生徒は、《私の問い》を立てるためには文章をよく読むことが大切であると考えるようになりました。そのため、級友と対話するときには、お互いの《問い》を文章の叙述に返りながら吟味する姿が見られました。

この単元の学習課題には資質・能力が2つ含まれていることから、問いの立て方を迷っている生徒がいました。そこで、1つだけではなく、複数の問いを立てれば良いということや、単元の中で問いを更新していけば良いということを伝えました。

―《私の問い》を立てることを導く教師の語りの例―

・各段落が文章全体の中でどのような役割を果たしているのか、文章と図表がどのような関係で結びついているのかを捉えて、内容を理解する学習をします。

・筆者が自分の研究をどのように報告しているのか読み取ることができるよ

うな問いを考えましょう。

・「この図表が重要だ」と選んだ理由を書くことができるような問いを立てましょう。

④　《私の問い》

はじめに立てた《私の問い》

生徒A　クマゼミ増加の原因は何なのだろうか。

生徒B　序論・本論・結論にはどのようなことが書いてあるのか。また、どのように図表とつながっているのか。

生徒C　・クマゼミが増加した原因は何か。また、それを伝えるために用いている図表はどれか。
　・それぞれの図表からわかることは何か。

生徒D　クマゼミ増加なのに、なぜ抜け殻調査の図や大阪市・豊中市の位置や図表があるのか。

生徒E　沼田さんはなぜクマゼミ増加のことを調べようとしたのか。

生徒F　なぜクマゼミは増加したのか。

更新した《私の問い》

生徒A　図6と図7ではどちらが重要なのだろうか。

生徒B　重要なのは図6と図7とどちらなのだろうか。

生徒C　重要な図表は図6と図7のどちらだろうか。

生徒D　なぜ仮説は3つあるのか。

生徒E　序論・本論・結論はどこか。

生徒F　「クマゼミ増加の原因を探る」の構成はどうなっているのか。

⑤　言語活動の実際

生徒Aは、右のページの言語活動に取り組む際に、文章の構成を捉えてクマゼミ増加の原因を読み取り、図6と図7に着目しました。文章の構成と図表の効果を関連付けていることが分かります。

生徒の言語活動例

クマゼミ増加の原因を探る

生徒A

「クマゼミ増加の原因を探る」の中で重要な図表は、図7の「土に潜ることのできた幼虫の割合」である。
「クマゼミ増加の原因を探る」は、クマゼミが大阪市内でなぜ増加したのかをクマゼミの生態をもとに仮説をたて、検証をし、結果をまとめた報告文である。
　文章は、序論・本論・結論の三つのまとまりで構成されている。
　序論では、筆者が研究を始めようと思ったきっかけと抜け殻調査を行ってみて分かったことをまとめそこからなぜクマゼミは増加したのだろうか」という問題提起をしている。
　本論では、仮説↓検証↓結果がまとめられており、序論ででた問いについて、「硬くなった地面にも、クマゼミだけは潜ることができる。」原因と考えられる」と答えをだしている。ここで用いられているのが図7である。この図は、図1の大阪市内でクマゼミの抜け殻の割合が多い理由となっており、図6のように全てのセミが増えたのではなく、クマゼミのみの割合が増えた原因となっている。そのため、序論の問いと直結している。
　結論では、クマゼミ増加の原因は仮説2・仮説3だとまとめている。そして科学的な根拠を積み上げて臨む姿勢が大事だと筆者が主張しこの文章は終わる。

⑥ 学習計画

単元　多様な視点から　「クマゼミ増加の原因を探る」

学習課題

この単元では、文章全体と部分の関係を捉え、文章と図表の関係を踏まえて内容を解釈することができるようになるという学習をします。課題は、文章の構成や展開と図表の効果を関連付けて読み取り、「クマゼミ増加の原因を探る」の中で重要な図表を選んで、自分の考えを「はがき新聞」の形式で説明することです。

［知る］文章が六つの部分でできていることを理解し、適切な言葉を用いてそれらの関係を整理すること。

【学習計画】　5時間ぐらい

これまで	文章の展開を捉える。 筆者の表現の工夫を捉える。
今から	文章全体と部分の関係や、文章と図表の関係に注意して読む。

1　単元の見通しをもつ。（1時間）

学習の窓　文章と図表を結び付けて読む

- ●図表が入った記事や資料を読むときには、その図表が何のために示され、文章のどの部分と、どのような関係で結びついているかを読み取ることが大切である。

【図表の効果】

- ●意見を支える根拠になる。（表・グラフなど）
  - →実験や統計の結果、得られた数値を事実として示す。
- ●視覚的に情報を伝えられる。（模式図・写真など）
  - →筆者の考えを整理して示したり、言葉では説明しにくいものを分かりやすく伝えたりする。

【図表を読むときには】

- ●筆者が図表のどの部分について、どのような観点から説明しようとしているかを的確に捉える。

①　単元の学習課題を理解し、学習の見通しをもつ。
②　本文を読み、おおまかな内容を捉える。

2　≪私の問い≫を立て、文章の構成や展開、図表の効果を関連付けて読む。（2時間）
①　文章の構成や展開、図表の効果を関連付けて読むのに必要な≪私の問い≫を立てる。
②　各段落の役割や構成を捉える。
③　図表と文章との関係を捉える。

3　「クマゼミ増加の原因を探る」の中で重要な図表を選んで、自分の考えをまとめる。（1時間）

4　互いに読み合い全体で意見を交流して、単元のまとめをする。（1時間）
①　互いに読み合う
②　先生から

5　定期試験（活用題）（定期試験）
①　はじめて読む文章と図表を関連付けて読み、自分の考えを書く。

（村永理恵／むらなが・りえ）

第14章 「ワークシート」を活用する

小学校低学年では、なかなかノートをとることが難しい子どもがいてワークシートの作成やノート指導について四苦八苦の毎日です。

例えば、ワークシートを作る時には全員に役立つものを作ることを考え、ついつい丁寧に作りすぎてしまいます。その結果、活動内容が細かすぎたり多すぎたりして、授業時間に活動がおさまらないことがあります。ワークシートの情報量や、難易度の系統性などはどうすればいいのでしょうか。

説明文を扱う単元では、観点と比べることがらを一覧にした表を作ることが多いのですが、それが本当に効果的なものなのか、実際その単元でこの観点と比べる事柄が正しいものなのか、よく分からないことがあります。物語文を扱う単元の指導でも表を作ることがありますが、どんな時に表を作成することがよいのか、実際のところ分かっていません。

最近の研究授業や教育書では、思考したことを見えるようにするワークシートをよく見ます。書きたいことがらを整理させるのには便利です。しかし、整理したことを生かして、文章化させるとなると、難しいことがあります。せっかく作った図表を文章化するためにはどのような指導が必要でしょうか。

ノート指導では、ワークシートとのバランスも悩むところです。また、板書をどの程度写していくのかの指示も難しく感じています。

はさみを使わずにすぐにワークシートを貼ることができるように工夫して配布するのですが、なかなかうまくノートに貼ることができない子供たちもいます。聞いたり、話し合ったりする中で、効果的なノートのとり方ができる指導の仕方について知りたいです。

ノートをとる目的によっても指導の仕方は違うのかもしれませんが、4年生くらいまでには、自分なりのノートのまとめ方ができるようにしていきたいと思います。ノート指導については、目的による指導の違いや学年による指導の違いがあるのでしょうか。

また、ノートの紙面の効果的な使い方や望ましいノートの取り方など、多様なノート指導の方法について知りたいと思います。とりとめもなく書きましたが、ぜひ、教えていただきたいです。

鹿児島県 長島町立鷹巣小学校　寺園 麻衣

144. ワークシートとはどういうものですか

ワークシートはノート以外に特別に作成した学習用の用紙のことで、書くためのものと考えるためのものがあります。

1つは、枠やマス目、罫線が工夫され、イラストなども添えられた書くための枠組みとして作成されたものです。ノート型ワークシートと呼びましょう。十分にノートを使い切れない時期には、効率よく書かせるためにノート型のワークシートを用いることがありますが、ノート型のワークシートに依存しすぎると自分でノートをとる力が育ちません。ノートを使えるようにするためには、並行してノートの使い方も指導する必要があります。

ノートを使えるようになってからでも、取り出した情報を一覧にして見えるようにするために表を印刷しておき、そこに情報を整理させることや、吹き出しを添えた挿絵に心情を書かせることなどを目的として作成したワークシートを活用することなどもあります。この形式のワークシートは、教師が計画した指導の流れによって作成されるため、学習の流れとしては効率よく進めることができます。しかし、教師の思考の仕方を押しつけることにもなってしまうこともあります。書き込むだけではなく児童生徒の思考の流れに沿うようにすることが大切です。

もう1つは、てびき型ワークシートです。書く欄もありますが、考えるためのてびきを中心に構成したものです。このワークシートは学習プリントやてびきとも呼ばれ、基本的には1人で考えるために作られたものです。

いわゆる「てびき」となるものですから、書くための枠だけではなく、学習課題の確認や、Bフレーズ(思考操作)のしかたや考えの例、参考になる語彙、前の時間までの他者の振り返りの紹介などが示されます。てびき型ワークシートを使うときは、ノートを併用することが多いです。

ノート型であっても、てびき型であっても、二次活用できることが大事です。自分のワークシートに愛着をもち、使いこなせるようにするのです。そのためにも綴じたり、ノートに貼ったりして保存することが必要です。教師としては、年間を通して大きさをそろえる(周辺を切り取ってノートに貼りやすい大きさにする)ことや、綴じるのであれば配布する前に穴をあけておくこと、通し番号を付しておくこと、今後も活用するてびきとなるものは厚めの色の紙に印刷しておくことなどの配慮をしたいものです。もちろん、学年が進むにつれ、紙の大きさの調整や穴をあけること、ページを付けることなどは、児童生徒の作業になります。

145. ワークシートの情報量はどうすればいいですか

てびき型のワークシートに必要な情報量は、使用する目的と児童生徒の学習経験によって決定するのがいいでしょう。

てびき型のワークシートの情報量を考える前に、そもそも、今からはじめる学習にワークシートが必要であるかと問うことが必要です。

以前、ある教師から「単元づくりの準備はワークシートを作ることからはじまり、ワークシートが完成したら終わる」と聞いたことがありますが、それは教師の都合であり、自己満足に過ぎません。ワークシートは児童生徒の学習を支えるものであって、必要だから作成するのです。教師の安心材料ではないのです。

児童生徒が不在のワークシートになってはいけません。何のためのワークシートであるのかを再確認してワークシートをつくりはじめることが大事です。そして、必要であると判断するのであれば、その目的と児童生徒の学習経験に合わせて情報量を決めるのです。

146. ワークシートの難易度はどの程度がいいでしょうか

てびき型のワークシートの難易度は、何種類のワークシートを作成するかによって決定するのがいいでしょう。

ワークシートを1種類にするのであれば、誰もが使いやすいものを作成することになります。複数作るのであれば、目的や活用する児童生徒の学習状況によって内容や構成の異なるものを準備することができます。ただ、数種類のワークシートを使う場合、どの児童生徒がどの種類のものを使うのか、配慮が必要です。自由に選択させると教師が想定している通りにならないこともありますから、選択することの指導も必要です。

147. ワークシートで表にまとめることは本当に効果的ですか

ノート型であれ、てびき型であれ、ワークシートの形式は児童生徒が理解し、活用できるものでなければ効果は期待できません。

説明文を読むことの単元で、表にまとめる形式のワークシートを使用している授業を見ることがあります。教師がやりたいことはよく分かるのですが、児童生徒が表のまとめかたや表の見方を理解し、表にまとめる効果を実感していなければ、この表は、教師が黒板に書いたものを写すだけの枠組みに過ぎません。教師の思考の仕方を押しつけず、ワークシートの使い方と効果を指導する必要があります。

148. どんなときに表を作成するのがいいのですか

表にまとめることは複数のことがらを何らかの基準をもって整理するときに有効です。

表にまとめるにしても、表にまとめたものを活用して思考するにしても、児童生徒が表にまとめることの意味と価値を理解することが必要です。

そのためには、ノート型のワークシートで枠組みだけを配布しても効果は期待できません。表の意味を学んだり、表に慣れたりすることを国語科で扱うことも可能ですが、単元がはじまってから、表についての学習を特設しても児童生徒は混乱するでしょう。

149. 図表を文章化するためにはどのような指導が必要でしょうか

パラフレーズと呼ばれる言い換えや書き換えは内容を再構成することですから、キーワードを結び付け、そのつながりを吟味する指導が必要です。

てびき型のワークシートでは、モデルとして言葉のつながりを例示することが有効です。低学年であれば、ワークシートに書く前に再構成した文を何度も音声化して、自分の声を聞いてつながりを確かめることが有効です。

図表には既に情報が取り出されているわけです。その情報を再構成することは論理的に理解できているかどうかを確かめる有効な方法です。しかし、何のために再構成するのかが分からなければ深く考えることにはなりませんし、そのことが楽しくなければ夢中にはなりません。取り出した情報を楽しく再構成する言語活動として設定するといいでしょう。

150. ノートとワークシートとのバランスはどうすればいいですか

ノートを使って学習することが基本です。

ノート型のワークシートを使って指導する場合も、ノートを使って学習できるようになることを見据えて指導することが必要です。

ワークシートは教師が準備するものですから、充実したノート指導がないままにノート型のワークシートに慣れてしまうと、ノート型のワークシートがなければ学習できないことになってしまいます。それは、1 人ではノートにまとめながら学ぶことができないということです。生涯を通して学び続けるためには、自分でノート型のワークシートを作れるようになるか、ノートにまとめながら学べるようになるかです。

151. 板書はどのどれくらい写させるのがいいでしょうか

教師の指導の意図やその授業の目的にもよりますが、板書のすべてを写すことはありません。自分に必要な情報を取り出すことを教えることが必要です。

児童生徒自身がノートに写さなければならないものと写さなくてもいいものを判断できるようになるまでは、教師が指示する必要がありますが、板書されたものから自分に役立つ情報を取り出せるようになることも含めて「ノートをとる力」です。教師には、その力を育成するための指導が求められています。

また、教師には、児童生徒が写さなければならないかどうかを判断しやすいように板書する技術も求められています。何を板書するか、どのように板書するか、黒板のどこに板書するか、板書したものをどのように活用するか、教師には柔軟な板書の計画が必要です。

児童生徒は、教師が板書したものをそのままノートに写そうとすることが多く、教師が、行をあけて書いたり、チョークの色を変えたりすると、児童生徒もそのままをノートに再現しようとします。教師は、板書の量、色、場所等、目的を明らかにして板書の計画をしておくことが必要です。

152. 話し合いの中での効果的なノートの取り方はどうすればいいでしょうか

聞いたり話し合ったりするときのノート指導は、メモをとる指導と重なることが多いです。

大村(1983)は、記録のための注意事項として、次のことを示しています。

・話し手の言いたいことが分かればいいので、ことばをそのとおり書こうとしない。

・話し手が強く伝えたい気持ちで話している部分を見つけて書く。

・漢字を使って書こうとしすぎない。

・よく分からないことばは、聞いた音のとおり書いておく。

・消しゴムは使わない。

このようなことがらを身につけ、聞いてメモをとる機会を充実させることで、話し合ったり聞いたりしているときにノートを取ることができるようになります。また、メモをノートに整理しなおすことで、聞いたことがらと自分の意見を比べ、考えを文章化することに発展させていくことができます。

153. ノート指導には目的や学年による指導の違いがありますか

ノートは、本来、自分のためのものですから、自分に役立つものであり、自分がとりやすく、使いやすければいいわけです。定められた指導の基準があるわけではありません。

表現のために書かせることを目的とした授業の場合、言語活動の作品として回収したり、掲示したりするためにワークシートをよく使います。理解のために書かせることを目的とした場合も、ワークシートを活用することが多く、現在の学校では、ノート指導に重点を置くことが少ないようです。

しかし、生涯を通じて学び続けるためには、自分の力でノートをとることができなければなりません。学校でも、必要以上にワークシートを準備するのではなく、ノートを中心にした学習の機会を増やすことが必要です。

ノートは、本来、自分のために書くものですから、自分の役に立つものであれば形式が決まっているわけではありません。大切なことは、「今のノートが役に立っているかどうか。もっと役立つノートにするにはどうすればいいか。」について自己評価し、改善する機会をつくることです。

154. ノート指導の方法にはどのようなものがありますか

指導の方法としては、教師が書いている様子を電子黒板に写して見せることや、教師が期待するノートの書き方を印刷して配布すること、個別に指導することがあります。

ノート指導の方法は担当者に任されている部分が多いですから、担当者のノートの取り方だけではなく、いろいろな方法を紹介し、児童生徒にその方法を体験させて使いやすさや活用の効果について評価させることです。タブレットなどのICT機器を活用することにも慣れなければなりません。

■実践 読むこと(ウ)文章の中の重要な語や文を考えて選び出すこと。:小学校第1学年

小学校低学年では、簡単に図示したり、ノートに自分の考えをまとめたりすることが難しい子供が見受けられます。その際、ワークシートを作成しますが、どの子どもにも役立つものを作りたいと思うと、ついつい丁寧に作りすぎてしまいます。その結果、「ここに書きます。」と教師の指示の下で行う、ワークシートの穴埋め作業のための授業になりがちでした。

これでは、教師の思考の流れの押しつけの単元になってしまうことに気付き、発達の段階に応じて書き込むシートもあってもよいが、子ども自身の力でその後の活用の仕方に気付くことが重要であると考えるようになりました。そのために、子どもが学習したことを生かして大事にするワークシート、親や友達に思わず見せたくなるワークシートとはどのようなものかを配慮しながら単元づくりを考えるようになりました。

ただ、このように「子どもが主体的な学習を実現する『ワークシート』づくり」を進めていくと、「単元のめあて(学習課題)と思考操作はどのように設定すれば効果的か」「言語活動モデルはどのようなものがよいか」「評価規準はどのように設定し、示せばよいか」「子どもがめあて(学習課題)を自分のこととして自覚するにはどのような手立てが有効か」など、教師としての問いが次々と生まれました。

ワークシートづくりは、学習の流れだけを考えても適切なものができるものではなく、子どもの学習をまるごとイメージしなければできないものです。1年生という発達の段階を考慮すると「書き切る」子どもを目指すことは、教師にも見守る根気強さが必要です。しかし、私はこれこそが教師の仕事ーやりがいだと感じています。

① 育成を図る資質・能力と言語活動/学習材「どうぶつの赤ちゃん」光村図書

この単元では「説明の順序に気を付けながら、大事な言葉を選んで読む。」ことを目標とし、「動物の赤ちゃんすごいよカードを書く」言語活動を設定します。具体的には、異なる種類の動物の赤ちゃんの説明文を観点に沿って比べて読み、見付けた違いから「すごいな。」と感じたり考えたりしたことを書く活動です。

「どうぶつの赤ちゃん」を読んで、比べて読んで見付けた違いから分かったことを、カードを読んだ人に伝えることができるようになる活動ですから、「ライオンの赤ちゃんは○○」「しまうまの赤ちゃんは○○」とそれぞれを切り離す読みで終わってはいけません。言語活動を、「動物の赤ちゃんすごいよカードを書く」とした意味がここにあります。異なる動物の赤ちゃん

を同じ観点ごとに比べて読むことで、違いを見付けることができます。そして、その差異から自分なりの「すごいな。」を述べることにつなげます。単元びらきでは教師が書いたワークシートと言語活動モデルを示しましたが、どのような思考操作が必要なのかも含めて、1年生でも比べる観点を見付けることができるようなワークシートにし、グループで言語活動モデルの分析を行いました。さらに、単元の終末で「しけん」(225ページの学習計画表7)を行うことで、子どもも教師もこの単元で身に付けた国語の力を発揮できるかどうかも確認することができるようにしました。

② 学習課題

225ページの学習計画に記載した学習課題を参照してください。

③ 《私の問い》を立てられるようにする教師の仕事

この学習では「比べる観点」「動物の赤ちゃんの違い」にかかわった《私の問い》を立てることが必要です。

この学級の児童は《私の問い》を立てる学習をこれまで行ってきましたが、小学校1年生という実態から教師が示した「問い」から《私の問い》を選ぶことをしてきました。その際、「読んですぐに答えが分かるものは『問い』にはならない」ことや「学習課題につながるものにすること」という条件下で、説明文で取り上げられている事物についての「問い」も《私の問い》として認め、1年生の「知りたい」という意欲も尊重した学習になるように配慮しました。そして、文末などを教師が調えて学級全員の「『問い』の一覧」を作り、1つ1つ読み上げながら各自の問題意識を確認し、1人1人が《私の問い》を立てました。

―《私の問い》を立てることを導く教師の語りの例―

・「『問い』の一覧」から「これだったら、国語の学習で解決しがいがあるぞ。」という問いを選びましょう。
・「動物の赤ちゃんすごいよカード」を書くことにつながるような《私の問い》を選びましょう。
・これまで学習した説明する文章と比べて、同じことや違うことも見付けて《私の問い》を立てましょう。

④ 《私の問い》

はじめに立てた《私の問い》

児童M　どうして、ライオンとしまうまの赤ちゃんを比べて読むのかな。他の赤ちゃんではだめなのかな。

児童B　どうして、ライオンの赤ちゃんの話が終わったら次にシマウマの赤ちゃんの話になるのかな。一緒にしたらだめなのかな。

児童I　ライオンの赤ちゃんが弱々しいことをどうして書いているのかな。ぼくだったら書かないな。だって、悪いことを書いていたら「すごい。」って思わないよ。

児童D　赤ちゃんのここが「すごい。」っていうことを見付けるためには、どのように読んだらよいのかな。

更新した《私の問い》

児童M　ライオンとしまうまの赤ちゃんを比べるのは、違うから一似ていないから比べるのかな。「生まれたばかりのようす」は、ライオンの赤ちゃんは自分で歩くことができないのに、しまうまの赤ちゃんは30分も経たないうちに歩くことができるから、しまうまの赤ちゃんは「すごい。」と思う。他のどうぶつの赤ちゃんを比べるときは、どの赤ちゃんどうしを比べるとよいのかな。

児童I　ライオンの赤ちゃんは弱々しいことを書いていると、大きくなったときに動物の王様というくらい強くなったことが、読む人に「すごい。」って伝わるからますいさんは書いたのだと思うな。じゃあ、カンガルーの赤ちゃんもそう書いてあるのかな。カンガルーの赤ちゃんのライオンの赤ちゃんと違って「すごい。」ところはどこかな。

⑤ 言語活動の実際

言語活動のモデル

単元の見通しをもつ際（225ページの学習計画表2―イ）に使用し、観点を子どもが見付け、書き込むことができるようにする。

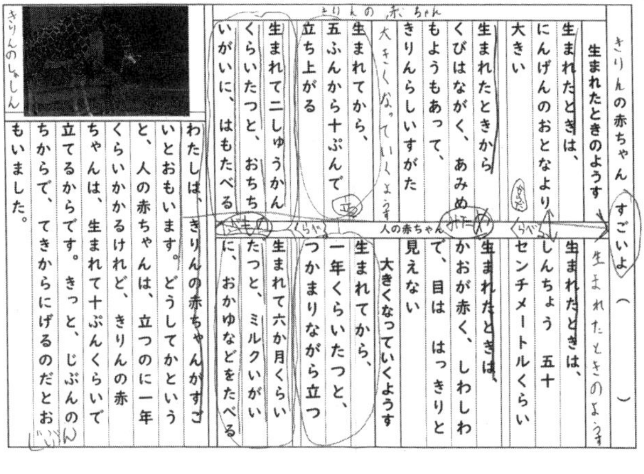
きりんの赤ちゃん すごいよ
生まれたときのようす
きりんの赤ちゃん
生まれたときは、にんげんのおとなより大きい
生まれたときから くびはながく、あみめもようもあって、きりんらしいすがた
大きくなっていくようす
生まれてから、五ふんから十ぷんで立ち上がる
生まれて二しゅうかんくらいたつと、おちちいがいに、はもたべる
人の赤ちゃん
生まれたときは、しんちょう 五十センチメートルくらい
生まれたときは、かおが赤く、しわしわで、目は はっきりと見えない
大きくなっていくようす
生まれてから、一年くらいたつと、つかまりながら立つ
生まれて六か月くらいたつと、ミルクいがいに、おかゆなどをたべる
きりんのしゃしん
わたしは、きりんの赤ちゃんがすごいとおもいます。どうしてかというと、人の赤ちゃんは、立つのに一年くらいかかるけれど、きりんの赤ちゃんは、生まれて十ぷんくらいで立てるからです。きっと、じぶんのちからで、てきからにげるのだとおもいました。

児童の言語活動例

児童Mの言語活動の様子

225ページの学習計画表6（上）・7「しけん」（下）で書いたカード

ぼくは、しまうまの赤ちゃんがすご
いとおもいます。
どうしてかというと、しまうまの
赤ちゃんは三十ぷんもたたないう
ちに立ち上がるからです。ライオンの
赤ちゃんは、自分ではあるくこと
ができません。それから、カンガル
ーの赤ちゃんは、おかあさんのふ
くろにいます。まもってもらって
いるのです。だから、ぼくは、しま
うまをえらびました。

カードを書く際は、「モデル文（223ページ）をお手本にしながら書くとよいですよ。」と、伝えることで、文章の組み立てに見通しをもつことができるようにしました。

ぼくは、チーターの赤ちゃんがす
ごいとおもいました。どうしてかと
いうと、チーターの赤ちゃんは生
まれて一か月くらいたつと、おか
あさんのあとをついていくことが
できるからです。カンガルーの赤
ちゃんは、おかあさんのおなかのふ
くろの中に入ったままです。
だから、チーターの赤ちゃんのほう
が、せいちょうがはやいとおもうか
らすごいなあとおもいました。

「しけん」では、カンガルー（教科書）とチーター（教師作成の文）を比べて読むことで、単元の学習経験を生かしてカードを書くことができるようにしました。児童Mは、比べて「分かること」まで書いています。

⑥　学習計画

たんげん　くらべて　よもう

「どうぶつの　赤ちゃん」

なまえ（　　　　　　　　　　）

学しゅうかだい

このたんげんでは、
せつめいの　じゅんじょに　気をつけながら、　大じなことばを
えらんで　よむことが　できるようになる　学しゅうを　しています。
そのために、こたえの　文や　えを　くらべながら　ちがいを
見つけ、「どうぶつの　赤ちゃんずかん」カードを　かきます。

〔しる〕
おはなし
ちがい
じゅんじょ
かんけい

【学しゅうけいかく】　十じかんくらい

1　いままで　よんだ　文しょうと　くらべて、　どんな　学しゅうを　するのか　はなしあう。　1じかん

・　もんだい（「とい」）が　ある　文しょう

・　「うみのかくれんぼ」や「じどう車くらべ」の　学しゅうを　いかす。

2　たんげんの　みとおしをもつ　2じかん

ア　どんな　学しゅうを　するか　しる。（大じなことばの　はなしあい）

イ　「どうぶつの　赤ちゃんずかんカード」を　どのように　かけばよいか
はなしあう。

ウ　《わたしの　とい》を　立てる。→きめる。

エ　学しゅうけいかくを　たてる。

たいせつ

ちがいを　見つけながら　よむ

・　どんな　じゅんじょで、　どんなことを　くらべているか　たしかめながら　よむと　よい。

・　くらべる　ところを　そろえて　よむと　ちがいが　わかります。

3　ライオンの　赤ちゃんと　しまうまの　赤ちゃんを　くらべて　よむ。　2じかん

・　どのような　じゅんじょで　せつめいされているか　しらべる。

・　どんな　ちがいが　あるか　しらべる。

4　ライオンと　しまうまの　赤ちゃんの　どちらが　「すごいな。」と　おもうか　はっぴょうする。　1じかん

・　じぶんの　かんがえと　わけを　かく。

5　カンガルーの　赤ちゃんが　どのような　じゅんじょで　せつめいされているか　しる。　1じかん

6　ライオン・しまうま・カンガルーの　なかで　どの　赤ちゃんが　いちばん　すごいか　かく。　1じかん

・　ライオンと　しまうまの　赤ちゃんの　学しゅうを　生かす。

7　「しけん（かつようだい）」をする。　1じかん

・　ますいみつこさんの「カンガルー」と　先生の　チーターの文を　よむ。

8　たんげんぜんたいを　ふりかえる。　1じかん

（寺園麻衣／てらぞの・まい）

■実践　学びに向かう力、人間性（書くことの帯単元）我が国の言語文化を大切にして言語感覚を豊かにすること：中学校全学年

私は、私が中学時代に出会った俳句との感動を伝えたいと常に考えています。私が俳句授業の前におこなうアンケートで、多くの生徒たちは「かっこいい俳句を作りたい」「みんなが感動する俳句を作りたい」とこたえます。私は、自身の経験も踏まえ、その希望にこたえるように「毎月の１時間にたくさんのことを伝えよう」と、繰り返し「俳句指導」をおこなってきました。

生徒は１時間で板書したたくさんの事項をノートに取っていました。しかしノートでは見返すときに若干の不便さを感じている生徒が多いのも事実でした。そこで、効果的なワークシートを考えてみました。重要視したのは生徒の声も反映させたことです。ワークシートには「季語」「珍しい季語・絶滅しそうな季語」「作品控え（初作・推敲・完成作品）」「1席〜3席の俳句とそのよいところ」「俳句添削」を書き込めるようにしました。また、生徒や保護者にも毎月の俳句創作の意義（知識及び技能・思考力、判断力、表現力等・学びに向かう力）も説明しました。その意義を生徒たちが自覚し主体的な学びになるような下ごしらえをさらに充実させていきたいと考えています。

ただ、「生徒が主体的に学ぶワークシート」と並行して進めていかなければならないことは「ワークシートの活用の仕方の検討」です。特に「持続可能な活用にするにはどのような手立てが有効か」と、教師としての新しくも永遠の問いが生まれました。

「俳句指導」は教科書や参考書を眺めさせたり、教師の説明を聞かせたり、机上だけで考えさせたりしてできるものではなく、常に自然界の変化に目を向けさせ、日常を大切にし、まず教師自身が実作者になることです。その後に生徒にも創作させ、その活動を周期の差はあっても「継続させること」です。生徒自身がワークシートを効果的に活用し知識を力にしていくことも大切です。それを計画し、実行することこそが先人が築き上げ、守り続け伝えてきた美しい日本語やその響きを後世にも伝え続けていくことにつながると思います。またその一翼を担う教師であり生徒になってほしいです。それが教師の仕事の１つだと強く感じています。

①　育成を図る資質・能力と言語活動／題材「言葉と俳句」

本帯単元では、「我が国の言語文化を大切にして言語感覚を豊かにし、思いや考えを伝え合おうとする」ことを目標とし、中学校第２学年の「書くこと」の言語活動例「ウ　短歌や俳句、物語を創作するなど、感じたことや想像したことを書く活動。」を参考に、「毎月、俳句創作をする」言語活動を帯単元として設定します。具体的には、俳句創作の際に、限られた音数の中でどのように描写するのか、選んだ季語や言葉、言葉や語句の意味、表現技法の工夫や効果などを通して、自分の思いや考えが伝わる俳句を創作する」活

動、さらに「その俳句を自分の思いが伝わるように筆記具も工夫して書く」活動です。

「俳句創作」の学習過程は次の通りです。(1)前月末か当月初めにワークシート(○月の季語抜粋・作品控え)配布及び補足説明。(2)各自俳句創作(毎月5日以内)し俳句清書用紙にて提出。(3)教師による優秀句と添削句の選(1席～3席と添削句)。(4)句会(ペアやグループによる作品の交流とコメント記入)。(5)(3)について教師から説明及び補足。(6)次月の(1)を配布。

ここで注目すべきは(2)の「各自俳句創作」です。生徒たちは『歳時記』や各種辞書などを引き、自然界での気づきや自分の思い、日常などを自分なりに切り取ろうとし、筆記具にも工夫して清書用紙を提出します。

この(1)～(6)の学習の流れを繰り返し継続することによって、生徒たちは季語や表現技法を学ぶことは勿論のこと、「表現語彙」だけでなく、「理解語彙」「表現準備語彙」「推測可能語彙」に触れることができます。また、全作品は各教室後方に掲示され、各学級の優秀作品及び添削句は廊下(「麟子鳳雛」掲示板)に毎月掲示されます。各場所に掲示を継続することにより、言語環境の整備と生徒たちの意欲につながるよう取り組みました。

② 学習課題

230ページの言語活動の実際(1年生年間)を参照ください。

③ 《私の問い》を立てられるようにする教師の仕事

この帯単元では3年間を通じて、知識及び技能の「語彙、表現の技法、書写」と、書くことの「題材の設定、情報の収集、内容の検討、推敲、共有」にかかわった《私の問い》を立てることが必要です。

本学年の生徒は第1学年から《私の問い》を立てる学習を行っています。特に「俳句創作」に関しては、俳句そのものに関する問いや敢えて毎月同じ問いで挑む生徒、問いを微妙に変える生徒などバリエーションに富んでいます。大事なことは生徒1人1人が月毎の季語や言葉、感覚を自分の言葉で吟味することです。

—《私の問い》を立てることを導く教師の語りの例—

・1年生最初の俳句授業で「俳句って聞いたときにどんなことを考えたり

思ったりしますか？また、俳句へ質問はありませんか？」

・2年生最初の俳句授業で「去年1年間学んだことをいかして2年生最初の《私の問い》を立ててみましょう」

・3年生最初俳句授業で「義務教育最後の1年です。2年間学んだことを生かし、季語や傍題、表現の工夫などにも考慮した《私の問い》を立ててみましょう」。

④ 《私の問い》

はじめに立てた《私の問い》
生徒A　俳句の基本とは何か。
生徒B　季語に合った言葉選びはどうしたらよいか
更新した《私の問い》
生徒A　言葉をどう入れ替えると俳句らしくなるだろうか。
生徒B　名月と何を取り合わせたら情景が浮かぶだろうか。

⑤ 言語活動の実際（1年生年間）

生徒の言語活動例

□ 生徒作品
試合前　見上げれば鷲　雲はなし
月光で一本道のような海
時雨るや　矢上城に　日を残し
椋鳥の飛ぶ背に背負う　夕日色
校庭に　落ち葉一片　また一片
なぐさめの　優しさまるで時雨のよう
新米や　舌は幸せ　あたたまる
丁寧に　足のぬくもり　草履編む
木のベンチ　ふわりと座る　冬紅葉
自転車で　のぼる坂道　秋の風
赤蜻蛉　夕日に隠れた　かくれんぼ
足下を　新風と舞う　燕かな
あめんぼう　輪を作り出す　心字池
青と化す　君の瞳の中　天の川
香水の『プルースト効果』で　君想う
こんぺいとう　色とりどりの　天の川
本閉じて　目を閉じ想ふ　桜桃忌
空に向け　夕日と映える　曼殊沙華
部屋の中　ふわっと日溜まり　秋麗
崖の上　月の光と　鹿の影
□ 添削
（原句）　冬限定　幸せ届ける　時雨虹
（添削句）　時雨虹　幸せ届ける　十分間
（原句）　一番乗り　淡い煌めき　新走り
（添削句）　注がれて　淡い煌めき　新走り
□ 教師俳句
冬の月　揺るぎなき白　瞳の中に
つながりて　石蕗の色あり　祈る島
石蕗ひらく　共に歩むや　風の道
残る眼に　全てを映す　石蕗の花

俳句創作綴り

年	組	番	氏名

【学習課題】

この単元では、集めた材料を整理して伝えたいことを明確にする学習をします。
そのために、神無月の季語と直接は関係のない言葉の取り合わせで、
自分の言葉で自然を見つめた俳句を創作します。

◎神無月（十月）の季語抜粋　※詳細は歳時記を引こう※

○　植物

①　胡麻刈る　②　金木犀　③　銀木犀　④　柿　⑤　毬栗→栗

○　動物・昆虫

①　鹿　②　懸巣　③　啄木鳥　④　鵙（百舌）　⑤鶺鴒

○　自然など

①　神無月　②　神在月　③　夜長　④　名月　⑤　無月

○　珍しい季語（絶滅危惧季語）

生身魂（生御玉・生見玉・生き盆）
　健在な両親や年長と祝うこと。

今月の《私の問い》

※創ってみよう※

1　初　作

有季（ゆうき）→一句に季語が一つ入っているか。
定型（ていけい）→五音・七音・五音　にして書いてみよう。

喜界島道に干される胡麻を刈る	※生徒「季語の説明で先生から白胡麻の生産量日本一は喜界島だと聞いたので、喜界島という言葉を入れてみました。」

2　推　敲

※上五・下五を入れ替えてみよう。※説明になっていないか見直そう。
※格助詞「を・に・が・へ・や・の・と・から・で・より」（鬼が部屋の戸から出より）を変えてみよう。

（推敲1）胡麻を刈る道に干される喜界島 （推敲2）胡麻を刈る道へ干して日本一 （推敲3）胡麻を刈る青空の下喜界島	※生徒「上五・下五を入れ替えてみました」 ※生徒「初作や推敲①では、インパクトが弱いと思ったので、日本一という言葉を入れてみました。 ※生徒「日本一は、標語っぽくなったので、南国の青い空をイメージして入れてみました。

3　完成・解決

※「有季定型」を大原則にして、写真で切り取るように、自然を見つめて。

胡麻刈るや　空青くして　喜界島	※生徒「上五に切れ字（や）を使って句を引き締めることができました。また、推敲を重ねるうえで、（空青くして）が効果的に取り合わせられたと思います。

⑥ 学習計画（1年間の帯単元としての学習計画）

□ 【一年～三年】 帯単元 俳句を中心とした言語活動例の年間指導計画

学習課題

この帯単元では、俳句というものを知って表現する学習をします。
そのために、季節の題材を集め、感じたり想像したりしたことを、
① 今月の学習内容をつかって、
② これまでの学習をいかして、
② 自由に文学として楽しんで、
自分の思いや考えが伝わる俳句にします。

毎月の基本となる「主な学習活動」と「指導や支援・重点評価項目

□主な言語活動	◇指導や支援　☆重点評価項目
□《私の問い》 ※更新も含む □ワークシートを活用する ・季語などの確認 ・今月の俳句を創作する ・（初作→推敲→完成作品） ・清書用紙に書き提出する	◇今月の優秀句三句の紹介と講評 また、添削句一句の紹介 ☆《私の問い》を立てて見直したり解決したりしようとしているか ☆作品を提出できているか ☆ワークシートの活用ができているか

□右記以外の各月ごとの指導計画

月	□主な言語活動	◇指導や支援
4月	□俳句授業びらき ※ 用紙はA4縦置き半分が一人分	◇俳句創作の意義、一単位時間の学習の流れや年間学習計画の説明　《私の問い》を立ててみよう ☆作品を提出できる
5月	□「文字や筆記具の選択や調和」	◇「文字や筆記具の選択や調和」の紹介
6月	□『歳時記』を活用	※定期考査で俳句の授業で学習したことを出題 ◇『歳時記』　の紹介1
7月	□（書写）はがきを書く 暑中・残暑見舞いはがき制作	◇表現技法「体言止め・句切れ」の紹介
8月	□夏課題の韻文プリント作成 （詩・短歌・俳句） 9月に各種コンクールに応募する	
9月	□夏の韻文プリントを各種応募清書用紙へ転記	※定期考査で俳句の授業で学習したことを出題 ◇表現技法「比喩」（直喩・隠喩・擬人法）の紹介
10月		※定期考査で俳句の授業で学習したことを出題 ◇表現技法「反復法」の紹介
11月		※定期考査で俳句の授業で学習したことを出題 ◇表現技法「擬音・擬態・擬声」の紹介
12月	□（書写）書初め・年賀状を書く □冬課題の韻文プリント作成	◇表現技法「倒置法」の紹介
1月	□冬課題の韻文プリントを各種応募清書用紙へ転記	◇表現技法「字余り・字足らず」の紹介
2月	□一年間のまとめ（三年生）	※定期考査で俳句の授業で学習したことを出題 ◇表現技法「破調・自由律俳句」の紹介
3月	□一年間のまとめ（一・二年生）	◇『歳時記』の紹介

（藤岡浩／ふじおか・ひろし）

第15章 「グループ学習」を育てる

こんにちは。今日は、グループ学習について質問があります。

校内研究で「主体的・対話的で深い学び」となるように、授業の中でグループ学習を位置付けるように取り組んでいます。確かに、クラス全体での話し合いよりも、発言しやすい雰囲気になり、授業が活性化しているように見えます。子どもたちも、グループ学習は、嫌いではないようです。しかし、教師はすべてのグループの話し合いの内容を把握することはできません。グループ学習をしている時間に適切な指導ができていないように感じています。そして結局、力のある子どもの意見がそのままグループの意見になっているように思えて、グループ学習の効果があるように感じません。話し合っている途中に、話し合いがもとで小さないざこざが起こることもあります。

先日も、グループで「音読発表会に向けて行動や会話文から登場人物の気持ちを想像する」ために話し合いましたが、それぞれが意見を出しているだけで深まりを感じるものになっていませんでした。学習課題の解決には至っていないのに、「先生、もう話し合いは終わりました。何をしたらいいですか。」というグループも出てきました。それぐらいなら、私が子どもたちの意見をつないで、教えたいことをおさえたほうが、時間も短くて済むし、みんなに大事なことを伝えることもできるように感じています。

しかし、これからは他者と協働的に学ぶことが必要です。これまで教えてこなかったとすれば、今からでも創造的なグループ学習になるように、グループ学習のポイントを教えなければなりません。ただ、改めて考えてみると、グループ学習で話し合う内容はその時々で違うわけで、いったい何をどのように教えていいのか分かりません。教えていた気になっていただけで、「みんなが聞こえる声で話しましょう。」「友達の意見は最後まで聞きましょう。」「必ず自分の意見も伝えましょう。」「質問があったら聞いて確かめましょう。」など、あたりまえのことを再確認するだけの指導になってしまい、実際の話し合いに役に立っていたとは思えないのです。

創造的なグループ学習になるためには、何を教えればいいのでしょうか。話し合う内容に限定されない、どんな場面でも対応できるコミュニケーションの力とはどのようなものなのでしょうか。

佐賀県 佐賀市立思斉館小学校　西原 宏一

155. グループ学習での話し合いではどんなことが起こっているのですか

グループ学習での話し合いは、教師の期待している通りに進んでいるわけではありません。また、いつも同じように行われているわけでもありません。

ある中学校でのグループ学習における話し合いの調査からグループでの話し合いでは何が起こっているのか、次のようなことが明らかになりました。

- 同じ生徒でも参加するグループの話し合いの様相によっては発揮できる力が異なる。
- ある発話は、話し合いの参加者には聞こえているだろうが、話し合いの参加者が必ずしも聞き取っているわけではなく、共有されているとは考えられない発話も少なくない。
- 発話の連続がなくてもグループでの話し合いが成立することはある。
- 話し合いに参加していなくても話を聞いて取り入れている生徒はいる。
- グループでの話し合いでは発話が重なることが多い。
- いわゆる「話し合うこと」だけではなく創造的なグループ学習での話し合いは他の活動(線を引く、てびきを読む、メモをとる、文を書く)と併存しながら進められている。

当然のことばかりに感じますが、話し合いがうまく進まなくなってしまう原因は少なくなく、創造的な話し合いのためには、教師がグループでの話し合いについて計画的に指導すること以上に、生徒が話し合いと並行していろいろなことを調整していかなければならないことが分かります。

156. グループでの話し合いで教えることとはどんなことですか

創造的なグループ学習になるためには、まず、話し合うことの価値を実感すること、次に、話題に限定されずにはたらく話し合いの力をつけることです。

まず、話し合うことの価値を教えることです。話し合うことは、メンバー全員で新しいものや価値あるものを確かめたり創り出したりすることです。このことを、メンバー全員がいつも心に留めておかなければなりません。

次に、話題に限定されずにはたらく話し合いの力を教えることです。児童生徒がグループ学習で話し合う内容はその時々で違いますから、話題についての興味を追うだけではグループ学習の力を育てることにはなりません。また、話し合いの型を覚え込ませたり、音声的なトレーニングを繰り返したりしてもグループ学習の力を育てることにはなりません。

「話すこと・聞くこと・話し合うこと」の指導には、顕在的なものと潜在的なものとがあります。すぐに思いうかべるのは、話す速さや声の大きさ、聞く姿勢などの顕在的なことがらではないでしょうか。相手が聞き取りやすい速さや声の大きさで話すことは大事なことですが、それだけで話し合いが創造的なものになるわけではありません。小学校では、相手の目を見て話を聞くように指導します。それは心がけたいことですが、話を聞いているときにメモを取ろうとすれば、相手の目を見ることはできません。顕在的な力の指導は柔軟に考えることが必要です。

これまでの話し方や聞き方の指導が適切でなかったということではありませんが、話し手としてスピーチだけをする指導や聞くだけの指導と、常に話し手と聞き手が交替する談話への参加のしかたの指導とは同じではないことを再確認しましょう。私たち教師はそのことを混同してはいけません。

話し合うときの心がけや考え方の指導には、顕在的なことだけではなく、潜在的なこともあります。本書では、グループ学習における話し合いに必要な潜在的な力をグループコミュニケーション力とします。創造的なグループ学習を実現するためのグループコミュニケーション力には、次のような力があります。

・自他の尊重と価値理解にかかわる力
・談話運営にかかわる力
・思考操作にかかわる力
・言語操作にかかわる力
・語彙にかかわる力

157. 自他の尊重と価値理解にかかわる力とはどのような力ですか

自他の尊重と価値理解にかかわる力とは、コミュニケーションの相手のことを大事に思い、その相手とコミュニケーションすることで新たな価値を創造できることを理解する力のことです。

自他の尊重と価値理解にかかわる力には、「メンバーも自分も大切な存在だと認め合う力」と「話し合うことは創り出すことだと実感する力」があります。

①メンバーも自分も大切な存在だと認め合う力

人はだれでも、はじめから自分の話を聞こうとしない相手と話す気にはならないでしょう。コミュニケーションは相手を尊重することからはじまります。小学校や中学校のグループ学習は、互いに相手を尊重することからはじめることが必要です。

グループ学習を進めていくと、グループのメンバーのよさがしみじみとわかるようになります。このメンバーだからこの学習を深めることができたと実感します。そのとき、児童生徒は、目の前の相手が自分にとってかけがえのない価値ある存在であることに気づきます。そして、自分もまた相手にとって役立つ存在なのだと思うようになります。

人間関係を作ってからグループ学習するのではなく、グループコミュニケーションを図ることで人間関係を築くのです。安定した学級づくりができてから国語の授業を充実させるのではなく、国語の授業を通して学級をつくっていくのです。

「メンバーも自分も大切な存在だと認め合う力」とは、話し合いの参加者が互いに尊重し合う力のことです。

②話し合うことは創り出すことだと実感する力

話し合ってよかったと思えるから、話し合うことが楽しくなるのです。もっとグループコミュニケーションの力を高めたいと思うのです。話し合うことは新しいものを創り出すこと、仮に、創り出すところまでたどり着かなくても、話し合ってよかったと実感できるようにしたいものです。

「話し合うことは創り出すことだと実感する力」とは、話し合うことの価値を談話の参加者間で共有する力のことです。

158. 談話運営にかかわる力とはどのような力ですか

談話運営にかかわる力とは、目的にたどり着くために見通しをもつことや、話し合いを連続させるために話すタイミングを調整する力のことです。

談話運営にかかわる力には「メンバーが同じように見通しをもつ力」と「話す機会をゆずったり話を切り出したりする力」があります。

③メンバーが同じように見通しをもつ力

グループ学習での話し合いは、司会を立てた討議や協議のように形式張ったものではありませんが、たんなるおしゃべりでもありません。まず、グループの全員が話し合いの目的を理解することです。そして、目的を達成させるためにどんな内容を話し合うのか、どれくらい深く話し合いたいか、どのような流れで話し合いを進めていくか、時間の運び方をどうするか、など話し合いを成立させるための見通しをもつことが必要です。

「メンバーが同じように見通しをもつ力」とは、話し合いの参加者間で見通しを共有する力のことです。

④話す機会をゆずったり話を切り出したりする力

司会者がいない話し合いは、複数の児童生徒が同時に話し出したり、だれも話さなくて沈黙が続いたりすることがあります。発話が重なったときにはゆずることが必要です。ただし、両方がゆずり合っては話が進みません。その時の文脈に応じて、先に話すように発話をうながすことが大事です。今、話すべきだと感じるなら、「言いたいことがあるんだけど」と切り出すことも大事です。

また、まだ話すことが決まらずに誰も話し出さないときは、「じゃあ、まだまとまっていないけれど」というような言葉を添えてでも、誰かが切り出すことも必要です。強く発話を求めすぎることも控えたいものです。誰にもタイミングがあります。休んだり休ませてあげたりすることも大事なことです。そうすることで、話し合いができていくのです。

「話す機会をゆずったり話を切り出したりする力」とは、話し合いの参加者間で発話の機会を提供し合う力のことです。

159. 思考操作にかかわる力とはどのような力ですか

思考操作にかかわる力とは、話し合いながらそれぞれが話している内容を比べたり結び付けたりして考える力のことです。

思考操作にかかわる力には「意見を比べたり結び付けたりする力」と「根拠を確かめる力」「問いを立てる力」「自分の考えが変わってきていないか見直す力」などがあります。

⑤意見を比べたり結び付けたりする力

グループで話し合っていると同じような内容が繰り返されたり、断片的な話題が出されるだけになったりすることがあります。それぞれの内容は値打ちのあることでも、それらは整理されない限りまとまった話し合いの成果にはなりません。

そのようなとき「比較すること」や「結び付けること」など、思考操作することで、それぞれの言っている内容の位置づけが明確になります。同じような考えを発見したり、よさを結び付けて調えたりすることで、話し合いを創造的なものにすることができます。教師が比べさせたり結び付けさせたりするだけではなく、メンバーで思考操作できるようにすることが必要です。

「意見を比べたり結び付けたりする力」とは、話し合いの中で情報を思考操作する力のことです。

⑥根拠を確かめる力

グループ学習で話し合いを進めていると、憶測や独断による発話が見られることがあります。1つの憶測がさらなる憶測をよび、到着点の見えない話し合いになることがあります。自分の考えがまとまりつつあるのに、それが独断のように聞こえ、仲間の理解を得られないこともあります。話し合いを創造的なものにするために根拠を示すことは重要なことなのです。

ただ、1人では自分の考えとそれを支える根拠をひとまとまりのものとして話せないこともあります。そのようなときはグループの仲間で根拠を出し合って、みんなでまとめることも協働的な学びとして素晴らしいことです。もちろん、教師がかかわって根拠について教えることも必要です。

「根拠を確かめる力」とは、話し合いの中で、1人またはグループで考えの根拠を集め、その根拠がしっかりした根拠であるかどうかを点検する力のことです。

⑦問いを立てる力

グループ学習での話し合いでは、1人1人の思考のスピードが異なるため、話し合いの深まりがまちまちになることがあります。また話題によって解決のプロセスは同じではありません。正解を見つけるような問いは、すぐに解決できるでしょう。一方、学習課題に迫る問いであれば、時間をかけ、問いが更新されることもあります。どんな問いについて話し合っているのかが分からなくなることもあります。グループでの話し合いのスピードと個人の思考のスピードは違います。

複数のメンバーで話し合っているからこそ、それぞれが何を問いにして話し合いに参加しているかを確かめることが必要です。

「問いを立てる力」とは、話し合いの途中で問いを確かめたり、新しく問いを立てたり、問いを更新したりする力のことです。

⑧自分の考えが変わってきていないか見直す力

自分の考えに固執しすぎ、グループで話し合っている文脈から外れてしまっている児童生徒がいることがあります。また、自分の考えが変わってきているにもかかわらず、話している内容を変えようとしない児童生徒がいることもあります。聞いている側はそのずれに気づきやすいのですが、本人は気づきにくいのです。そんなとき、聞き手であるグループの他のメンバーがそのことを指摘し、本人もその指摘を受け入れられるようになることが必要です。グループのメンバーの意見や指摘を柔軟に受け入れることで、自分の考えを修正できるのです。

「自分の考えが変わってきていないか見直す力」とは、話し合いの途中で自分の考えを点検したり修正したりする力のことです。

160. 言語操作にかかわる力とはどのような力ですか

言語操作にかかわる「他の説明の仕方を使う力」とは、聞き手に伝わるように説明のしかたを変えたり、他の方法を併用して話したりする力のことです。

⑨他の説明の仕方を使う力

うまく伝わらないのは、聞き手の問題であると決めつけるのではなく、話し手は他の方法を使って話してみることが必要です。具体例を用いて説明をすることや、同じ内容を他の説明のしかたで話すこと、図示して説明することなど、説明のしかたを工夫することです。グループの全員に伝わることが必要ですから、複数の説明のしかたを試しながら話すことも有効です。

「他の説明の仕方を使う力」とは、複数の方法で説明する力のことです。

161. 語彙にかかわる力とはどのような力ですか

語彙にかかわる「相手に分かることばに置き換える力」とは、聞き手が理解できると予想できる言葉に置き換えて話をする力のことです。

⑩相手に分かることばに置き換える力

自分の考えを適切に表現するためには、談話の参加者間で「共通する語彙を使う力」ことが必要です。相手がわかる言葉を使って話すことは大事なことです。

「相手に分かることばに置き換える力」とは、語彙にかかわる力のことです。

このように、グループコミュニケーション力には10の力があります。「みんなが聞こえる声で話しましょう。」「友達の意見は最後まで聞きましょう。」「必ず自分の意見も伝えましょう。」「質問があったら聞いて確かめましょう。」のような顕在的な内容の指導だけではなく、10の潜在的なことがらについても教えていくことが必要です。

これらの力は個別に練習するというよりは、実際のグループ学習の中で話し合いを行いながら習熟していくようにするのがいいでしょう。

162. 話し合いには司会が必要ですか

あらたまった討議や協議は司会を立てるほうが目的にかなうものになります。

司会がいることが有効であるのは当然ですが、グループ学習での話し合いのたびに司会を決めることは現実的ではありません。誰もが常に話し手であり聞き手です。話し手と聞き手が交替しながら進んでいくのがグループでの話し合いです。司会によって進行される討議や協議とは異なります。

2人の対話はキャッチボールにたとえられることがあります。たずねたら相手がこたえ、そのこたえに対してまた考えを返すというように往復するわけですからキャッチボールに似ています。しかし、グループ学習での話し合いは、あまり上手でない者がする勝ち負けや回数制限のないバレーボールに近いかもしれません。話しかける相手が定まっていないことが多く、また、誰かが拾ってくれるだろうという気持ちで話し出すことも多いからです。聞き手も、必ず自分がこたえなければならないというより、誰かが反応し、自分も反応できれば反応し、それをきっかけにみんなで作り上げようとすることが多いからです。

ただし、話したいときだけ話せばいいとか、聞くことに集中しなくてもいいということではありません。誰かの進行に任せるのではなく、話す機会をゆずったり話を切り出したりしながら、常に1人1人がメンバーと学ぶことを楽しみ、全員でグループでのコミュニケーションを作り上げようとすることが大切なのです。

163. すべてのグループの様子を把握するためにはどうすればいいですか

教師は計画を立ててグループにかかわることが必要です。その心づもりを児童生徒に知らせておくことが効果的です。

グループの数が多くなればそれぞれのグループでの話し合いにかかわることが難しくなるのは当然です。グループによって話し合う内容はまちまちですし、話し合いの進み方も異なります。すべてをリアルタイムに把握することは不可能です。だからといって放っておくわけではありません。

例えば、グループ学習の時間を20分間に設定したとします。そのとき、それぞれのグループのところに行く時刻をあらかじめ知らせておくのです。Aグループはこのあとすぐに行きます、Eグループは15分後に行きます、というように黒板に書いておくのです。児童生徒ももっと早く来てほしいという希望や、こんなことを教えてほしいという願いを黒板に書くようにします。これだけでも、グループを訪ねる計画とかかわるときの心がまえができます。

児童生徒がかかわってほしいと感じているときに指導に行くように心がけることです。これが「学びどき」です。そのようなかかわりをしていく中で、今こそかかわらなければならないという瞬間を見つけることができます。これが「教えどき」です。

164. グループ学習をしている間はどのような指導をすればいいですか

基本的には、グループにかかわろうとするとき、すぐに話しかけるのではなく、グループ学習の文脈を観察したり確認したりすることです。

それぞれのグループ学習がはじまってからの教師のかかわりは慎重に行うことがいいでしょう。全体指導で言い忘れたことや補足などは、全体に対して声をかけるべきですが、基本的にはグループ学習がはじまってからの追加説明はひかえるべきです。また、グループが必要としていないことを一方的に伝えることも学習の流れを止めてしまうことになります。課題とは関係のない指摘や態度面の注意などが必要なときもあるでしょうが、タイミングを見ることが大事です。児童生徒が「先生が来てかかわってくださったから学習が進んだ、深まった、やり方に自信をもつことができた」と感じるようなかかわりをしたいものです。

そのためにも、各グループに着いたときは、いきなり話し出すのではなく、まずそのグループの学習のそれまでの文脈を観察し、確認することです。教師は、そのグループで何が行われていたのかを知らないので、正しい情報を得ることが必要です。グループの話し合いの文脈を知った上で、今、必要なことを指導するのです。

また、あるグループの指導をしているときや、グループ間を移動しているときに、他のグループの様子を見ることを心がけましょう。指導中の体の向きを教室の中央に向けることや教室の中を移動するコースを工夫することで、グループの学習の様子を肌で感じることができます。グループ学習中は、個々に話しかけられない分、教師には感じ取って観察する力が必要なのです。そのためにもグループ学習がはじまる前の指示や指導の計画が重要です。

165. グループの話し合いの終わりはどのように決めるといいですか

話し合いの終わりは話し合いの目的が達成されたときです。

話し合いを始めるときに、この話し合いではどのようなことを明らかにすればいいかをグループのメンバーで共有し、それに向けて話し合いを進めることが大事です。そして、それを解決することができ、メンバーで確認したときが話し合いの終わりであることも教えることが必要です。

児童生徒は話し合いを終えるタイミングについて気にとめていません。教師が設定した話し合い終了の時間まで話し合いを続けようとして、余計なところまで話し込んでしまうことがあります。グループ学習が終わったあと、話し合いの成果を学級全体の場で共有させようと、あるグループを指名すると、教師がそのグループにかかわったときに話し合っていた内容と違うことを発表することがあります。グループ学習を終えるタイミングが分からないため、話し合いを続けて横道にそれてしまった結果です。グループのメンバーで話し合いの目的を互いに確認し、話し合いの終わりを決定することが大事です。

一方で、まだ解決に至っていないのにグループ学習を終えようとするグループに対する指導も必要です。常に話し合いの目的と話し合いの経過を比べて、話し合いの終わりを確かめることです。グループのメンバー全員が1

回ずつ発話したから話し合いを終えるというのでは、話し合うことに無自覚すぎます。

166. グループ学習の成果を感じさせるにはどうすればいいですか

グループ学習の成果は「話し合ったからこそ解決できた」ことを共有することと、「話し合うことができるようになった」と自覚することがあります。

話し合ったからこそ解決できたという成果は、その場で実感することができます。また、成果を共有することで次のグループ学習へとつながります。

一方、話し合うことができるようになったかどうかは、なかなか自覚できるものではありません。とりわけ、問いを解決できなかったときは話し合ったことが徒労であったように感じてしまいます。しかし、問いを解決できなくても、話し合うことができるようになっていることがあります。問いが難しくて解決できないこともあるでしょうし、時間が足りずに解決できないこともあるでしょう。ただ、問いの解決に関係なく話し合う力が成長していることは少なくありません。そのようなときは、教師がそのことを適切に言葉にして評価する必要があります。児童生徒が気づかない児童生徒の育ちを言語化するのは教師の仕事です。

教師からの評価以外に、グループ学習において、児童生徒が自分たちの話し合う力の伸びを自覚するには、話し合いの様子を動画で見て確かめることがもっとも効果的です。話し合いの途中に評価することは話し合いを止めてしまうことになるため現実的ではありませんが、話し合いの直後に、自分たちの話し合いの動画を見ることで客観的に自他のかかわりや能力を自覚することができます。教師はここでも、的確な場面で動画を止め、話し合っている事実のよさやこれからの課題を言語化して説明するのです。

167. 教室での創造的なコミュニケーションには教師のどんな力が必要ですか

教室でのコミュニケーションを創造的なものにするには、教師の話す力と聞く力を高めることが必要です。とりわけ教室の声を聞く力が基盤となります。

普段から教師は、教室の中の複数の声の差異(ずれ)を聞き分けて、児童生徒にかかわろうとしています。学習目標を達成させるために個々の発話やグループの談話に存在する差異を聞くことで、思考を深め、その後の談話を連続させようとしているのです。教師の聞く力は６つに整理することができます。

①教師の期待との差異を聞く力(期待差異)

この力は、児童生徒の発話内容と教師の期待する内容との差異を聞き分ける力です。

児童生徒に教えようとするとき、教師は、このように反応してほしいという期待をもつことがあります。そのようなときは、実際に児童生徒が発話した内容と教師の期待とに差異があるかどうかを聞き分けることが必要です。両者に差異がない場合、その時点で満足できる内容が発話されたわけです。

一問一答のように、即答を期待する場合であれば、児童生徒の声を聞いた直後に教師が問い返すことは「間違っている」や「もっと聞かせてほしい」というメッセージになることがあります。一方、児童生徒が十分に思考できていないときの問い返しは、補助発問として再考させる機会になります。

②複数の児童生徒の間にある差異を聞く力(個体間差異)

この力は、１人１人の児童生徒の発話内容の差異を聞き分ける力です。

教師は、複数の児童生徒の発話内容に差異が存在するかどうかを聞き分けることが必要です。複数の児童生徒の発話内容の差異を全体で共有することで、学習活動を深めたり広げたりすることができます。

③１人の児童生徒の中にある差異を聞く力(個体内差異)

この力は、ある児童生徒の複数回の発話の差異を聞き分ける力です。

教師は、児童生徒の複数回にわたる発話の内容に差異があるかどうかを聞き分けることが必要です。この差異は、思考の変容や学習の成果であると考えられるため、教師は、この差異を聞くことで評価やその後の指導を行うことができます。

④児童生徒が考えていることと話していることの差異を聞く力(表現差異)

この力は、児童生徒が表現しようとする内容と現実に表現できている(聞こえている)内容との差異を聞き分ける力です。

教師は、発話している児童生徒の考えている内容(聞き手に伝えたいと思っている内容)と話している内容(聞き手に聞こえている内容)に差異が存在するかどうかを聞き分けることが必要です。発話しようとしている考えは推理するしかありません。日頃の観察等から差異の存在を判断することが必要です。差異が存在する場合は、発話の冒頭を示すことや表現に適した語彙を示すこと、改めて発話機会を与えることなどの指導が考えられます。

⑤求めている内容と児童生徒が理解していることの差異を聞く力(理解差異)

この力は、教師の発話した内容とそれを聞いた児童生徒が理解していると考えられる内容との差異を聞き分ける力です。

児童生徒は、話題について正確に理解できていないにもかかわらず発話してしまうことがあります。教師は、児童生徒の発話内容から、ここに差異が存在するかどうかを聞き分けることが必要です。教師の言葉が、教室内の共通の言葉として共有されていなければ、それ以後の談話の深まりは期待できません。学習用語の共有化も重要ですが、それ以前に教師の話す力が十分でない場合、この差異は常に教室内に存在することになります。教師は、授業コミュニケーション力としてのすべての児童生徒に伝わる話す力の習得と習熟を図らなければなりません。

⑥進行している談話の文脈と新規の発話の内容の差異を聞く力(文脈差異)

この力は、ある児童生徒が新たに発話した内容とそれまでの文脈との差異を聞き分ける力です。

教師は、児童生徒の新規の発話とそれまでの教室談話の文脈に差異が存在するかどうかを聞き分けることが必要です。学習目標を達成させるためには、児童生徒の発話やそれらがつくる文脈に教師が関与することが必要な場合もあります。文脈の異なる発話は周囲を混乱させることがあるからです。

■実践　読むこと（ウ）目的を意識して、中心となる語や文を見付けて要約すること。：小学校第４学年

初任者の頃から、まずは個人の学びで自分の考えをもち、グループでの学びの中で、考えの相違に気付き、最後の全体解決で教師が求める答えに行きつくことが授業の基本だと信じていました。だからこそ、グループ学習においては、子どもの声を聞くことなしに、形式化した対話や過度な盛り上がりばかりを求めてしまっていました。

これでは、グループ学習が、まるで教師から与えられた台本を児童が読み合う場のようになっており、半ば強制的に仕組まれ、やらされているような対話の場の中で、児童の目がくすんでいっていることに気が付きました。そこで、今では、グループ学習を通して、児童に、協働して創り上げることの価値を十分に理解し、実際に協働して物事を創造していく資質・能力を育みたいと考え、どのような対話がふさわしいのか立ち止まる場を与えたり、グループ学習が効果的に働いているのかを適宜、評価したりしながら10のグループコミュニケーション力の習得を繰り返してグループ学習を進めています。

ただ、このようにグループ学習の在り方を突き詰めていくと、「単元の学習を効果的に進めるためのグルーピングにはどのようなものがあるか」「対話の質を向上させるための教師の仕事は何か」「他のグループの対話をどのように共有すればいいのか」「対話することの価値を感じ取らせるためにできることは何か」など、教師としての問いが次々と生まれました。

児童が自他の尊重と価値理解を十分に自覚し、談話運営も気を配り、思考操作と言語操作の工夫に目を輝かせ、語彙を選びながら身を乗り出して学び浸るような、グループ学習を調えることは、教師の使命であると考えています。

①　育成を図る資質・能力と言語活動／学習材「くらしの中の和と洋」東京書籍

この単元では、「中心となる語や文を見付けて要約する。」ことを目標とし、「決められた文量に学習材をリライトする」言語活動を設定します。具体的には、「くらしの中の和と洋」を読み、中心となる語や文を見付けて要約することができるようになるために、これまで学習してきた、段落相互の関係に着目しながら、決められた分量（400字程度・200字程度・50字程度）に学習材をリライトする言語活動です。

児童にとって、要約を中心とした言語活動に取り組むのは初めての経験であったので、単元びらきでは、これまでに学習した説明文の学習材を活用しながら、複数の要約モデルを作成し、筆者が最も伝えたいことを損なわずに短くまとめられているのかグループで検討する時間を取りました。学習材と

モデルを照らし合わせながら、どの段落を中心にリライトが行われているのかを確認し、要約の仕方について理解を進める姿がありました。中には、「筆者が最も伝えたいことを探しました。」と「くらしの中の和と洋」を休み時間に読み、要約を始めようとしているグループもありました。

② 学習課題

248 ページの学習計画に記載した学習課題を参照してください。

③ 《私の問い》を立てられるようにする教師の仕事

この学習では「要約すること」にかかわった《私の問い》を立てることが必要です。

この学級の児童は《私の問い》を立てる学習経験を 5 ヶ月ほど積んでいます。最初は、問いのサンプルを提示し、学習課題との整合性があるか、解決することができるかなどいくつかの視点から分類・整理をしながら、この単元にふさわしい問いを選択させていました。この単元では、教師の言語活動モデルを追体験したことを踏まえこの単元のキーワードを挙げながら、リライトするために自分自身が考えなくてはならないことややり遂げなければならないことについて問いを調える姿がありました。

問いを解決する場面では、同じような問いを立てたもの同士で問いを解決したり、友達の問いについてグループで協働して解決したりする姿がありました。解決に困ったものについては、「ちょっといいですか。」と、全体に投げかけて解決を図る姿もあり、次の問いの更新につながっていました。

―《私の問い》を立てることを導く教師の語りの例―

・この単元では、どんな言葉がキーワードになりそうですか。
・この単元で、考えなくてはならないことややり遂げなければならいことは何ですか。
・友達の発表を聞いて、いいなと思った問いがあれば、自分の言葉で書き直しましょう。

④ 《私の問い》

はじめに立てた《私の問い》
児童A 「くらしの中の和と洋」で落としてはいけない段落は何段落か。
児童B 「くらしの中の和と洋」の中心となる語や文は、どの段落に書かれているか。
児童C 「くらしの中の和と洋」で筆者が最も伝えたいことは何段落に書かれているか。
更新した《私の問い》
児童A 筆者が伝えたいのは、14段落と15段落のどちらか。
児童B 中心となる語や文をつないで、リライトするにはどうすればいいか。
児童C 15段落が本当に終わりの文なのか。

⑤ 言語活動の実際

児童Aと児童Cは同じグループ。児童Bは、その他のグループに属していました。児童Aと児童Cは、要約をするために、筆者が最も伝えたいことが何段落に書かれているのか検討を始めていました。一方、児童Bも同じような問いを立てていましたが、同じグループにいた児童がリライトに関わる問いを立てていたので、児童Aと児童Cと共に問いの解決を始めました。

3人は、学習材を読み進め、2つの段落に絞って話し合いを進め、児童Aと児童Cは、問いを更新していきました。児童Aと児童Cは、15段落だと確信がもてずに考え込んでいる様子がありましたが、児童Bは、14段落が筆者の最も伝えたいことだと自信をもっている様子でした。そこで、3人は、グループ学習での対話の内容を様々なグループに広げていき、このグループの問いを教室全体で解決することにつながっていきました。

児童の言語活動例

衣食住の住の和と洋について説明します。「和」は、伝統的な日本の文化のもので、「洋」は、欧米の文化から取り入れたものです。

初めてたずねた家でも、それが洋室であれば、何に使う部屋かということはだいたい見当がつきます。それは、そこに置いてある家具で分かるからです。例えば、食事をする、ねるといった目的に合わせて、テーブルやいす、ベッドなどが置かれます。

これに対して、和室は、一つの部屋をいろいろな目的に使うことができます。例えば、家にお客さんがやってきて、食事をし、とまっていくことを考えてみましょう。洋室しかないとすると、少なくとも食事をする部屋、とまってもらう部屋が必要です。でも、和室が一部屋あれば、ざたくに料理をならべて食事をし、かたづけて、ふとんをしけます。

このように見ると、和室と洋室には、それぞれの良さがあるのがわかります。私たちは、両方のよさを取り入れてくらしています。

四百字　児童作品

日本では、「衣食住」のどれにも「和」と「洋」が入り交じっています。

和室と洋室の最も大きなちがいは、ゆかの仕上げ方とそこに置かれる家具だといってよいでしょう。和室は、一つの部屋をいろいろな目的で使うことができるという良さがあります。和室と洋室には、それぞれの良さがあることが分かります。

わたしたちは、その両方の良さを取り入れてくらしているのです。ここでは、日本の「住」について取り上げましたが、「衣」や「食」についても、くらしの中で、「和」と「洋」それぞれの良さがどのように生かされているのか、考えることができるでしょう。

二百字　児童作品

⑥　学習計画

リライト～君たちはどこまでまとめられるか～

【学習課題】

この単元では、「中心となる語や文を見つけて要約する」ことができるようになる学習をします。課題は、「くらしの中の和と洋」で筆者が伝えたいことや説明の仕方に目を付け、中心となる語や文を組み合わせたり、つなぎ言葉を付け足したりして、いくつかの文量にリライトすることです。

【知る】全体と中心の関係について分かるようになる。

【学習計画】　6時間くらい

0　【ふり返り】　今までの学びをつなげる　形式段落、段落の関係、筆者の主張　1時間

1　【見通し】　これから付ける、国語の力は、どんな力か。　要約

❶学習課題を覚える。　『どんな力を付けるか。』『課題は何か。』

❷先生のモデルを見て、この単元の課題を知る。

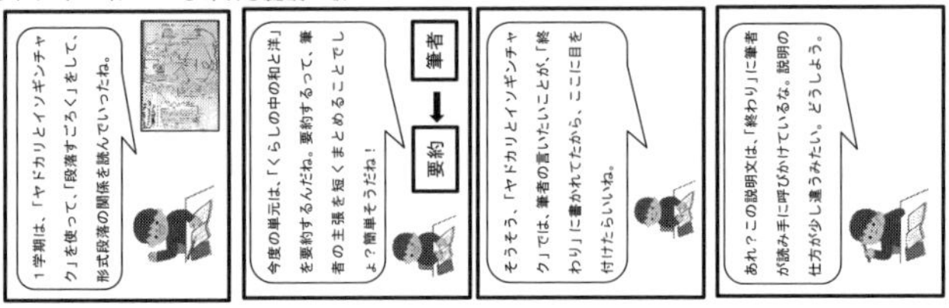
1学期は、「ヤドカリとイソギンチャク」を使って、「段落すごろく」をして、形式段落の関係を読んでいったね。
今度の単元は、「くらしの中の和と洋」を要約するんだね。要約するって、筆者の主張を短くまとめることでしょ？簡単そうだね！
筆者
要約
そうそう、「ヤドカリとイソギンチャク」では、筆者の言いたいことが、「終わり」に書かれてたから、ここに目を付けたらいいね。
あれ？この説明文は、「終わり」に筆者が読み手に呼びかけているな。説明の仕方が少し違うみたい。どうしよう。

2　【分せき→問いを立てる】　どんなことを考えるといいか。　1時間

❶先生のモデルを分せきする。

❷学習課題を達成するための、《私の問い》を立てる。

最初に、かい決したい《私の問い》

❸単元の『はじめのふり返り』を書く。　付けたい力のこと・考えたい《私の問い》のこと

3　【問いのかい決】決まった文量に要約するには、どうしたらいいか。　3時間

❶「くらしの中の和と洋」で筆者が伝えたいことと説明の仕方をたしかめる。

❷必要な語や文を選んだり、結び付けたりして要約してみる。

❸要約するのに目を付けた語や文について、ラインを引いたり、形式段落を集めたりして印を付ける。

❹おたがいの要約文を読んで、「学びの交流会」をする。→手直しをする。

4　【まとめと活用題】どんな力が付いたか。　1時間

❶先生から

❷単元の『終わりのふり返り』を書く。

❸この単元で学習した、漢字や言葉について、プリントを解きながら、ふり返る。

❹いつものテストと国語の力を試す問題に取り組む。

（髙木公裕／たかき・こうゆう）

第16章 「発問」を見直す

こんにちは。「発問」についておたずねしたいことがあり、手紙を書きました。

これまでの実践において、こちらがしっかりと子どもたちに考えさせたいと思っている箇所について、発問を準備してきました。

「○○○という登場人物の言動から、どのような気持ちが読み取れますか。」「○○○と筆者は結論を述べていますが、どこを根拠にそのように述べていますか。」といった具合です。おそらく、多くの教室でこのような発問が出されていると思います。学習材を読解するために必要な発問だと思ってやっていますが、いつも困っていることがあります。

物語文において、心情の読み取りなどをすると、発問に対する生徒の答えが広がりすぎて、収拾がつかないことがあります。例えば、「少年の日の思い出」の最後の1文において、「なぜ『僕』は自分の蝶を粉々に押しつぶしてしまったのだろう」という発問を生徒に投げかけると、生徒の答えは「自分に対する罰」「自分は蝶を持っていてはいけない」「エーミールに馬鹿にされたことに腹を立てたから」というような答えが出てきます。

あれもこれも、「良い」というようにはならないように努めてはいますが、研究授業で他教科の先生からは「国語科の授業では、答えはなんでもありなのですか。」とたずねられることもあります。

説明文では、発問に対する答えが画一的で、まるで一問一答のやりとりをしているようで、これまた深まりを感じません。

補助発問や、問い返しなども、しっかりと学んでいかなければならないと考えていますが、難しいです。ベテランの先生方の経験や、学習材に関する知識(引き出し)によるところが大きいと思っています。しかし、それって結局はすべて指導者の掌の中を子どもたちが動いているだけで、子どもの学びの可能性の限界を定めているようにも感じます。

「教師の発問」→「生徒の答え」→「教師の評価」という授業パターンだけで、本当に子どもに付けさせたい力がついているのか、悩んでいます。

あれもこれもと思いつくままに悩みを書きましたが、今後どのように発問を準備していけばよいか教えてください。

熊本県 天草市立牛深東中学校　赤城 孝幸

168. 言語活動を通した学習ではこれまでのように発問はしないのですか

「言語活動を通した学習」と「発問を中心とした学習」が全く異なる指導方法(学習スタイル)と考えるのは適切ではありません。どちらの学習であっても、子どもは学び、教師は教えることが必要です。教えるためには、教師が問うこと(発問すること)は有効です。発問することがなくなることはないでしょう。

学習指導要領が改訂されても、発問することが教師の重要な仕事の1つであることは変わりません。しかし、何のために何を問うのかについては、現在の国語科の目標に照らして再確認する必要があります。現在の国語科の目標は、小学校も中学校も「言葉による見方・考え方を働かせ、言語活動を通して、国語で正確に理解し適切に表現する資質・能力を次のとおり育成することを目指す。」と示され、それに続いて、3つの資質・能力があげられています。

これからの時代は、児童生徒が自ら問いを立てて解決していくことが大切です。教師が発問として問題を児童生徒に与えるだけでなく、児童生徒自身が課題を見つけられるようにしなければならないのです。これまで、私たちの発問は、教材への依存が高く、「正解を見つけさせるための発問」に偏りがちでした。今からは「児童生徒が課題を見つけることができるような発問」「問いを立てる発問」「自ら学びをデザインしていこうとする発問」が求められます。教師が発問することは変わりませんが、何のために問うのか、何をどのように問うのかについては改善していかなければなりません。

169. 発問にはどのような機能と留意点がありますか

授業実践者であり研究者の青木幹勇は、1964年に自身の授業における発問および発問することを分析し、発問の機能と発問技術のポイントを次のようにまとめています(青木 1964)。

・発問の機能

①子どもの実態を知ろうとする発問

②子どもの理解をすすめ、確かにさせるための発問

③子どもに思考を促し、その思考を導いていく追求的な発問

④子どもの意見や感想をまとめさせようとする発問

⑤学習の意欲を高め学習の雰囲気を整えるための発問

・発問技術のポイント

①発問は指導のねらいと直結していなければならない
②発問の趣旨は子どもによく理解されなければならない
③発問は必ず応答を予想して出さなければならない
④発問は応答の相手を予想して出さなければならない
⑤発問にはタイミングがある
⑥発問は新鮮でありたい
⑦発問は応答の処理によって生かされる
⑧発問に頼りすぎないこと
⑨発問権を子どもに分譲しよう
⑩発問は学級の学習態勢の上に生きる

指導技術のポイントの④を除き、これらは「正解を見つけさせるための発問」に限ったことではなく、「児童生徒が課題を見つけることができるような発問」「問いを立てる発問」「自ら学びをデザインしていこうとする発問」にも有効な指摘です。また、「児童生徒が課題を見つけること」や「問いを立てること」と同じ趣旨と考えられる発問技術の⑨「発問権を子どもに分譲しよう」について、青木は、次のように詳細に述べています。

> 従来発問は、ほとんど教師の専有でした。わたしはここ数年来、子どもたちにも対教師、対学級への発問(質問、提案、意見、感想)する指導をしてきました。それは、つねに子ども自身が、教材なり、生活事実なりに対して、自主的に、積極的にはたらきかけるような指導によって育ってくるのです。いいかえると子どもたちに、問題をもたせ、その解決への意欲を強化させることです。子どもが発問をすることができだすと、発問に新しい世界が開けてきます。(『教育研究』第19巻第11号、昭和39年11月)

この青木の考えは、現在の教育観につながっています。児童生徒に「問題をもたせ、その解決への意欲を強化させる」ことこそが課題解決型の学習です。そして、「子どもが発問をすることができだすと、発問に新しい世界が開けて」くることは深い学びの実現そのものです。

このように考えると、私たち教師には、児童生徒が問いを立てられるようになる発問研究が必要であることが分かります。

170. 物語文の発問に対する答えが広がりすぎるのはなぜですか

物語文を読むことの発問に限らず、教師の意図に反して児童生徒の答えが広がりすぎる原因としては、何について考えるのかが明確でないことや、発問が主体的関与にかかわる内容であることが考えられます。

森山(2010)は、国語の力を、基盤的言語力、文脈的言語力、主体的関与の3つに分け、次のように説明しています。

まず、文字、語彙、文法、音声など、言葉を扱うのに必要な基本的な力を「基盤的言語力」とし、基本的にこの段階での学習には「正しい」「間違い」があるとしています。

次に、重要なこととして、広い意味での場への位置づけ、すなわち、文脈(＝文章としての流れ)に応じての、文章(＝文のまとまり)全体への応用を指摘しています。「文章」としての的確な理解をするためには、前後関係を含め、複数の文の情報を構成していく必要があり、この段階での理解を「文脈的言語力」と呼んでいます。読むことの場合、一般的な解釈や推理、そして、表現での合理性ということが成り立つため、この段階でも、基本的に「正しい」「間違い」があるとしています。

さらに、主体的に考え、自分の意見をもったり、評価したりしながら何かの反応を形成するという段階の重要性をあげ、これを「主体的関与」と呼んでいます。「自分」というものをもった読み深めをすること、そして、理解した後で自分なりに考えをまとめたり話したりすること、などの「主体的関与」という段階では、一定の合理性がある範囲での自由があるため、「基盤的言語力」や「文脈的言語力」ほどには「正しい」「間違い」ということは言えないとしています。

教師が文脈的に考えさせたいのであれば、当然、児童生徒の思考は合理的にまとまり、広がりすぎることにはなりません。しかし、教師の発問が児童生徒の「主体的関与」を目指すものであればこの限りではありません。児童生徒の思考は合理的な理解の範囲で広がりをもつことになるからです。教師は児童生徒がどの力をはたらかせて思考し、考えをまとめているのかを予想しておくとともに、曖昧な発問によって児童生徒を迷わせることにならないようにしなければなりません。

171. 説明文の発問の答えが一問一答になるのはなぜですか

説明文を読むことの発問に限りませんが、閉じた発問であれば一問一答のようになることがあります。

閉じた問いのスタイルで問うと、一問一答のようになることがあります。

閉じた問いとは、短い回答で済ますことができる問いですから、児童生徒の考えたことがよく似たものに感じてしまうのです。もっと文脈的に考えさせるといいでしょう。

172. 補助発問やゆさぶり発問、問い返しとはどういったものですか

授業において中心となる発問を主発問(中心発問)、主発問を導いたり補足したりする発問を補助発問、多面的に考えさせるための発問をゆさぶり発問や問い返しと呼ぶことがあります。

その時間の目標に迫るための中心となる発問(主発問や中心発問と呼ぶことがあります)が児童生徒に十分に理解されないとき、あるいは期待する考えに至らないとき、教師が行うのが補助発問です。ゆさぶり発問も問い返しも、児童生徒の考えが固定してしまった場合に多面的に考えさせるためのものですから、補助発問の1つと考えられます。

「正解を見つけさせるための発問」のための補助発問は、あたかもクイズのヒントのようになってしまい、あまり意味をもちませんが、「児童生徒が課題を見つけることができるような発問」「問いを立てる発問」「自ら学びをデザインしていこうとする発問」のための補助発問は、主体的な学びの実現に向けて有効なはたらきをすることがあります。ただし、すべての児童生徒が補助発問を必要としているわけではありませんから、教師は補助発問の内容とタイミングには慎重にならなければなりません。

自分で課題を見つけ、解決していこうとする学習において大切なことは、教師に補助してもらったり、教師からゆさぶられたりするのを待つのではなく、児童生徒が自ら多面的に考えようとして固定しつつある自分の考えを自らゆさぶったり、自ら問い返したりできるようになることです。そのようなことができるように教えるのも教師の仕事です。

173. 「発問→答え→評価」の繰り返しはいいのでしょうか

IRE構造と呼ばれる「発問(Initiation)→答え(Response)→評価(evaluation)」の流れはごく自然なやりとりだと考えられます。

答えを知っている教師が、答えを知らない児童生徒にたずねるわけですから、「発問－答え－評価」の流れになるのは自然なことです。

授業ですから、教師が本当にまったく知らないことを児童生徒にたずねることは少ないでしょうが、「正解を見つけさせるための発問」による学習から、「児童生徒が課題を見つける学習」「問いを立てる学習」「自ら学びをデザインしていこうとする学習」へと移行していくならば、この IRE 構造による授業についても、何をどのように問うのか、どのように答えるのか、何のために評価し、その評価をどのように活用するのか、について再検討する必要があります。

174. どのようなことに気をつけて発問を計画すればいいですか

言語活動を通した主体的な学習のためには、「児童生徒が課題を見つけることができるような発問」「問いを立てる発問」「自らの学びをデザインしていこうとする発問」を計画することです。

「児童生徒が課題を見つけることができるような発問」「問いを立てる発問」「自ら学びをデザインしていこうとする発問」とは次のようなはたらきをする発問のことです。

①学習課題を自分のこととして捉えるてびきとなる発問

②問いを立てるてびきとなる発問

③見通しをもつてびきとなる発問

④他者と学び合うてびきとなる発問

⑤問いの解決によって適切解にたどり着くてびきとなる発問

⑥言語活動に学ぶてびきとなる発問

⑦学びをまとめるてびきとなる発問

⑧学習を振り返るてびきとなる発問

第 17 章　「板書」を組み立てる

私は、現在2年程、これまであまり経験してこなかった特別支援学級を担任しています。毎日の指導の中で、今まで考えてこなかったことに気づかされることが多いです。そして、その気づきは、だれに対しても当てはまるのではないかと考えています。

今担任している児童は、読むにも書くにも理解するにもきつさを抱えています。いることが多いです。あまりたくさんの情報は、かえって学習効果を薄めてしまうことがあるので、この子たちにとって本当に必要なことは何かを考え、絞った形で板書するようにしています。

今の立場で長い教員生活の板書について振り返ると、いろいろ疑問がわいてきます。それは、果たして、私のしてきた板書は、子どもたちにとって本当に必要な量、内容だったのかということです。特に、授業の中で子どもの発言を板書するときが難しいと感じていました。

子どもの発言を分類して書き、子どもたちが気づいていない考えに触れられるようには心掛けたつもりです。しかし、子どもの発言を取り上げて書いたはよいけれど、たくさんの文字があふれて、読んだり書き写したりすることで精いっぱい、理解にはつながらない板書もあったのではないかと思います。

反対に、あまりに端的すぎると、後から意味がつながっていかない心配もあり、判断に迷うこともたびたびありました。わかりやすい板書を目指して努力してきたつもりではありますが、満足できたことはほとんどありません。

達富先生は、子どもたちの発言を板書に取り上げるとき、どのようなことを心掛けていらっしゃいますか。特に、今実践されている言語活動を通した授業の中での板書は、どうあればよいのでしょうか。

ぜひお聞かせいただき、参考にさせていただきたいと思います。よろしくお願いいたします。

大分市立明野西小学校　幸 里美

175. 言語活動を通した学習ではこれまでのような板書はしないのですか

黒板は、児童生徒にとって重要な学びの軌跡の確認の場であり、情報確認や情報共有の場であり、思考する手がかりとなる場ですから板書をしないということはありません。ただ、「言語活動を通した学習」の板書と「発問を中心とした教材への依存度が高い学習」の板書は同じではありません。

板書には、書いて残しておくことと、書いて整理すること、書いて考えを深めること、などの目的があります。

書いて残しておくことでいつでも情報を確認することができます。また、書いたものを比較したり、分類したりして整理することで、情報を共有しやすくできます。そのことが新たな思考にもつながり、学習を深めていくことになります。

このように、板書は、全情報を静止させて記録しておくことだけではなく、有効な情報を動かすことで思考を深めていく場となります。かつての「読むこと」の授業では、児童生徒によって異なる解釈をたくさん書き、教師がそれを整理するような板書が多く見られましたが、言語活動を通した学習においては、活動中の思考を共有し、それを相互に活用して学びを深めていく学習センターのような機能をもつ板書が必要です。

176. 児童生徒の発話など板書の量や内容はどのようにして決めるのですか

児童生徒の発話のすべてを書こうとすれば板書の量は増えます。量を調整するなら何らかの意図で選別しなければなりません。すべてを書くにしても選別するにしても、それは指導の意図によるものですから、板書の量は教師の判断に委ねられています。

板書の量は教師の指導の意図によって異なります。多くの考えにふれさせることを目的として児童生徒の発話をできるだけたくさん書くか、絞り込んで思考させるために発話を調整して書くかです。

たくさんの発話を書く場合、多くの考えを一覧できるように板書し、それから整理することになります。考えを確認しながら、それらを書いたりつないだりすることで思考の過程を共有することができますが、情報量の多さについていけない児童生徒がいることを教師は忘れてはいけません。

一方で、教師が短くまとめたり、言葉を置き換えたりして板書の量を調整することがあります。発表したにもかかわらず板書されない児童生徒への配慮が必要なこともありますが、板書としてはまとまりがあり、その後の学習は明瞭なものになります。このように、板書はそのときの教師の瞬時の判断で行うものですが、ある程度は予想して板書計画を作成しておくことがいいでしょう。もちろん、予定している板書を再現することに教師の意識が向きすぎては、現実の授業とはかけ離れたものになり、教師の都合による板書になってしまいます。

どちらの場合も、あくまでも児童生徒の学びの文脈の中で、ある程度の時間をかけて、児童生徒の思考のスピードに合わせて板書するのがいいでしょう。児童生徒が発話したらすぐに書かなければならないわけではありません。

177. 児童生徒の発話を板書に取り上げるときに心がけることはどんなことですか

目的が変われば児童生徒の発話の取り上げ方は変わります。それによって板書の方法も異なります。

教師なら児童生徒の声はできるだけ板書しておきたいと思うでしょう。しかし、誤答や偏った考えを板書するのはためらわれます。また、長い発話を短くまとめることや、複数の考えをまとめて書くこともありますが、簡単にできることではありません。1 人だけ板書しないということも避けたいです。発話の選択と整理は教師に任されたものであるからこそ、慎重になります。

しかし、教師が児童生徒の考えを選択したり整理したりして板書することは、目標の達成に向けた指導として必要なことです。児童生徒への配慮を尽くした上で、学習の効果が高まるように判断する必要があります。

瞬時の判断が求められますが、急ぎすぎる必要はありません。児童生徒の思考のスピードは手書きの板書のスピードに合っていますから、十分に考え、説明を加えながら板書すればいいでしょう。必要があれば書き直せばいいのです。

178. 板書とノート指導をどのように関係づけたらいいですか

小学校の低学年では、板書の通りにそのままノートに写させることが多いですが、徐々に自分に必要な情報を選んでノートに書くことができるように指導することが大切です。実際に自分でノートを作り、見やすいかどうか、活用できるかどうか経験させながら教えるのです。

板書には、書いて残しておくこと、書いたものを整理すること、考えを深めること、などの目的がありますが、ノートも同様です。ノートには、それに加えて、資料集として学習のてびきを貼ったり綴じたりして情報を付け加えておく機能もあります。練習するという機能もあります。

とりわけ、言語活動を通した学習におけるノート指導では、板書をそのまま写すことだけではなく、児童生徒が自分の学習に必要な情報を取り出し、何度も書き加えながら作り上げていくことも指導していきたいものです。

179. どのようなことに気をつけて板書を計画すればいいですか

言語活動を位置づけた学習の板書は、自分で課題を見つけ(《私の問い》を立て)解決していこうとする学習に役立つように構成することが必要です。

言語活動を位置づけた学習の板書として、次のようなことが考えられます。

①学習課題が常に示されていて自分のこととして実感できる板書
②《私の問い》を立てることや修正することに役立つ板書
③見通しを確認し、見直すことにつながる板書
④他者の名前が記されて学級がつながり学びを共有し合える板書
⑤いくつもの適切解にふれそれらを吟味できる板書
⑥言語活動の軌跡と活動中の思考が具体化される板書

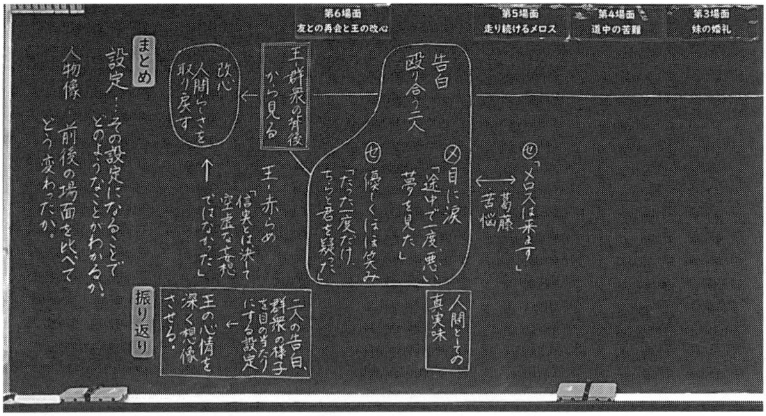

⑦学びのまとめに役立つ情報源になる板書

⑧学習の全体像が分かり学びの振り返りが立体化するような板書

下の板書の写真は本書 80 ページの実践の板書を再現したものです。黒板の右端に作品名が書かれる旧来の板書とは異なる構成になっています。この単元は「走れメロス」に詳しくなることが目的ではなく、学習課題の解決を通して資質・能力を育成することが目標なのですから、板書は学習課題の掲示からはじまります。児童生徒の学びの進み具合を黒板の右から左へ、学習課題の 3 つのフレーズの内容を黒板の上段から下段へと、構造化しているため、児童生徒は、自分の思考を深めるためには、黒板のどこを見ればいいかを判断することができます。

授業者の板書にかかわる授業記録を紹介します。

（ア）　なぜここにこれを書いているか

《私の問い》をどのような思考過程を経て解決するのか、考え方が見える板書です。《私の問い》のモデル（サンプル）を示し、この問いの解決に向けて設定や描写を線で結んだり矢印で関係を示したりすることで、黒板の下段の「言語活動に書きたいこと（自分で解釈して見つけた意味）」が生まれるモデル（思考モデル）になるように板書しました。

・小説の場面の展開を黒板の最上段に貼りました。生徒が小説を理解したり話し合ったりするときの手がかりになると考えたからです。

・その下（黒板の上段）にはこの単元の中心である「設定」にかかわるこ

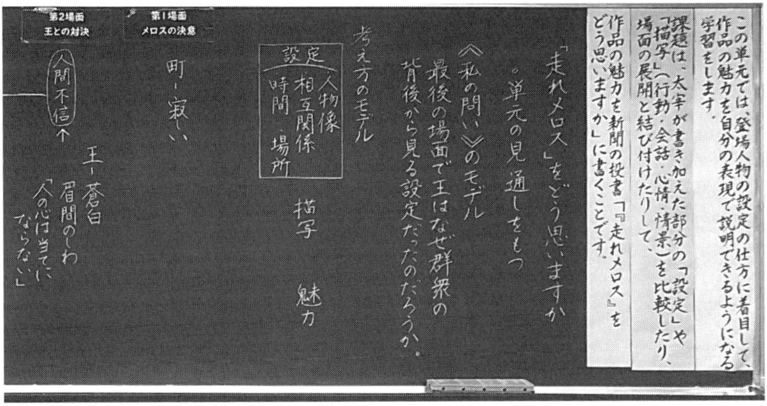

とを書きました。場面の展開と関連付けながら、その設定のもとで物語が進むことの効果を考えることができるからです。

・黒板の中段には、「描写(言動・情景)」を書きました。描写を関連付けることで人物像や相互関係の設定を捉えたり、比較することで内容の解釈を深めたりすることができ、思考する手立て(思考操作)となるからです。

(イ) ここが生徒にとって学びやすい

・この単元のAフレーズ「人物の設定をとらえること」にかかわることを上段に、Cフレーズにかかわることを下段に、そしてAフレーズとCフレーズをつなぐように中段に思考の手立て(Bフレーズ)を図示しながら書いています。学習課題が動き出すように見せたいと考えたからです。

(ウ) 気づきと展望

・このように、指導事項を基盤として、さまざまに関連する諸要素を可視化し、小説を構造的に捉えることができる板書であれば、考え方が見えるため、生徒はそのままノートに書き写すだけでなく、書き加えたり省略したりします。例えば、第1場面の「町－寂しい」という設定は小説の終わりにどのように変化するのだろうかと考えたり、第6場面の「群衆の背後から見る」王とは対比的な王の描写を見付けたりして、書き加えることも可能です。「二次活用できるノート」のための板書を目指しています。

(板書協力：渕上知子・田﨑信子)

第18章 「自己の考え」を形成する

「真剣勝負」本校に受け継がれている、子どもと教師の合言葉。子どもが学びとの出会いに目を輝かせ、問いを見いだす。そして、その解決に向けた真剣勝負の旅を始め、学びに夢中になる。どうすれば、誰もが真剣勝負の旅を続けられるのでしょう。

夏休み明けの教育実習で、素敵な出来事がありました。それは、1人の教育実習生の授業で、子どもが真剣勝負の旅を続けたことです。5年生の「注文の多い料理店」を扱う単元で、2人の紳士の人物像を捉える授業でした。1度、自分の問いから捉えた人物像をノートに書いた後、仲間とかかわり、全体で話し合いながら、複数の叙述を結び付けていく。そこで理解した内容を基に問いを更新し、再度、人物像をノートにまとめる。ある子どもの「せっかちな人物」としていた考えが「欲深く、動物の命を大切にしない人物」へと変容しました。複数の叙述を懸命に結び付けようとする姿、自分や仲間、作品と黙々と向き合う姿等、そこには、学びに夢中になる子どもの姿がありました。

子どもが学びに夢中になるには、1つのプロセスがあるようです。それは、まずは問いを立てること。次に、その問いに対する考えをもつこと。そして、自分や仲間、作品等と対話したり、取り出した情報を具体的な思考操作を通して整理したりすること。最後に、理解した内容を基に、再度、問いに対する確かな考えをもつこと。先の教育実習生の授業も、私が時折手応えを感じる授業も、子どもが学びに夢中になっていた授業を捉え直すと、このプロセスがあるようです。

とはいえ、子どもが確かな考えをもつこのプロセスは、奥が深いようです。どうすれば、誰もが問いと考えをつなげられるのでしょうか。どうすれば、誰もが問いに対する考えを表出できるのでしょうか。誰もが見方・考え方を働かせることができる具体的な思考操作とは、どのようなものなのでしょうか。

教師としての問いは深まるばかりです。ただはっきりしていることは、「問いと考えをつながなければ真剣勝負の旅に始発も終着もないこと」「問いに対する考えは、対話や具体的な思考操作を通して、確かな考えへと変容すること」「確かな考えを追求する子どもは、真剣勝負の旅を始め、学びに夢中になること」ではないでしょうか。

宮崎県 宮崎大学教育学部附属小学校　佐藤 健一

180. 自己の考えを形成するとはどうすることですか

自己の考えはひらめきや思いつきで生まれることもありますが、しっかりと考えて言語化することが必要です。考えることをはじめるには、課題に対して《私の問い》を立てることが必要です。

学習指導要領（平成29年）では、〔思考力、判断力、表現力等〕のすべての領域において、自分の考えを形成する学習過程を重視し、「考えの形成」に関する指導事項が位置付けられています。「読むこと」における「考えの形成」は次の通りです。

小学校（C「読むこと」の指導事項「考えの形成」）

文章を読んで理解したことなどに基づいて、自分の考えを形成することを示している。「考えの形成」とは、文章の構造と内容を捉え、精査・解釈することを通して理解したことに基づいて、自分の既有の知識や様々な体験と結び付けて感想をもったり考えをまとめたりしていくことである。

第1学年及び第2学年では、感想をもつこと、第3学年及び第4学年では、感想や考えをもつこと、第5学年及び第6学年では、自分の考えをまとめることを示している。

中学校（C「読むこと」の指導事項「考えの形成」）

文章を読んで理解したことなどに基づいて、自分の考えを形成することを示している。「考えの形成」とは、文章の構造と内容を捉え、精査・解釈することを通して理解したことに基づいて、自分の既有の知識や様々な経験と結び付けて考えをまとめたり広げたり深めたりしていくことである。

第1学年では、自分の考えを確かなものにすること、第2学年及び第3学年では、考えを広げたり深めたりすることを示している。

また、小学校では、「共有」の学習過程に個別の指導事項を設け、文章を読んで感じたり考えたりしたことを共有する「思考力、判断力、表現力等」を示している。中学校においては、小学校において身に付けた力を生かし、自分の考えを他者の考えと比較して共通点や相違点を明らかにしたり、1人1人の捉え方の違いやその理由などについて考えたりすることが重要である。そうした中で、他者の考えのよさを感じたり、自分の考えのよさを認識したりすることが、第 3 学年の人間、社会、自然などについて、自分の意見をもつことにつながる。

上記のことから、「考えの形成」は、他の学習過程の指導事項と関連していることが分かります。「読むこと」では、学習過程の「構造と内容の把握」や「精査・解釈」と関連させて「考えの形成」・「共有」することが必要です。

つまり、国語科の学習において自己の考えを形成するということは、まったく自由に考えをもつということではなく、これまで学習してきた指導事項とこれまでの自分自身の学びをつないで、この単元における学習として自分の考えを言語化することなのです。

単元の学習課題から《私の問い》を立て、その解決に向けてこれまでの学習をつないで考え続け、自分の考えを言語化することが必要なのです。

181. どうすれば問いと考えをつなぐことができるのですか

教師は、これまでは、「なんと書いてあるか」と問うてきましたが、それだけではなく「あなたはどう読むか」と問うことも必要です。問いと考えをつなぐためには、問いの外側から解決しようとするだけではなく、問いの内側から解決しようとすることも必要です。

《私の問い》は第三者として解決するのではなく、《私の》解決でなければ、ほんとうの意味での自分の考えにはなりません。読むことの場合、問いの外側から「なんと書いてあるか」と答えを探すだけではなく、問いの内側に立ち「どう読むか」と自分の声を聞くことで、自分の考えが言葉によって形づくられるのです。

182. どうすれば問いに対する考えを表出できるのですか

考えを表出するには、まず、あることがら(学習課題)から《私の問い》を立て、その解決に有効であると思われる情報を集め、思考操作して解決しようとする過程で明らかになったことを言語化することです。考えを表現するには、それを的確に表現でき、自分が納得できる語彙を選ぶことが必要です。

言語化のためには、その課題の内容を表現するのにふさわしい語彙が必要です。手持ちの言葉(表現語彙)だけで表現するのではなく、ふさわしい言葉を獲得しそれを使いこなそうとすることで、より納得できる表現で自己の考えを表すことが可能になります。

183. 見方・考え方を働かせる思考操作とはどのようなものですか

言葉を集めること、比べること、選ぶこと、順序立てること、結び付けること、関係づけることなどの思考操作があります。

学習指導要領には「言葉による見方・考え方」を働かせることについて次のように示してあります。

> 言葉による見方・考え方を働かせるとは、児童(生徒)が学習の中で、対象と言葉、言葉と言葉との関係を、言葉の意味、働き、使い方等に着目して捉えたり問い直したりして、言葉への自覚を高めることであると考えられる。様々な事象の内容を自然科学や社会科学等の視点から理解することを直接の学習目的としない国語科においては、言葉を通じた理解や表現及びそこで用いられる言葉そのものを学習対象としている。このため、「言葉による見方・考え方」を働かせることが、国語科において育成を目指す資質・能力をよりよく身に付けることにつながることとなる。

この説明の中に、思考行為動詞として具体的な思考操作が示されているわけではありませんが、「対象と言葉、集めた言葉と言葉との関係を、言葉の意味、働き、使い方等に着目して捉えたり問い直したり」するには、まず、言葉を集め、比べ、選ぶことが必要です。集めた言葉で言葉を比べたり、選んだり、結び付けたりするからこそ、知らない話を聞いたり、さまざまなジャンルの文章を読んだりしても理解することができるようになるのです。そして、理解したことを誰にでも話したり、いろいろな形式に合わせて書いたりすることができるようになるのです。

「読みなさい」「聞きなさい」を繰り返すのではなく、具体的な思考の手立てを提案することで、児童生徒は、考えを深めることができ、自己の考えを形成する(言語化する)ことができるようになるのです。

第 19 章　「学習の下ごしらえ」をしておく

先生にご指導いただくようになって、私の授業観は大きく変わりました。それまでの発問を中心とした一斉指導型の授業から、学習課題達成のために1人1人が問いを立て、言語活動を通して言葉の力をつける単元学習を志向するようになりました。ただ、それに伴い、新たな悩みも出てきています。それは、「単元の下ごしらえをどうすればいいのか」ということです。

例えば2年生の教科書には、「お手紙」を学習材とした「音読げきをしよう」という単元が設定されています。言語活動を通した授業をするようになってからは、学習課題で身に付けるべき力を示し、子どもたちが単元の見通しをもって学習に取り組めるように心がけています。「お手紙」で言えば、「音読げき」をつくる活動を通して「登場人物の行動の様子を詳しく想像する力」を付けていくことを明示する、といった具合です。

しかし、身に付けるべき力を言葉で提示しただけでは、子どもたちはなかなかその力を具体的にイメージすることはできません。特に、言語活動の経験が少ない子どもたちは、その傾向が強いように感じます。また、単元が進むと子どもたちの活動の質に大きな差が出てくるのですが、その原因は語彙量の差にあるのではないかと思います。例えば「お手紙」には、がまがえるくんが「ああ。」「とてもいいお手紙だ」という場面があります。あの山場を一読して、多くの子どもはがまくんが「うれしそうに言った」と捉えることはできます。ただ、「うれしい」以外の言葉をもたない子どもは、その行動の様子をより具体的に問い直していくには至りません。そこで、ペア学習やグループ学習を取り入れ、互いのもつ語彙を伝え合う場を設定しようと試みます。しかし、どうしても語彙の豊かな子どもの表現をそのままコピーするような、単なる「教え合い」に終始しがちです。

そのような悩みを抱えながら授業をしていたとき、以前達富先生からお聞きしたある言葉がふと頭をよぎりました。それが「学習の下ごしらえ」です。もちろん下ごしらえは「語彙学習」に限らないと思います。

すべての子どもが、言語活動を通してどのような力を身に付けていくのかを具体的にイメージし、友達と学び合いながら言葉の力をつけていくことのできる言語活動を通した単元を創っていくには、どのような「学習の下ごしらえ」が必要なのでしょうか。ぜひ教えてください。

熊本県 熊本大学教育学部附属小学校　溝上 剛道

184. 児童生徒が学び浸るにはどのような「学習の下ごしらえ」が必要ですか

言語活動の下ごしらえには、言語活動様式にかかわること、語彙学習にかかわること、学習材にかかわること、グループ学習にかかわること、などがあります。

「下ごしらえ」とは、本格的に取り掛かる前に、しておく必要のある準備のことです(新明解第7版)。教師は年間計画を熟知しているわけですから、必要であれば、学習がはじまる前に下ごしらえを計画することができます。

言語活動が深まらないのは、活動が形式のコピーでとどまっているためであることが多いのですが、それは、言語活動様式にかかわること、語彙学習にかかわること、学習材にかかわること、グループ学習にかかわることについて、児童生徒の学習のかまえが調っていないからです。とりわけ言語活動様式にかかわる下ごしらえと語彙学習にかかわる下ごしらえが重要です。

言語活動様式にかかわる下ごしらえとは、単元の言語活動を知っておくことです。次の単元で「書評を書く」「投書を書く」「ブックトークをする」という言語活動を設定するなら、事前にそれらに慣れておくことが必要です。現物を見たり動画を視聴したり、とりあえずやってみたりして親近感をもっておくことで言語活動の様式の理解が深まり学びのかまえができます。

語彙学習にかかわる下ごしらえとは、今後の単元の言語活動で使用する語彙をあらかじめ集めたり選んだりしておくことです。単元で「人物紹介をする」という言語活動を設定しているにもかかわらず、知っている人物像を表す語彙が乏しければ言語活動において思考が深まることはありません。

学習材にかかわることの下ごしらえとは、単元で扱うICT機器に使い慣れておくことや図鑑などに目を通しておくこと、文房具や活動場所に親しんでおくこと等です。

グループ学習にかかわることの下ごしらえとは、単元がはじまる前からグループ編成をしておき、グループコミュニケーション力の充実を図っておくことです。

中学校卒業までには、これらの下ごしらえがなくても十分に活動できるように学習経験を積むことが必要です。それを見通して、小学校低学年からの「学習の下ごしらえ」の年間計画(心づもり程度のもの)を作成しておきたいものです。

第 20 章 「書写」を単元学習化する

大学時代はお世話になりました。今は２人とも、憧れだった教師として働いています。無我夢中ですが、やりがいのある仕事に就くことができて本当に幸せです。さて、私たちはこれまで自分が小学生や中学生だった頃の書写の時間の思い出で考えていることがあります。

パソコンやタブレット端末の利活用も求められる時代ではありますが、私たちは、手書き文字を大切にする姿勢も育みたいと考えています。どんなに機器が便利になっても手で文字を書くことはなくならないでしょうし、なくしてはいけないと思っています。

手で文字を書くことの便利さ、心地よさ、あたたかさは格別のものです。そして同時に整えて書かなければならないという責任、書けないいらだち、もっと丁寧に書きたいという向上心、気に入った表情の文字を書くことができた満足感など、私たちの喜怒哀楽と手書き文字は重なっているように感じています。表情豊かな文字を手で書くという文化があるのに、実際の書写の学習は必ずしも手書き文字を大切にしていこうとする心を育てる学習になっていないように感じていますし、書写の学習を魅力的な時間にする方法も分かりません。やりたいのにできないという小さな自分を感じてしまいます。

書写の時間では、その時間に練習した文字の清書を１枚提出するだけで終わっていました。教師になった今は、「とめ」「はね」「はらい」などを学び、それらを積み重ねていくことの成果も分かっているのですが、どうしても文字練習として細切れの書写学習になってしまいそうです。

中学生になると「行書」の学習が入ってきます。楷書の場合は、日頃の漢字の学習や、作品づくりの中で活用させることができますが、行書は書写の授業でしか書かないため、その後の活用に難しさを感じています。書写という時間の位置付けが、国語や他の学習から切り離されているように感じます。

国語の力はあらゆる場面で基礎になるものです。「話すこと・聞くこと・話し合うこと」「書くこと」「読むこと」のどれもが他教科の学習を含め、日常生活のすべてに欠かせない資質・能力です。「文字を書く力」はその中でももっとも基盤となるものです。書いて表し、書いて伝え、書いて残すために必要な力です。それなのに、書写の時間の書く力を普段の国語の授業の中で、生かしたり高めたりすることができていないと感じています。

教えてください。手書き文字を楽しみ、手書き文字に誇りをもつ子どもにしたいのです。

佐賀県 佐賀市立鍋島小学校　栗原 奈々
長崎県 諫早市立北諫早中学校　笹野 万葉

185. 手書き文字を書くことと国語科はどんな関係なのですか

これまで「書写」では文字をきれいに書くことが強く求められてきましたが、「書写」は手書き文字に親しみ、文字を整えて書くことを楽しみ、文化としての手書きを継承しつつ、生活を高めるためのものでもあるのです。ですから、言語活動に「書写」を積極的に取り入れることをはじめ、〔思考力、判断力、表現力等〕の学習と〔知識及び技能〕の「書写」の学習とを重ねた単元づくりに取り組んでいくことが必要です。

学習指導要領の内容を詳しく再掲することはしませんが、〔知識及び技能〕の「書写」の指導事項は、どれもが「きれいに書く」ことではなく、「整えて書く」ことを目指しています。

児童生徒には、書写は文字の練習のための細切れの時間と感じるかもしれませんが、書写は単元化された学習なのです。書写学習の全体像の理解、学習計画としての自分自身の手書き文字の学びのデザイン、有効な書写学習のモデル(お手本ではなく)、そして相手意識や目的意識を明確にした学びにすることが必要です。これらは、まさに言語活動を通した単元づくりと重なります。

「書写」は、国語科の資質・能力の1つです。「書写」を国語科単元の言語活動として設定することで、手書き文字を書く文化の継承と創造、表現と鑑賞の双方の担い手としての自覚を実現できるのです。

186. 実際にはどのような言語活動が可能ですか

すべての「書写」の学習を言語活動化しようとするのではなく、「書く言語活動」に整えて文字を書くことが効果的に位置づけられるときに言語活動化するのです。

手書き文字を整えて書くには、静寂な時間と空間が確保される必要がありますから、グループでやりとりをしながら活動する言語活動には馴染まないことがありますが、手紙やはがきを書く活動や、古文や漢文を視写する活動などでは、使う文房具を選ぶことから言語活動をはじめることができます。

これまでのように練習と清書という活動の流れだけではなく、理解と表現の中に書写を組み込んでいくのです。書写で理解する場、書写で味わう場、書写でコミュニケーションする場をつくることで、主体的な書写学習の学びのデザインができるでしょう。

第21章 「のりしろの力」を見逃さない

国語の授業だけではないのですが、私たちは学校のいろんな先生から同じことを何度も言われました。
「しっかり読んで考えなさい。」「よく考えなさい。」って。
でも、先生。しっかり読んでも分からないことってたくさんあるんです。よく考えるってどうすることなのですか。分かりかたを教えてください。
ほかにもあります。
「話を聞きながら書きなさい。」
人の話を聞くときは相手の目を見るんじゃなかったんですか。聞きながらってどうするんですか。
「黒板に書いてあることから自分に必要なものだけをノートに写しなさい。」
だったらもっと選びやすいように書いてください。自分に必要なものってどうやったら分かるのですか。
「振り返りは3分です。」
無理です。3分間で書き切るにはどうすればいいんですか。
いろいろと覚えています。今でも、黒板に書いてあることから自分に必要なものを抜き出すことができません。話を聞いているときは、できるだけ聞き漏らさないようにすべてを書こうとしてしまいます。それが無駄なことだと分かっているのですが、そうするしかないのです。
先生がたがおっしゃっることは、これからも大切なことだと思います。だれとでもうまくコミュニケーションすることや、言葉をたくさん知ることや、大切な情報を整理することって、ほんとうに大事だと思います。
でも、先生。
「それって、習いましたっけ？」
「教えてくださいましたっけ？」
先生がたは、知っていて当然、できて当然のようにおっしゃいますが、私たち、習った覚えがありません。どうにかこうにか我流でやってきました。
いろんな教科で何度も何度も「しつこいくらい教わったこと」もたくさんありますが、どの教科でも「教わらなかったこと」もあります。必要なのに教えられることから取りこぼされた大切な力があるように思います。この力って、どうやって身につけたらいいんですか。これから誰に教わったらいいんですか。何か大切なことを残したまま卒業するような気がします。

中学校卒業の前に　犬塚 はなえ・永田 暁子・三谷 加世子（長崎県 上五島）

187. 教えられることから見逃された(取りこぼされた)大切な力にはどんなものがありますか

学習指導要領や教科書に示された指導事項だけではなく、その周辺やすき間にある力が学習を進めていくときに大きなはたらきをします。その力がなければ創造的な学習にならないことがあります。教科にならない小さな力、教科と教科をまたぐ力、1つの教科では扱いきれない大きな仕事をする力、このような力を「のりしろの力」と呼ぶことにしましょう。私たちはのりしろの力も教えられる教師になりたいものです。

のりしろとは紙と紙を貼り合わせる(つなぐ)ときに糊をつける部分です。学びと学びをつなぐにものりしろの力が必要です。しっかり考える力も、聞きながら書く力も、自分に必要な情報だけ取り出してノートに写す力も、短い時間で書き切る力も、《私の問い》を立てる力も、本を選ぶ力も、付箋紙を貼る力も、プリントを表向きにしてそろえて折る力も、辞書で調べるときは指をはさむ力もみんなみんなのりしろの力です。

下の写真は、中学3年生がホワイトボードに書いた「教わりたかったのりしろの力」です。教師として、教えることにつまずきは避けられませんが、児童生徒の「学びたいのです」の心の声を聞くことは、これからの教師の仕事に役立ちます。

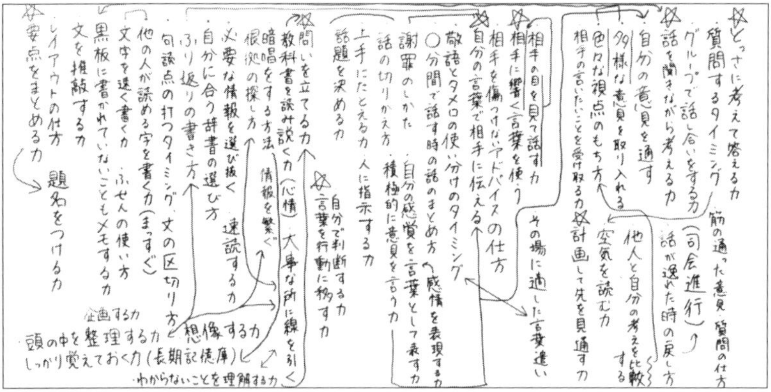

第22章 「学習指導案」を作成する

今、大変、困っております。学習指導案の書き方についてです。

これまで、折にふれて、学習指導案を書いてきました。今までの書き方をまとめると、次のような順序になります。

1. 教材観／私自身の教材研究や教材分析などの教材解釈を書き、それに合わせて、学習指導要領の中から今回の授業に合いそうな言葉を選んで書いていました。

2. 児童観／ここは、正直、私の直感で書くことが多かったです。今の子どもたちは、こんなところがよくできているが、こんなところに課題がある。このような書きぶりです。後回しにすることもありました。

3. 指導観／ここは、たくさん書いていました。1時間目から、子どもにさせることを順序立てて並べながら、この時間の授業では、こんなことを考えさせると、だらだらと書き綴っていました。

4. この時間の学習過程／この時間の学習過程がメインだと時間をかけて、丁寧に、子どもにさせることを考え抜き、羅列していました。

5. 単元の目標と評価規準・この時間の目標と評価規準／学習指導要領の言葉で、簡単にまとめていました。

6. 単元計画／余ったスペースに合わせて、書ける分だけ書いていました。

このように、学習指導案を書いておりましたが、どうしても違和感を覚えるのです。現行の学習指導要領では、教師が「何を教えるのかではなく」、子どもが「何ができるようになるのか」が求められ、「主体的・対話的で深い学び」が実現できる授業改善が求められています。ですが、私のこれまでの学習指導案の書き方や書き表し方では、私自身が何を指導するのかということばかりにとらわれていることが分かります。きっと、こうやって日々の授業を作っていたのが私なのでしょう。

教師のすることリストではなく、子どもができるようになるための学習指導案を書くためには、どのようなことに留意したらよいのか教えていただけませんか。私は、子どもが主体となる学習指導案が書きたいのです。

佐賀県 佐賀市立西与賀小学校　髙木 公裕

190. 子どもができるようになるための学習指導案とはどのようなものですか

学習指導案に書かなければならない項目が定められているわけではありませんが、「単元名」「学習材(教材)」「単元について」「単元の目標」「単元の学習課題」「単元に位置づける言語活動」「単元の評価規準」「指導と評価の計画(単元計画)」について記述することが一般的です。

最近は、「単元の学習課題(単元を通した大きなめあて)」や「単元に位置づける言語活動」を詳述することが多いです。また、必要に応じて、「この時間の展開(本時と呼ぶこともある)」を作成することもあります。大切なことは項目名ではなく、単元での学習がはじまる前に教える準備を調えておくことです。

学習指導案では、この単元の概要と児童生徒が行う具体的な学習活動、学習を成立させるための教師の具体的な指導の手立てを示すことが必要です。

学習指導案を略して「指導案」と言う教師がいます。私たちが何かの名称を省略することは珍しいことではないので、「指導案」と呼ぶことが間違っているわけではありませんが、それはあくまでも省略した名称であって、「指導のためだけの案」ということではありません。「児童生徒の学習」を達成させるための具体的な「教師の指導」の案でなければなりません。児童生徒不在の「指導案」ではなく、できれば「学習指導案」と呼び、児童生徒の学ぶ姿と児童生徒への具体的な指導の手立てを行う教師の姿が目に浮かぶ「学習指導案」を作成したいものです。

191. 「単元名」には何を書くのですか

「単元という内容や時間のまとまりの中で進めていく一連の学習の名称」を書きます。

単元名は、その単元で扱う作品名や題材名ではありません。教科書や年間指導計画に示されているものを参照して決定しましょう。

オリジナルの単元づくりをするときも、作品名や題材名のみを単元名とするのではなく、児童生徒の学習意欲を喚起するような単元名にしましょう。教科書の単元名は、学習内容(指導事項・本書でいうAフレーズ)と言語活動(本書でいうCフレーズ)を組み合わせたものが多いようです。

192. 「学習材(教材)」には何を書くのですか

資質・能力の〔思考力、判断力、表現力等〕の育成を目指す単元の場合、「話すこと・聞くこと」「書くこと」の単元では実際に扱う題材、「読むこと」の単元では物語名や説明文の作品名を記すことが多いです。〔知識及び技能〕を焦点化して単元づくりをする場合は、指導事項と同じになることが多いです。

教える材料を教材と呼ぶのですから、学ぶ材料として学習材と呼ぶべきでしょう。名称は教科書や年間指導計画で確認するといいです。

193. 「単元について」を書くときに気をつけることは何ですか

「単元について」は、単元設定の理由として「児童生徒について(児童観・生徒観)」「学習材(教材)について(学習材観・教材観)」「指導について(指導観)」の 3 つの内容で構成することが一般的です。

学習指導案は、本来、今からはじまる単元が、その学校の教育目標を実現させるための価値ある教育活動であると考えられる理由を「単元について」の冒頭に明確に示すことからはじまります。紙面の都合で省略されることが多いですが、すべての単元は、1 人の指導者の裁量だけで行われるものではなく、学習指導要領に準拠し、学校教育目標の具現化、学校として目指す児童生徒像の実現のためのものであることを明確にしておかなければなりません。そのことを十分に理解した上でこの学習指導案を作成するのです。紙幅が許せば、学校教育目標からしっかりと記述することを心がけましょう。その学校の教員であれば、誰もがこの学習指導案でこの単元の指導を行うことができるというのが本来なのです。

「児童生徒について(児童観・生徒観)」は、これまでの児童生徒の学習履歴を中心に学習の状況を具体的に紹介します。課題の見られる状況を指摘しがちになりますが、育ちつつある面についても大いにふれたいものです。この単元で実現できると考えられる児童生徒の可能性を具体的に示すことで、学習指導案が教師の教えることのメモだけにはならず、創造的で具体的な学習と指導の構想案となります。

「学習材(教材)について(学習材観・教材観)」は、この単元で扱う学習材(教材)にはどのような特性があり、この単元での学習においてどのような点で適切であるかを説明します。「読むこと」の単元の場合、単なる作品のあらすじだけではなく、目標とする資質・能力と関連させて、どのような点で学習にふさわしい材料であるのかを具体的に書く必要があります。

「指導について(指導観)」は、「児童生徒について」と「学習材について」に記述したことをふまえて、どのような指導を行うのかという指導者の意図を述べます。単元を通した指導の意図や概要について説明します。この後に「単元に位置づける言語活動」という項目があるならば言語活動はそこで詳述します。その項目がなければ、言語活動についてもここで述べることが必要です。また、グループ学習の形態や編成の意図、ICT 機器の活用などについても明記します。

「児童生徒について」「学習材(教材)について」「指導について」の記載の順序については、本来なら「児童生徒について」「指導について」「学習材(教材)について」の順にするべきでしょう。児童生徒の学習状況にはこのような傾向がある、だからこのような指導が必要、そのためにこの学習材が最適である、という展開で説明するのが本来です(後に載せている学習指導案例はこの順で作成しています)。しかし、実際は教科書の目次に準じているため、児童生徒の学習にはこのような傾向がある、そして今回はこの単元が教科書に示されている、そこでこのような指導を行う、という展開で説明するのが正直なところでしょう。

194.「単元の目標」はどのように書くのですか

単元の目標とは、育成を目指す資質・能力のことです。〔知識及び技能〕、〔思考力、判断力、表現力等〕〔学びに向かう力、人間性等〕の 3 観点で設定します。

〔知識及び技能〕、〔思考力、判断力、表現力等〕は、学習指導要領の指導事項から厳選して設定します。教科書(教師用指導書)に示されている年間指導計画通りにすることを基本にすることが現実的でしょう。ただ、学級の計画や児童生徒の学習状況の傾向によって教科書の年間指導計画を修正することもあります。その場合は、履修漏れの指導事項ができないように、慎重に点検することが必要です。

〔学びに向かう力、人間性等〕は、学習指導要領の目標が単元の目標になります。『「指導と評価の一体化」のための学習評価に関する資料』(前掲書)には、〔学びに向かう力、人間性等〕の目標については、いずれの単元においても当該学年の目標である「言葉がもつよさ～思いや考えを伝え合おうとする。」までを示す(小学校)、「言葉がもつ価値～思いや考えを伝え合おうとする。」までを示す(中学校)、と説明されています。

195. 「単元の学習課題」はどのように設定するのですか

単元の学習課題とは、単元を通しためあてのことです。その単元は、どのようなことができるようになる学習なのか、どのような言語活動を行うのか、どのような思考の手立て(思考操作)で学習を深めるのかの3つの内容で構成すると効果的です。

本書「第5章　学習課題」に詳述しています。3つの内容とは、(Aフレーズ)明解な指導事項、(Bフレーズ)具体的な思考操作、(Cフレーズ)学びがいのある言語活動です。このAフレーズ、Bフレーズ、Cフレーズの内容を、Aで1文、BとCをつないで2文でまとめるといいでしょう。1文や3文だと少し分かりにくいことがあります。

1文の例　この単元では、がまくんやかえるくんの行動を想像することができるようになるために、がまくんやかえるくんがいろいろな場面で言ったことやしたことを結びつけて、〈「　　　。」言いました。〉を詳しく書きかえることが課題です。

2文の例　この単元では、がまくんやかえるくんの行動を想像することができるようになる学習をします。課題は、がまくんやかえるくんがいろいろな場面で言ったことやしたことを結びつけて、〈「　　　。」言いました。〉を詳しく書きかえることです。

3文の例　この単元では、がまくんやかえるくんの行動を想像することができるようになる学習をします。課題は、〈「　　　。」言いました。〉を詳しく書きかえることです。そのとき、がまくんやかえるくんがいろいろな場面で言ったことやしたことを結びつけましょう。

196. 「単元に位置づける言語活動」の欄はどのように書くのですか

言語活動の内容とその言語活動を設定した理由について、詳しく説明します。言語活動の属性についても分析します。

この単元で扱う学習材(作品など)の特徴と言語活動の属性を明らかにします。「この言語活動は○○○する活動である」。「作品にはこのような特徴がある」。そして「この言語活動にはこのような属性がある」ため、単元の目標を達成するのに適している、ということを記述すると言語活動の全体像が明確になります。

単元で取り上げる言語活動は教科書通りに行うことが基本です。ただし、教科書に示されている言語活動を行おうとしたとき、学級の学習状況や傾向によっては、少しカスタマイズしたほうがいいことも出てくるでしょう。その場合は、その根拠についても可能な範囲で具体的に記述するようにします。

197.「単元の評価規準」はどのように書くのですか

単元の評価規準は、単元の目標に合わせて、「知識・技能」「思考・判断・表現」「主体的に学習に取り組む態度」の3つの観点で設定し、表にして示すことが多いです。

目標の〔知識及び技能〕は、評価規準では「知識・技能」とし、単元の目標の文末を「〜している」として評価規準とします。

目標の〔思考力、判断力、表現力等〕は、評価規準では「思考・判断・表現」とし、単元の目標の文末を「〜している」として評価規準とします。

目標の〔学びに向かう力、人間性等〕は、評価規準では「主体的に学習に取り組む態度」とし、「言語活動の充実に向けた粘り強い取り組みを行おうとする側面」と、その取り組みを行う中で「自らの学習を調整しようとする側面」の2つの側面から設定することが必要です。文末は「〜しようとしている」とします。

198.「指導と評価の計画」はどのように書くのですか

「指導と評価の計画」は、「単元計画」と呼ばれることも多く、単元全体について、児童生徒の学習活動とその活動をできるようにするための教師の指導の手立ての計画を詳述します。表にして示すことが多く、表の左から、「時間のまとまり（学習過程）」「学習活動」「指導上の留意点」「評価規準・評価方法等」、について記述するのが一般的です。

「時間のまとまり（学習過程）」は、単元に配当された時間数を配分するのですが、必ずしも1時間ごとに区切って設定するのではなく、2時間をかけて行う学習活動もあれば、3時間通して設定することもあります。

「学習活動」は、児童生徒が行う活動なので、主語は「児童生徒」です。主語は省略することが多いため、実際には明記しませんが、学習活動の主体が「児童生徒」であることを忘れてはいけません。

学習活動を示す文の述語にも注意が必要です。学習活動を示す文の述語に用いられる動詞を学習行為動詞と呼びます。学習行為動詞には、「話す」「聞く」「話し合う」「書く」「読む」などの基本的な動詞をはじめ、「音読する」「本の帯をつくる」など、言語活動を表す動詞もあれば、「単元の見通しをもつ」「言葉集めを繰り返す」など、一般的な学習活動を表す動詞もあります。「登場人物の行動を具体的に想像する」のように、指導事項についての学習行為を表す動詞もあります。また、「本文通りの表現と書き換えた表現を声に出して比べる」「場面ごとに分ける」など、思考操作を表す思考行為動詞もあります。どの場合でも、主語である児童生徒の具体的な行為を適切な動詞で表すことが必要です。

一方、「指導上の留意点」には、児童生徒の学習活動を成立させるための教師の具体的な指導行為を示します。明記はしませんが、主語は「教師」です。指導行為として用いられる動詞を指導行為動詞と呼びます。指導行為動詞を決定する際にもっとも注意しなければならないことは、学習行為動詞の裏返しにならないことです。例を挙げて説明しましょう。

「理解する」という学習行為動詞の裏返しの動詞は「理解させる」です。「考える」なら、「考えさせる」です。児童生徒が「○○について考える」と教師が「○○について考えさせる」という関係が裏返しの関係です。「考える－考えさせる」という関係が何の役にも立っていないことは明らかです。児童生徒が、「○○について考える」ことができるようにする指導は、「○○について考えさせる」ことではありません。実際には教師として、児童生徒に「ごんぎつねの気持ちを考えることができる」ようにするためには、「この場面のごんの気持ちが分かりそうな言葉を取り出す」や「前の場面のごんの気持ちが分かりそうな言葉を取り出す」「2つの場面から取り出した言葉を比べる」「比べて分かったことと次の場面のできごとをつなぐ」のような具体的な指導の手立てを行うはずです。このような具体的な指導を授業中にアドリブで行うのではなく、あらかじめ指導行為動詞として指導上の留意点に示しておくのです。

指導上の留意点には、授業中の指示や説明、掲示したり配布したりするもの、それに関連して事前に準備しておくことなども明記します。

「評価規準・評価方法等」には、「評価規準の観点」と「評価の方法」と

「概ね満足できる状況(評価規準のB評価)」と「評価の根拠(材料)」を書きます。本書では、評価の観点を「　　」、評価の方法を下線、評価の根拠(材料)を(　　)で示しています。

「評価規準の観点」と「概ね満足できる状況(評価規準のB評価)」は「7. 評価規準」の表と同じ文言を書くことになりますが、この単元で扱う作品や題材の具体的な内容、この単元で行う言語活動での具体的な様子を示し、児童生徒の様相を思い描きやすくしてもかまいません。本書(283ページから)では、評価規準を具体的な様相を示したものにしています。なお、「主体的に学習に取り組む態度」については、「粘り強さの側面」なのか「学習調整の側面」なのかを明示し、具体的な様相を書きます。

「評価の方法」と「評価の根拠(材料)」は、「談話・活動など(材料)」を「かかわる(関与する)・観察する・省察する」という方法で評価するのか、「記述・作品など(材料)」を「目を通す(把握する)・精読する・分析するという方法で評価するのかを示します。

199.「学習計画表」はどのようなものですか

「学習計画表」は児童生徒に配布したり教室に掲示したりするものです。「指導と評価の計画」に示した学習活動の部分を中心に、単元名、学習課題、学習履歴、時間配分などを書き加えて1枚の表にしたものです。

小学校では、児童生徒が読めるように習った漢字と平仮名を使い分けるようにします。学習課題を色に分けて示したり、教科書の学習の手引きに掲載されているコラムや学習用語を転記したり、イラストを用いて作成したりして視覚的にも工夫をこらして児童生徒が興味をもつように作成しましょう。

単元名、学習課題、時間配分などは、「指導と評価の計画」に示した通りですが、「学習履歴」は、「3. 単元について(児童生徒について)」に書いた内容を短くまとめて書き加えましょう。本書の「学習計画表(286ページ)」では、これまでの学習履歴と今からの見通しを「これまで―したこと」、「今から―言ったこと(会話)」として示しています。

200.「学習指導案」の実物はどのようなものですか

一般的な学習指導案の例を紹介します。ただし、各学校、各研究会などによって項目が特設されたり、記述の順序が異なったりすることがあります。本書の各章を熟読して正しく理解しましょう。

第 2 学年□組　国語科学習指導案

学年組　第 2 学年□組（児童□名）
日　時　令和□年□月□日（□）　第□校時
指導者　達富　洋二

1. 単元名　〈「　　　　。」と言いました。〉ばかりじゃつまんない
2. 学習材（教材）　お手紙／アーノルド・ローベル作（光村図書 2 年）
3. 単元について

□□町立□□小学校の学校教育目標は「心が響き合い、声を共有する、やさしさに包まれた学校」である。この教育目標をもとに、目指す子ども像として、「自ら問いを立て、自他を敬愛し、人と分かち合いながら生きる子ども」を掲げている。自ら問いを立てることは自分の考えを確かにもつことである。自他を敬愛することは他者とつながることである。人と分かち合いながら生きることは相手のよさを認め、互いの存在を尊び、謙虚に生きることである。すべての子どもの幸せのために、小さなことに感謝し、言葉でつながり合い、学校教育目標の具現化を目指したいと考えている。

2 年□組の児童は、《私の問い》を立てることができるようになりつつある。小さなことに感謝しようということを合い言葉に、今、この瞬間からでも 1 人で学び続けられるように《問い》を立てることを習慣化してきた。その結果、否定的な考え方は生まれず、常に相手を尊重した中で、全体の幸せのために「今」を考えることができるようになってきている。話しことばや書きことばでつながることにも、説明文を感動的に読むことにも、物語を論理的に読むことにも、《私の問い》を立てて主体的に学ぼうとしている。

これまでに「ふきのとう（物語）」を読むことを通して「場面の様子や登場人物の行動など、内容の大体をとらえること」や、「スイミー（物語）」を扱った学習で「場面の様子に着目して、登場人物の行動を具体的に想像すること」を経験してきた。とりわけ、場面の様子に着目して、登場人物の行動を具体的に想像することには意欲的である。それは、語彙学習として、身近なことを表す語句の量を増し、普段の生活で使うことを継続している成果であると考えている。言葉による見方・考え方を働かせつつ、言葉の学び手と

して育っている。

この単元では、登場人物の行動を具体的に想像することができるようになることを目標とし、教科書では音読劇を言語活動として設定している。扱う学習材は、会話が多いため、音読劇にしやすい作品である。ただ、現時点で、学級には音読することに配慮したい児童がいるため、この単元での言語活動は、音声化する活動ではなく、音読するときの工夫を書く活動に変更する。具体的には、教科書の学習の手引きに示されている『音読するために「どのように読むか」「どんな動きをするか」をメモすること』を書くこと、つまり、会話文に続く〈「　　　　。」と言いました。〉の〈と言いました〉の表現を他の表現に書き換えるという言語活動である。「どのように言ったか」を考えることで、登場人物の行動を想像することができるようになると考えている。

言語活動を変更したことで音読の機会が減ることにならないように、学級および個別で音読の技能を習得できるように年間計画を修正している。

〈と言いました〉の表現を他の表現に書き換えるためにも、言語活動の下ごしらえとして、単元をはじめる２ヶ月ほど前から言葉を集めはじめる。「大きな声で言いました」や「急いで言いました」のような表現や「つぶやきました」「どなりました」のような言葉を「言いました言葉」と呼び、帯学習で集めるのである。日頃のグループでの音読練習などでも、言い換えることを取り入れ、対話的に学習を進めるようにしたい。

言語活動を「音読」から「書くこと」に変更したことにともない〔知識及び技能〕の目標を、教科書で設定されている「(ク)音読」から「(オ)語彙」に変更する。「(ク)音読」については、これまでの単元(「ふきのとう」を読むことや「雨の音」を読むこと)において個別指導を含め、重点的に指導を行ってきた。また、これから計画している「ねこのこ、おとのはなびら、はんたいことば」の詩を扱う単元では、個人やグループでの活動を取り入れる予定である。「(オ)語彙」の学習を、語彙単元ではなく「読むこと」の領域単元で学習する経験も価値あることだと考えている。

この単元で扱う学習材は、教科書(光村図書　２年下)に掲載されている

「お手紙(作：アーノルド・ローベル)」である。1学期に読んだ「スイミー(作：レオ・レオニ)」とは場面の設定、叙述、会話など異なる点が多い。

「お手紙」は、がまくんとかえるくんが登場人物の物語である。手紙をもらったことがないがまくんのために、かえるくんが手紙を書き、2人でその手紙の到着を待つという心あたたまる話である。作者による挿絵が場面ごとに描かれており、絵からも場面の様子を想像することができる。

登場人物や場所の設定が少なく、物語の展開はたいへん分かりやすい。また、会話が多く、がまくんやかえるくんの様子が話しことばで表現されているため、児童にとって登場人物の行動を具体的に想像しやすいと考えられる。ただし、会話に続く表現は「言いました」や「たずねました」などに限定されている。

既にスイミーを読んでいる小学校第2学年の児童にとって、「身近なことを表す語句の量を増し、話や文章の中で使うこと」ができるようになるとともに、「場面の様子に着目して、登場人物の行動を具体的に想像すること」ができるようになる学習に適した学習材であると言える。

4. 単元の目標(単元で育成を目指す資質・能力)

・身近なことを表す語句の量を増し、話や文章の中で使うことができる。〔知識及び技能〕(1)オ

・場面の様子に着目して、登場人物の行動を具体的に想像することができる。〔思考力、判断力、表現力等〕C 読むこと(1)エ

・言葉がもつよさを感じるとともに、楽しんで読書をし、国語を大切にして、思いや考えを伝え合おうとする。〔学びに向かう力、人間性等〕

5. 単元の学習課題(単元を通したみんなのめあて)

この単元では、登場人物の行動を想像することができるようになる学習をします。課題は、がまくんやかえるくんがいろいろな場面で言ったことやしたことを結び付けて、〈「　　　。」言いました。〉を詳しく書きかえることです。

6. 単元に位置づける言語活動

この単元に位置づける言語活動は、がまくんやかえるくんの言ったことに

続く表現(〜言いました／〜たずねました)を書き換える活動である。

この作品の特徴として会話文が多いことがある。作品全体に会話文が35回ある。ただ、会話文に続く表現は単調である。〈言いました〉が19回、〈たずねました〉が3回である。13か所は省略されている。この特徴を生かした言語活動が、会話文に続く表現を詳しく書き換えるという活動である。

言葉を発することを表す表現は「言う」や「たずねる」に限らない。「ささやく」「つぶやく」「さけぶ」なども日常的に使う。動詞の違いだけではなく、様子を表す表現を付け加えて「大きな声で言う」「笑いながら言う」「おこったように言う」などの表現もある。

類似した表現に書き換える活動は、書き換える部分だけではなく、前後の叙述を結び付けて考え、適切な表現や言葉を選ぶことであり、場面全体の様子を文脈的に精査・解釈することにつながる。このような属性をもつ「場面の様子に着目して、登場人物の会話文に続く表現を文脈的に書き換える」という言語活動を通して、登場人物の行動を具体的に想像する力を育成することができると考える。

7. 単元の評価規準

知識・技能	思考・判断・表現	主体的に学習に取り組む態度
・身近なことを表す語句の量を増し、話や文章の中で使っている。(1)オ	・「読むこと」において、場面の様子に着目して、登場人物の行動を具体的に想像している。C(1)エ	・粘り強く、登場人物の「言う」様子を表す語句を集め、学習課題に沿って、登場人物の行動を具体的に想像して会話文に続く表現を文脈的に書き換えようとしている。

8. 指導と評価の計画(全6時間くらい)

	学習活動	指導上の留意点	評価規準・評価方法等
2	1 単元の見通しをもつ。	・見通しをもつことができるように、この単元で学ぶことの意義や価値を2年生に理解できる例を挙げて話をする。	
	(ア)学習課題を読んだり、質問をしたりして内容を確かめる。	・学習課題の内容を確かめ、学級で共有できるように、質問を聞き、丁寧に解説する。 ・児童にとって学習課題の内容が見やすいように、「指導事項(赤)」「思考操作(緑)」「言語活動(青)」を色別にして示す。	
	(イ)言語活動モデルを見て、文末を書き換えることでがまくんやかえるくんの行動を具体的に想像することを知る。	・〈言いました〉を他の表現で書き換えることで、がまくんやかえるくんの行動を具体的に想像できるように、言語活動モデルを一緒に見ながらたずねたり答えさせたりして説明する。 ・言語活動モデルは大きく拡大し、黒板横に掲示するとともに、電子黒板で拡大したり、必要な言葉を添えたりする。	
	(ウ)学習計画を理解する。	・学習計画を理解することができるように、言語活動モデルと並べて学習の順序について説明する。必要に応じて、ゆっくりすすめるところや言葉集めの方法について子どもの考えを取り入れて修正する。	
	(エ)《私の問い》を立てる。	・《私の問い》を立てることができるように、自分が取り組みたい場面を選ぶようにさせる。	

			・選んだ場面に見られる「発話動詞」と「言ったこと・したこと」を抜き出し、そのときのがまくんやかえるくんの様子についての予想を《私の問い》にさせる。必要に応じて教師が《問い》のスタイルに調える。	
1	2	「言いました言葉」を集める。	・「言いました。」を言い換える言葉を集めることができるように、２年生の教科書（上・下）から発話動詞を探すことを学級で一緒にやってみる。また、教科書の巻末にある語彙一覧を活用させる。	「主体的に学習に取り組む態度」（粘り強さの側面） 関与・観察 ・粘り強く、がまくんやかえるくんの「言う」様子を表す語句を集めようとしている。（活動の様子）
	3	言葉集めを繰り返し、集めた言葉を比べる。	・言葉を集めて比べることができるように、同じようにして学校図書館の本から発話動詞を集めてくるよう提案する。	「知識・技能」 観察 ・「言うこと」を表す語句の量を増し、話や文章の中で使っている。（活動の様子） 把握 ・「言うこと」を表す語句の量を増し、話や文章の中で使っている。（ノート）
2	4	ふさわしいと考えた言葉を使ってがまくんやかえるくんが言っている様子を書き換え、声に出して読んでみる。	・集めた語彙の適否を考えることができるように、書き換えたい言葉を使って本文を声に出して読んでみて、ふさわしいかどうか、うまくつながるかどうか、比べさせる。 ・適宜、グループで聞き合うようにする。	「思考・判断・表現」 把握・精読 ・場面の様子に着目して、がまくんやかえるくんの行動を具体的に想像している。（発話動詞を書き換えたもの）
	5	本文通りの表現と書き換えた表現を声に出して比べる。	・2つの表現を比べることができるように、満足できる言葉に書き換えたものを声に出して読み、全体のつながりを聞いて確かめさせる。	

	6 発表会を通して「お手紙」を味わう。	・自分が選んだ場面だけではなく、作品全体を味わうことができるように、発表会を行う。それぞれの場面で発話動詞を書き換えたことについて、登場人物の言ったことやしたことを取り出して、それを根拠にして説明させる。	「主体的に学習に取り組む態度」(学習調整の側面) <u>観察</u> ・学習課題に沿って、がまくんやかえるくんの行動を具体的に想像して会話文に続く表現を文脈的に書き換えよとしている。(活動の様子)
1	7 単元の振り返りをする。 (オ)学習の振り返りをする。	・単元の振り返りをすることができるように、「学習課題から《私の問い》を立てたこと、その《問い》をどのように解決しようとしたか、どんなことが解決できなかったか」について、教師と一緒に整理する。そのとき、学級の「問いの一覧」を見ながら1人1人の学びを賞賛する。	「主体的に学習に取り組む態度」(学習調整の側面) <u>分析・省察</u> ・学習課題に沿って、がまくんやかえるくんの行動を具体的に想像して会話文に続く表現を文脈的に書き換えようとしている。(振り返りカード・活動の動画)
	(カ)作品の振り返りをする。	・表面的な浅い読みや偏った読み、誤った読みが残っていれば訂正する。特に考えさせたいがまくんやかえるくんの行動を想像できそうな叙述については教師と一緒に読み深めるようにする。	
1	(キ)力を確かめる(活用題)。 ＊はじめて読むお話の〈「　　。」〉のつづきを書き換える。	・単元のはじめに説明した内容について活用題を行う。「お手紙」の内容に限定した学習に終わらないよう、行動を想像することにふさわしい物語を準備する(「ふたりシリーズ」)の予定)。	「思考・判断・表現」 <u>分析</u> ・場面の様子に着目して、登場人物の行動を具体的に想像している。(活用題)

9. 学習計画表

たん元　「　　　　。」と言いました。ばかりじゃつまんない

学習課題

このたん元では、とう場人ぶつの行どうをそうぞうすることができるようになる学しゅうをします。
かだいは、がまくんやかえるくんがいろいろな場めんで言ったことやしたことをむすびつけて、
「　　。」言いました。をくわしく書きかえることです。

[知る]
み近なことをあらわす語くのりょうをふやすことができる。

[これまで] したこと
[今から] 言ったこと
（会わ）

【学しゅう計画】６時間くらい　＋しけん（１時間）

とい に つなぐ

1　たん元の見通しをもつ。　2時間
（ア）「お手紙」を読む。
（イ）学しゅうかだいをなんども読む
（ウ）モデルをきちんと読む
（エ）学しゅうけいかくをおぼえる

とい を 立てる

（オ）といを立てる。　《私の問い》

> たいせつ
> じんぶつがしたことやようすを思いうかべる
> ●お話にあることばや　絵から、じんぶつがしたことやようすを考える。
> ●じんぶつが、そのことを　したり言ったりしたのは　どうしてなのかを考える。

とい と むきあう

2　「言いました」のなかまのことばをあつめる。　1時間
3　さくひんをなんども読みながら、なかまのことばをもっとあつめる。
4　書きかえたいばめんをえらんで、なかまのことばをあてはめながらなんども読む。　2時間
5　書きかえる。そのあと、はっぴょう会のれんしゅうをする。
6　「書きかえはっぴょう会」を通して「お手紙」をあじわう。
7　たん元のふりかえりをする。　一枚に書く　1時間
（カ）学しゅうのふりかえり・さくひんのふりかえり
（キ）先生から
（ク）力をたしかめる（かつようだい）　1時間
＊はじめて読むお話の「　　。」のつづきを書きかえる。

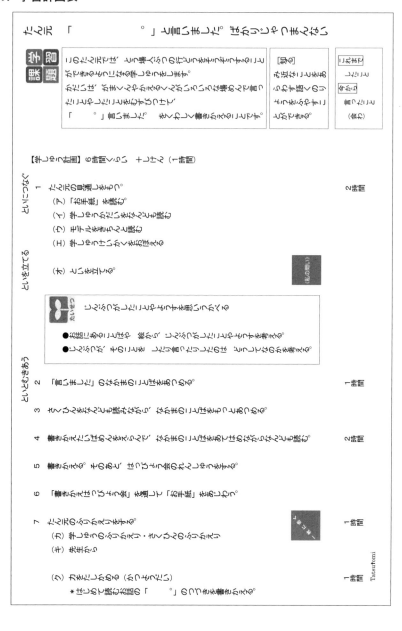

Tatsutomi

第23章 「校内研究」で成長する

コラム 校内研究で職員室が成長する

本多ひとみ

1. 何のための研究なのか

20代、中学校国語教師の時。国語の授業の楽しさや深さを子どもたちに届けたくて大学の研究室で行われる勉強会に参加していました。会に実践を持ち寄り、磨きあい、次の授業へと繋げていく。立ち塞がっていた壁が少しずつ崩れていき、うまくいかない授業にへこんでいた気持ちも癒されていく。終わる頃には明日の授業が楽しみになっている。そうやって授業の作り方を学んでいきました。

50代の私は、小学校の校長になりました。初めての小学校勤務では様々な違いを経験しましたが、その1つが「校内研究」でした。担当する教科が違う中学校では、教科を絞った校内研究はありませんから学校の外に学びの場を求めていました。小学校では「国語」の授業に絞って校内研究を進めることができます。職員一丸となって国語科の校内研究に取り組む姿を勝手に妄想していました。

しかし、そううまくはいきません。中学校の国語科教師と違って、小学校の教師は国語科だけを深めることはできません。部活動の指導こそないものの、複数の教科の教材研究に追われる小学校教師の忙しさには目を見張るものがありました。また、全員が国語の授業を得意としている訳でもありません。でも、子どもたちの言葉や感性を育て、時数も多い国語の授業を研究することで、学校は大きく成長するはず。そして、先生たちのこれからの教職生活を豊かにしてくれるはず。校長として勤めた2校で、校内研究の教科に国語科を選びました。そして、時代は「学力向上」を求めていました。

2. 校内研究の壁

さて、私が夢見た校内研究を阻む原因は複数ありました。1つ目は、学習指導要領ではなく教科書の指導書を頼る習慣。これは小学校だけではなく、国語科を専門とする中学校にも未だに多く見られます。2つ目は、指導案通りに進む授業が最高であるという幻想。この幻想は、小学校の多くの教師に見られ、しかも指導技術の高い、経験豊かな教師ほど、この幻想に魅了されているようでした。一言一句発言することを決め、板書を決める。全て計画通りに進む授業を良しとする。そこで子どもに身につくのは、教師の思考を読む技術です。子どもの発想を拾い、伸ばすことはできず、子どもが教師を超えていくことはありません。しかし、私たちは知っています。時として、子どもが教師の思いもしない発言をし、それが学級全体の思考をぐんと飛躍させることを。発言する子もしない子も、みんなまとめて成長させることを。そんな授業に出会った時、教師としてのこの上ない喜びに包まれるのです。

私たちが目指しているのは知識や技法のみを教えることではなく、自ら課題を見つけその解決に向かうことができる子どもを育てることです。そのためには、≪私の問い≫に取り組むことは大前提であると考えています。だから、校内研究では「ここから始まる国語教室」の授業に取り組むことにしたのです。

最初は先生たちに受け入れられませんでした。「問いを立てる」ってどういうこと？学習課題はどうやって作るの？と言われても、自分自身がしたことがない授業をうまく説明することはできませんでした。でも、「これだ」という確信が私の中にはあったのです。国語科教師として勉強会で授業研究を進めていた私が目標とする国語の授業は、まさにこれなのだという確信。国語の授業は教師が思う答えを子どもに言わせることではなく指導事項を習得させることなのだ、という自明の理が受け入れられない教育現場において、この方法なら、そこから脱却することができる。子どもたちを伸ばし、教師としての力量を高めることもできるはずだという強い思いがありました。

そこで、達富先生にスーパーバイザーを依頼し、授業を作っていくことにしました。放課後、学年ごとに校長室を訪れ相談をする先生たち。授業者だけではなく、学年みんなで校長室で授業を作ります。若い先生たちが積極的に質問をする姿に感動し、ベテランの先生が挑戦する姿にも感動します。これだから、研究はやめられないのです。自分に理解できないことを排除するようでは研究は進みません。経験していないこと、受け入れがたいことにも挑戦し、そこで正誤を判断していく。そういう教師でなければ、ICT 機器の導入等めまぐるしく変わる教育環境の中で、子どもを指導していくことはできないのです。大切なのは現時点でできていることではなく、挑戦して、習得し、習熟していくことです。理解できないから挑戦しない、というスタンスの先生が 1 人もいなかったことが、時津東小学校の大きな力となりました。それでこそ、学校は成長していくのです。

3. 子どもが育ち教師が成長する校内研究

3.1　まずは《私の問い》「学習課題」「一枚に書く（コンパクトライティング）」

いちばん大きな壁は《私の問い》を立てることでした。《私の問い》があるからこそ、子どもたちは必死に学習材に向かいます。教師の読みを忖度するのではなく、自分の答えを見つけようと言葉と向き合います。そこでこそ、《私》の考えが育成されていくのです。よく「《私の問い》でなければいけないのですか。今まで通り、みんなで課題解決に向かう方法でいいのではないですか。」と質問されます。しかし、1 つの作品に対して、学級全員が同じ思いをもつことはほとんどありません。もちろん、具体的な読みの中で、はずしてはいけないことも多々あります。当然それは押さえながらも、全く同じ答えに向かわないことのほうが多いのです。《私の問い》は、「私だけの問い」でもあり、「みんなの問い」でもあります。だからこそ、1 人 1 人が伸び、共有する過程で学級全体が伸びていきました。

《私の問い》から紡ぎだされた言語活動は、「一枚に書く」こととして姿を表すことがあります。1 枚の紙に書きまとめられたことは、書き手の考えの集大成であり、言葉や作者と向き合った証でもあります。簡単に書けることは「一枚に書き切ること」の利点であり、それゆえ子どもたちを苦しめます。制限された字数の中で、指定された言語活動を形づくることは、たやすいことではありません。だからこそ、「一枚に書く」形式の言語活動は、子どもたちを成長させるのです。

「学習課題の設定」は授業の根幹を成すものです。「指導事項」「思考操作」「言語活動」の 3 つで構成されるこの活動によって、教師と子どもは授業の全体像をイメージすることができます。教科書会社の指導書の通りにする授業を離れ、学級の実態やそれまでの学習状況から指導事項を設定し、それを身に付けさせるための言語活動を考える。子どもに明確に伝わる思考操作を考える。こう記述すると、学習課題の設定に順番があるように感じてしまいますが、実際は学習材を含め、全てを総合的に考え、学習課題を設定していきました。こうやって学習課題を設定した教師は、もう迷うことはありません。授業の中で、子どもたちに確実に指導事項を身に付けさせることができるのです。難しいけれど、全ての教師に経験してもらいたいことです。

国語科の授業で学習課題の設定ができるようになった教師は、他の教科や総合的な学習の時間にも、この考え方を取り入れるようになります。担任を受け持っていない教師は、受け持ちの専科の授業で学習課題を設定し、《私の問い》を立て、「一枚に書く」ことを活用していきました。そうした授業を組み立てている教師の指導にはブレがありません。「国語科」の研究は、全ての学習指導の質を高めていくことになりました。

3.2　研究の可能性と全職員の力を信じて進む

この校内研究が他の研究と大きく違っていたのは、研究が「研究主任のもの」「一部の授業が上手な先生のもの」ではなくなったことです。研究発表会では、研究の成果を授業の場で示すことになります。だから、授業者には授業に定評がある先生を選びがちです。研究をうまく進めるために、研究主任には過去に経験がある先生や、ある程度ベテランで、先生たちが言うことを聞いてくれそうな先生を選びがちになります。その根底には、「研究とはこういうものだ」「授業はこうあるべきだ」という思い込みがあるのではないでしょうか。しかし、そのように既に定説となっている理論をなぞり、少し進化させるものは、私は研究とは言えないと思います。こうやればよい、という理論は確立していないけれど、その理論に可能性を感じ、まちがいなく子どもも教師も成長する研究こそ、本物の研究だと考えています。それが、《私の問い》「学習課題」「一枚に書く」を取り入れた、まだなんと称してよいかわからないこの研究だったのです。

授業者は、各学年から1人ずつ立候補してもらいました。若手、ベテランとりまぜた授業者の構成でした。各学年3学級あるのですが、中堅とベテランが立候補してくれた学年、若手がすぐに名乗り出てくれた学年、自分の授業が確立しているがゆえに戸惑いながらも、ベテランが立候補してくれた学年。様々なドラマがありました。

授業に定評があり、見事な道徳の授業を公開してくれた先生は、自分の進める授業との違いに大いに苦しみました。授業を何度もつくりあげては元に戻すことを繰り返しましたが、当日は研究理念を見事に示してくれました。6 年生の授業には、町内中学校の校長先生が 2 人とも参加してくれました。授業を見ながら、「この授業を中学校の先生にも見せたい」といってくださり、後日中学校の国語の先生に別の単元の授業を公開することになりました。授業者にとっては大変なことですが、子どもたちが進学する先の先生に見てもらうことは、何よりも子どものためになると思ったのです。この授業者は、国語の授業はあまり得意ではないと言いながらも、だからこそ研究当初から積極的に取り組み、校内研究に貢献してくれました。

研究主任には、初めて研究主任を務める中堅を抜擢しました。研究主任の苦悩を間近で見ながら、それでもこの研究の成功を確信していました。ベテランの教師に真摯に接し、若手授業者をリードする姿。その姿に、協力しない教師は 1 人もいないと信じていたからです。思った通り、研究は行きつ戻りつしながらも、想像以上の深まりを見せました。1 人 1 人を伸ばすことができるのが研究の醍醐味です。確立された理論をなぞっていては見られなかった、1 人 1 人の成長です。

3.3 1 人 1 人の声で研究の幹は太くなる

わからないからこそ、誰もが発言できる研究。放課後の職員室では、授業づくりを語る若手の声も響いていました。子どもが自らタブレット端末に入力する《私の問い》の一覧の作り方は、なんと第 2 学年から提案されました。2 年生の子どもたちが《私の問い》を各自で入力し、教師がそれを一覧表にまとめるのです。このことによって、《私の問い》の一覧作成の手間がぐんと軽減されました。研究主任が指示をしなくても、それぞれの教師がアイデアを出し合い、それが学校全体に広がっていきました。教師 1 人 1 人が、それぞれの立場で、それぞれのペースで伸び、それが学校全体へと波及していく。そうやって研究の幹が太くなっていきました。

《私の問い》「学習課題」「一枚に書く」の相乗効果で、子どもたちは確実に成長していきました。最初に書いた「時代が求めている学力向上」に直結したのは、「一枚に書く」ことであったように思います。形式を指定することでまずは誰もが取り組みやすく、書きなれていく。友だちの「一枚に書いたもの」から自ら学んでいく。「書く」という学びの道具を全ての子どもたちに手渡したい。書くことは、自己表現の手段を得ることであり、その手段を得たことで、自分の生活に向き合い未来に向かっていくことができます。書けることは、生きていく上での大きな力となるのです。

結果的に子どもたちの書く力が向上したことが、各種学力調査で証明されました。学力調査を指標とすることに賛否両論はありますが、子どもが伸びているという実感は、教師にとって大きな力となります。学力調査の結果を緊張して待つ教師の姿は、子どもを伸ばそうと取り組んできた証です。真剣に子どもを伸ばそうとした教師が、結果にこだわらないはずがないのです。時代が求めている「学力向上」にも応えることができました。

4. 子どもが求める授業を

研究の 1 年目、令和元年度の 3 学期。学校が突然休校になりました。6 年生はもうすぐ「海の命」を扱った「読むこと」の学習に入ろうとしていました。突然の休校に「海の命」の学習計画を配布することができずにいた担任に、「休校中も、学習計画があれば勉強できる！」と言い張り、放課後には自分なりに考えた言語活動をもってきた子どもがいました。それは、自分と主人公「太一」の対話を LINE 風に仕上げたものでした。

学習計画に基づいた授業を実施する中で、子どもたちは自ら学ぶことを身に付けていきました。教師の思考をなぞらせる授業では、子どもたちにうまれることのなかった発想です。私たちが校内研究で目指した国語科の授業が、そして私が 20 代から求め続けていた、子どもが主体的に学ぶことができる国語教室が、今まさに、ここから始まろうとしています。

（ほんだ・ひとみ）

コラム 校内研究で教員が成長する

西原 宏一

1. 子どもが思い描く幸せを実現するための学力

子どもの学力を伸ばすことは、学校や教師に求められる当然の使命です。それは、これからの社会がどんなに変化して予測困難になっても、自ら課題を見付け、自ら学び、自ら考え、判断して行動できる力が、それぞれに思い描く幸せを実現するために必要だからです。そのために、学校においても自校の現状と課題を把握して、校内研究等を通して授業改善を図り、日々学力向上に努めています。

しかし、ふと思い返してみると、その成果を振り返り、誠実に検証してきたのだろうかと思います。確かに、教育の成果を数値化することは難しいことです。「学力」と言っても、広義の意味があります。また、「不易と流行」と言われるように、時代の変化とともに求められる学力の変容もあります。その学力を測る機会としては、全国学力・学習状況調査や各都道府県で行われる学力テスト等があります。全国学力・学習状況調査の結果に関しても、「学力の特定の一部分であり学校教育活動の一側面を示すもの」と文部科学省も謳っています。そうした理由から、自分の学級や学校の結果についても、都合よく解釈し、真摯に自分の実践を振り返っていなかったところもありました。しかし、本当にそれでいいのでしょうか。やはり、全国学力・学習状況調査が学力の特定の一部分であったとしても、その結果について自分の授業や校内研究の方針との関連性を丁寧に振り返り、改善していく必要があるように思います。

現在、私は市教育委員会の指導主事として、複数の小・中学校の校内研究に呼んでいただき、学校と共に学力向上に向けて学び合っています。そこで、3つの学校について、「主体的・対話的で深い学び」の視点からの学習過程の改善と学力テストの結果から分かることを丁寧に見ていくことにします。

本コラムでは、各学校の学習過程の改善を、①「学習課題」の設定、②《私の問い》、③「一枚に書く」の3つの視点から整理して、学力テストの結果としては、佐賀県小学校学習状況調査(12月実施)を用いて検証していきます。

2. 校内研究における学校の変容とその成果

2.1 A 小学校（全校児童 323 名、17 学級）中規模校

研究主題（令和 4 年度）
「主体的に学びに向かい、自分の考えをもつことのできる児童の育成」
～全教科・全領域における「学習課題」を基盤とした授業作りを通して～

○学習過程の改善

A 小学校は、令和 2・3 年度は、「学習課題」の設定の工夫を手立てとした授業改善を校内研究の中心に据えて、国語科の校内研究を行いました。A 小学校では、「学習課題」を基盤としながらも、《私の問い》、「一枚に書く」にも力を入れています。さらに、令和 4 年度からは、「学習課題」の設定を全教科・全領域に広げて研究を進めています。

指導案検討や研究授業で A 小学校に通いはじめて 3 年目になりますが、特筆すべきところは職員室の変容です。職員室の中では、学習課題や子どもの思考について、あちこちで話されています。学習指導要領を片手に、若手の先生とベテランの先生が語り合っています。その姿を見ていると、学習課題、《私の問い》、「一枚に書く」という手立ては、子どもが主体的に学びながら力を付けていく方法であると同時に、教師同士が子どもの声から学ばせてもらうための学びをつなぐキーワードでもあるのだと思わずにはいられませんでした。そして、この職員室の変容の大きな原動力となったのは、担任と一緒になって子どもの学びを熱く語り合う、この研究を行っていたときの 2 人の校長先生の熱意であると感じています。

A 小学校は、令和 4 年度から、自由に参観できる研究授業をたくさん行っています。合言葉は「数をこなす」。研究授業が特別な時間でなく、日常の授業とつながっていくための大切な視点です。略案には、学習課題と学習活動を書き、時間は見てもらいたい 10 分～20 分程度の時間を明記します。授業研究会は原則当日行い、30 分経てば必ず終わります。ただし、出た意見は同時進行でデータ化して保存します。全教科・領域に広げた今年度の研究においては、国語科のみならず他教科における学習課題の設定の仕方について議論が深まっています。A 小学校を歩けば、「国語教室」での学びの広がりを他教科の学びからも感じ取ることができます。

〇学力テストの結果（佐賀県学習状況調査をもとにした A 小学校成果）
※数値は、佐賀県の平均点を 1 とみた場合の達成率

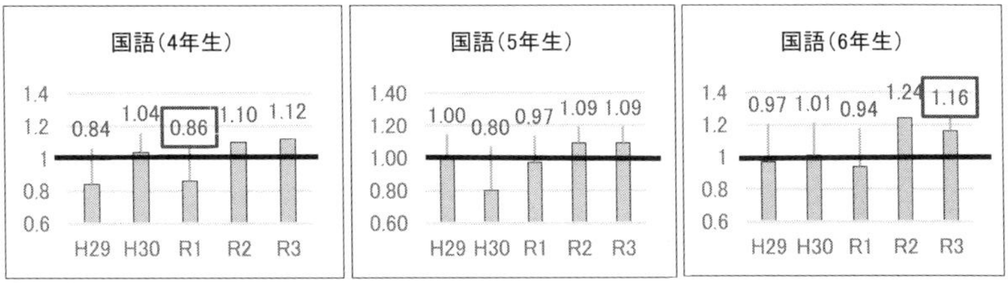

グラフから分かるように、校内研究で国語科に取り組み始めた令和 2 年度以前は、対県比 1.00 に達していないことが多かったのですが、令和 2 年度からの 2 年間を見ると、対県比 1.00 を全ての学年で上回る結果が出ています。経年で見ますと、令和元年 4 年生と令和 3 年 6 年生を比べると、2 年間で 0.30 ポイント上昇していることも分かります。

2.2 B 小学校（全校児童 826 名、34 学級）大規模校

研究主題（令和 2・3・4 年度） 「主体的な学びの創造」 ～読解力を高めるための指導の工夫～

〇学習過程の改善

B 小学校は、令和 2 年度より 3 年計画で「主体的な学びの創造」を主題として研究を進めています。「学習課題」を設定し、《私の問い》を立てて学んでいます。「一枚に書く」は、特に 3 年次に力を入れて研究を深めています。また、1 学年 4～5 クラスあるために、学年で指導案検討したり、授業を見合ったりして学年団として結束して研究を進めている学校です。B 小学校の研究主任の言葉です。

「令和 2 年度より、主体的な学びの創造として授業改善を図りました。明らかに違ったのは、子ども達が《私の問い》を解決しながら、学習課題を達成するために、教科書の本文を何度も読み返すようになったことです。文章と向き合い、自分の中で対話をするかのように集中した時間を過ごす子も多くいます。そして、対話をしながら考えをまとめたり、深めたりしていく中

で、徐々に自分の学習を調整することができるようになってきています。」

B小学校は、職員数が多く、令和2年度に大きく校内研究の舵を切ったときには気持ちが乗らない教師も見受けられました。研究初年度、4年生の全校授業研究の折に、指導案とともに、学年主任より次のような疑問や不安が記されていました。

○今年度の研究が始まって8か月…大切なこと・考えたいこと 「単元で身に付けさせたい力をみんなにこの形式の学びでつけられるのか？」 「子どもにどこまで任せるのか？信じ切れるのか？」、「どのくらいで花が咲くのか？」、「教師はどこの場面でどのように子どもと接し、指導するのか？」など

このような本音が言語化されるのは、とても貴重なことだと思います。「子どもを信じ切れるのか？」子どもが主体的に学び、力を付けていくためには、教師が子どもの力をみくびらないことが大切です。子どもの力を信じることから始まります。B小学校の校内研究では、「自分たちはできるんだ」という事実を子どもから教えてもらい、そこから研究は深まっていったように感じています。

B小学校は、令和4年度は、単元末の振り返りの「一枚に書く」と活用題のありようについて研究を進めています。単元で学んだことが力として付いているのか確認する振り返りや活用題は、子どもたちが自分の力をメタ認知することになるだけでなく、教師は自分の指導の在り方を振り返る絶好の機会となります。また、全ての子どもに力を付けるための、大切な評価の時間となります。

○学力テストの結果（佐賀県学習状況調査をもとにしたB小学校成果）

※数値は、佐賀県の平均点を1とみた場合の達成率

グラフから分かるように、校内研究で国語科に取り組み始めた令和2年度以前は、対県比1に達していませんでしたが、令和2年度以降は、対県比1をやや上回る結果が出ています。経年で見ますと、令和元年4年生と令和3年6年生を比べると、2年間で0.20ポイント上昇しています。

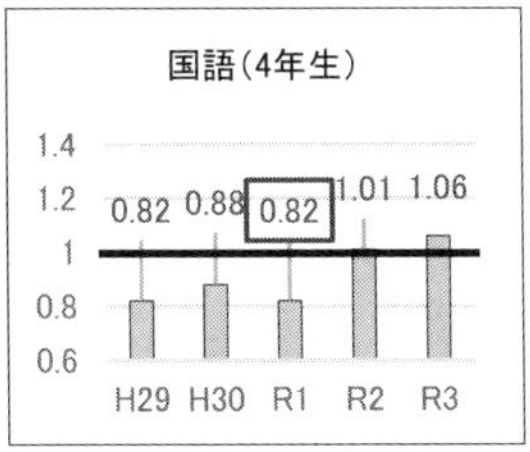

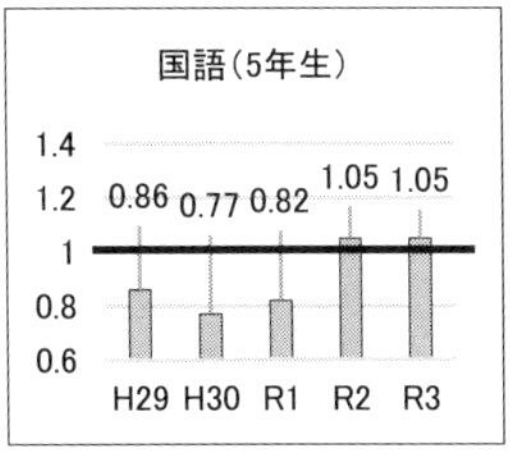

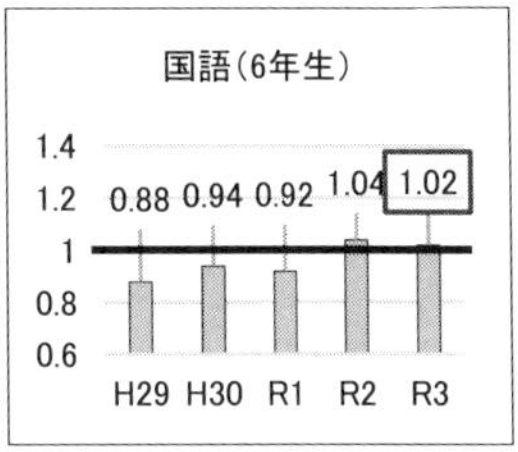

2.3 C小学校(全校児童65名、7学級)小規模校

> 研究主題(令和2・3・4年度)
> 「学びをつなぐ小中一貫教育の実践」 ～児童生徒1人1人を大切にした主体的・協働的な学びを進める教育活動～

○学習過程の改善

C小学校は、明確に学習課題や《私の問い》などを研究に位置付けているわけではありません。しかし、管理職や研究主任、6学級中3学級の担任が前任校で学習課題や《私の問い》を研究していたことから、校内研究の中に自然とその内容が盛り込まれています。小中一貫校でもあるために、令和2・3年度は、研究の中心を総合的な学習の時間に絞っていました。総合的な学習の時間の単元作りにおいて、「資質・能力」を明確にした単元構想をする際に、学習課題を設定する考え方が生かされていました。また、研究授業において、《私の問い》を解決しながら主体的に学ぶ子どもの姿から、単元作りや授業作りの研究を深めています。

C小学校は山間部にある小規模校で、多くの児童が帰りは巡回バスで帰ります。そのバス待ちの時間を使って、管理職も総出で習熟の時間を取っています。また、朝のスキルタイムの活用もとても充実しています。次のデータでも分かるC小学校の学力の急伸は、授業過程の改善と学校全体で取り組む知識・技能の習熟の徹底が功を奏したと考えられます。

○学力テストの結果(佐賀県学習状況調査をもとにしたC小学校成果)

※数値は、佐賀県の平均点を1とみた場合の達成率

C小学校も研究に取り組み始めた令和2年度から学力が急激に伸びています。経年で見ますと、令和元年4年生と令和3年6年生を比べると、2年間

で0.29ポイント上昇しています。また、他教科においても学力が大きく伸びています。C小学校は、「国語教室」からはじまる学びと学校の特徴を活かした全職員での取組で、子どもの生きる力を確実に育んでいます。

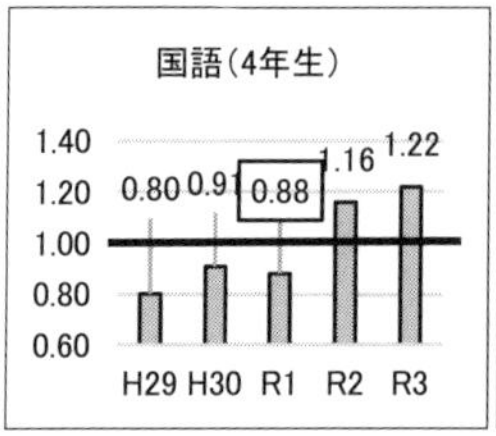

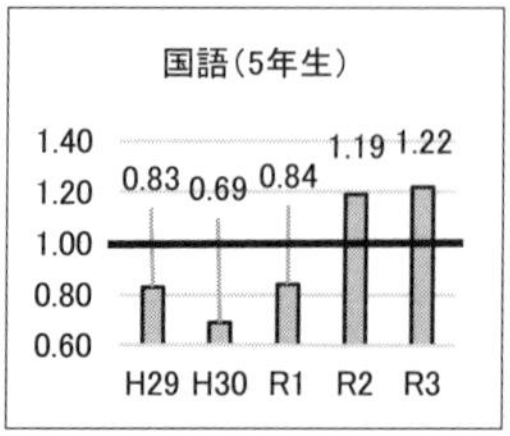

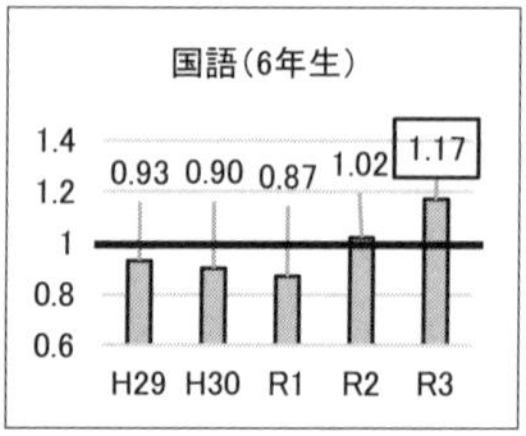

3. 国語教室づくりは教師の幸せな時間

今回は3校を紹介しましたが、学習課題・《私の問い》・「一枚に書く」を中心とした校内研究を行っている全ての学校において、学力の伸びが見られました。また、どの学校においても、国語科だけでなく、社会科・理科・算数科も学力の伸びが見られました。これは、『国語科は、学習の基盤となる資質・能力である「言語能力」の育成に果たす役割は大きい』と学習指導要領に明記されているように、国語科の学力向上は他教科へも大きな影響を与えることが分かります。また、他教科への転移は、国語科における主体的な学びが、子どもの「学びに向かう力」を高めたため、という見方もできると感じています。

指導主事として、多くの学校の校内研究に関わり、たくさんの教師と語り合ってきました。その中で、「全く学びに向かう意欲がなかったAさんが、こんな振り返りを書いたんです！」と目をきらきらさせてノートを見せてくれたり、子どもの変容を涙ながらに語ったりする先生方とたくさん出会いました。点数が上がったことが成果ではなく、教室にいる1人1人の子どもが学びがいを感じ、自分が思い描く幸せを実現するための力を付けていることを実感できるようになったことが何よりの成果であり、その起点となっているのが「国語教室づくり」であったと言えるでしょう。

「国語教室」からはじまる学びは、教科の枠を超え、教師自身がどのように単元を創っていくべきかを学び、子どもの思考に寄り添いながら子どもを信じ、そして共に学び浸ることにつながっているように思えます。そして、教室の事実から学び合う教師の表情は生き生きとしており、活気がみなぎっています。教師であることを誇らしく思える時間です。学習課題・《私の問い》・「一枚に書く」による国語教室づくりは、教室の声に学ぶ教師の幸せな仕事です。

（にしはら・こういち）

あとがき

何を捜しているのか、何を待っているのか――

長崎県五島列島の小さな小学校から僕の教師の仕事ははじまりました。国語教育の全集を読んで専門性を高めようとすることよりも、とにかく子どもの声を聞き、子どもと語り合うことに夢中になったことがよかったのでしょう。夕立が潮騒に咲く向日葵の花弁を揺らすころには、すっかり島の言葉で授業ができるようになっていました。麦わらで飛魚を焼く煙が浜辺のコスモスの上に流れていく宵には、島の年寄りと焼酎で騒げるようになっていました。言葉は生活の中で使いきるからこそ使いこなせるようになる。言葉の力は言葉の営みの中で成長しつづける。「行為の国語教室」、生涯、僕が追い続けることになる授業像は赤い屋根の教会の鐘が響くこの小さな島での暮らしによってつくられたのです。

僕が捜していたのは、生活の中の行為の言葉だったのかもしれません。

僕が博士論文としてまとめた研究テーマは「教室談話における教師の授業コミュニケーション力の研究」です。トランスクリプションにするための1000時間を超える教室談話のデータは、カセットテープの中のこの島の教室の声からはじまります。島を離れ、いい格好をしようとしていたのか流行りの指導法をつまみ食いし、難しい理論で塗り固められた借り物の授業観に振り回され、教師の仕事が見えなくなりかけていた僕は、カセットテープの声を聞き直すたびに、我に返り、また「行為の国語教室」へと戻るのです。

僕が捜していたのは、生活の中の行為の言葉にちがいありません。

長崎を終の棲家と決め、もう一度、教室の声に学ぼうと九州各県の教室をたずねてみることにしました。鹿児島、霧島、姶良、長島、屋久島、天草、宇土、宮崎、都城、大分、佐伯、福岡、京築、行橋、佐賀、唐津、鹿島、長崎、西海、時津、そして上五島。どの教室にも、不器用だけど子どもの声を丁寧に聞くことだけは譲らない教師たちがいました。

あれから 10 年。僕のもとに届いた質問の手紙。僕は便箋に下手な作文を綴るよりも、いつもの鞄を抱えて手紙が来た道を旅し、いつまでも語り合いました。教師たちは分かったような顔をして教室に戻り、また手紙をよこし、僕もまた線路に揺られる。この繰り返しがきわめてよかったのです。

この誠実な教師たちと放課後の教室で交わした「行為の国語教室」についての旅の往復書簡をもとにして教師の仕事を『ここからはじまる国語教室』として 1 冊に纏めることができました。

僕が捜していたのは、生活の中の行為の言葉を聞くことだったのです。

そのしるしは声です。声を聞かせてくれる人と呼吸を合わせることです。

僕もまだ本当のことは分かっていません。こうして綴ったとたん、新しい気づきが生まれてくるのですから。ただ、それが楽しいのです。だからもっと学びたいのです。ずっと一緒に学び、きっと成長しましょう。

僕が待っているのは、ともにいてくれる仲間の声なのです。

原稿を書くことより教室を訪ねることに夢中になり、何度も出版を見送ろうとした僕に、気長に付き合ってくださったひつじ書房の松本功さんに感謝しています。

そして、本当に何も分かっていない僕を「教室で言葉を教える」という望まれた仕事に導いてくださった恩師、清原久元先生と大村はま先生、健康な体と人に伝える声をくれた母、達富千代子に本書を捧げます。

2023 年 4 月 9 日　　母、達富千代子米寿の誕生日、そして復活の主日に

長崎県三浦町教会にて　達富洋二　Paul. TATSUTOMI. Yohji

参考文献

・『問う力を育てる理論と実践』、小山義徳・道田泰司編（2021）、ひつじ書房
・『「指導と評価の一体化」のための学習評価に関する資料』（文部科学省 国立教育政策研究所 教育課程研究センター（2020）、東洋館出版社
・「国語科単元において学習課題から《私の問い》を立てること―教師は学習者の学びの立ち上がりのために何をどのように調えることが必要か―」、達富洋二（2019）、『国語教育研究』、日本国語教育学会、№567
・「連載 言葉による見方・考え方を働かせる語彙学習」達富洋二（2019.4－2020.3）、『教育科学 国語教育』、明治図書
・『小学校学習指導要領解説国語編』『中学校学習指導要領解説国語編』、文部科学省（2018）
・『コンパクトに書く国語科授業モデル』、森山卓郎編（2016）、明治図書
・『資質・能力を育てるパフォーマンス評価』、西岡加名恵（2016）、明治図書
・『たった一つを変えるだけ』、ダン・ロススタイン、ルース・サンタナ（2015）、新評論
・『文字を手書きさせる教育－「書写」に何ができるのか』、鈴木慶子（2015）、東信堂
・『学習意欲の理論』、鹿毛雅治（2013）、金子書房
・『自律者の育成は可能か』、岡田敬司（2011）、ミネルヴァ書房
・『国語教育の新常識』、森山卓郎・達富洋二編（2010）、明治図書
・『「学び」の認知科学事典』、佐伯胖監修（2010）、大修館書店
・『人間形成にとって共同体とは何か』、岡田敬司（2009）、ミネルヴァ書房
・『国語学室の思想と実践』、倉澤栄吉（1999）、東洋館出版社
・『コミュニケーションと人間形成』、岡田敬司（1998）、ミネルヴァ書房
・『楽しい語句・語いの指導』、東京都青年国語研究会（1994）、東洋館出版社
・『人はいかに学ぶか』、稲垣佳世子・波多野誼余夫（1989）、中公新書
・『第三の書く』、青木幹勇（1986）、国土社
・『教えながら 教えられながら』、長野県国語教育学会編（1986）、東条小学校
・『大村はま国語教室』、大村はま（1982）、筑摩書房
・『書きながら読む』、青木幹勇（1976）、明治図書
・『発問・板書・展開』、青木幹勇（1976）、明治図書
・『教えるということ』、大村はま（1973）、共文社
・『国語教室の実際』、大村はま（1970）、共文社
・『授業における問答の探求』、古田拡（1963）、明治図書

索　引

編者・執筆者紹介（＊は編者）

達富 洋二* 佐賀大学・長崎純心大学
国語科教科書編集委員（光村図書）
〈経歴〉
大阪教育大学教育学部（夜間課程）、京都教育大学大学院国語教育専修、金沢大学大学院人間社会環境研究科博士後期課程、博士（文学）
長崎県五島列島の小学校、大阪市立小学校、大阪教育大学附属天王寺小学校、京都教育大学附属京都小中学校、佛教大学を経て現職
〈著書〉
『国語教育の新常識』，森山卓郎との共著，明治図書，2010
『新たな時代の学びを創る 小学校国語科教育研』，全国大学国語教育学会編，東洋館出版，2019（分担執筆）
〈論文〉
「国語科単元において学習課題から《私の問い》を立てること」，国語教育研究』No.567，日本国語教育学会，2019
「教室談話を編集する過程における教師の聞く行為の研究」，『人間社会環境研究』第 21 号，金沢大学人間社会環境研究科，2011

赤城 孝幸 熊本県天草市立牛深東中学校（現・上天草市立湯島中学校）
赤木 裕佳 長崎県大村市立桜が原中学校
荒牧 剛志 熊本大学教育学部附属中学校
江里口 大輔 佐賀県佐賀市立本庄小学校
小川 将吾 熊本県天草市立栖本小学校（現・美里町立砥用小学校）
上戸 亜紀 長崎県時津町立時津東小学校
河野 隆啓 鹿児島県霧島市立横川中学校（現・いちき串木野市教育委員会）
桐谷 祥平 長崎県長崎市立小ヶ倉中学校（現・プラハ日本人学校）
栗原 奈々 佐賀県佐賀市立鍋島小学校
古賀 太一朗 佐賀県佐賀市立若楠小学校（現・佐賀市立本庄小学校）
小林 明子 長崎県新上五島町立今里小学校（現・長崎市立山里小学校）
坂本 大地 長崎県西海市立西海東小学校（現・新上五島町立若松中央小学校）
笹野 万葉 長崎県諫早市立北諫早中学校
佐藤 健一 宮崎大学教育学部附属小学校
下中 一平 熊本県天草市立本渡南小学校（現・熊本県教育センター）
髙木 公裕 佐賀県佐賀市立西与賀小学校（現・吉野ヶ里町立三田川小学校）
田﨑 信子 佐賀県佐賀市立城西中学校（現・佐賀市立金泉中学校）
竹中 奈月 長崎県時津町立時津東小学校（現・長崎県教育センター）

寺園 麻衣　鹿児島県長島町立鷹巣小学校（現・鹿児島市立田上小学校）
寺田 愛子　長崎県佐世保市立日宇中学校
中島 絵梨香　佐賀県鹿島市立明倫小学校（現・鹿島市立北鹿島小学校）
中村 恵理　鹿児島県屋久島町立安房中学校
西原 宏一　佐賀県佐賀市立思斉館小学校（現・佐賀市教育委員会）
原口 創　福岡県西南学院小学校
平田 昌志　佐賀県佐賀市立本庄小学校（現・ナイロビ日本人学校）
藤岡 浩　鹿児島県鹿児島市立坂元中学校
渕上 知子　佐賀県教育委員会
本多 ひとみ　長崎県時津町立時津東小学校校長（現・活水女子大学）
前田 壮一　鹿児島県鹿児島市立郡山中学校（現・出水学園出水中央高等学校）
三浦 祐貴　長崎県平戸市立平戸小学校
溝上 剛道　熊本大学教育学部附属小学校
村永 理恵　鹿児島県鹿児島市立吉田北中学校
山口 かおり　長崎県松浦市志佐小学校
幸 里美　大分県大分市立明野西小学校

ここからはじまる国語教室

The First Steps in Creating a Japanese Language Class

Edited and authored by TATSUTOMI Yohji

発行　2023年 4月17日　初版1刷
2023年11月15日　2刷

定価　2400円＋税

編著者　© 達富洋二

発行者　松本功

装丁者　三好誠（ジャンボスペシャル）

印刷・製本所　三美印刷株式会社

発行所　株式会社 ひつじ書房
〒112-0011 東京都文京区千石2-1-2 大和ビル2階
Tel.03-5319-4916 Fax.03-5319-4917
郵便振替 00120-8-142852
toiawase@hituzi.co.jp https://www.hituzi.co.jp/

ISBN978-4-8234-1196-0

[刊行書籍のご案内]

基礎日本語学　第2版

衣畑智秀編　　定価1,800円+税

初版刊行後要望の多かった「文字・表記」の章を加えリニューアル。日本語学の諸分野を包括的にカバーする入門書。音韻、文法、語彙、表記、文体の共時的・通時的記述とともに方言やコーパス、日本語学史、理論的研究についても解説。簡潔ながらも要点を押さえた記述で諸分野の導入を図るとともに読書案内も付し、ますます日本語学が学びたくなる一冊。執筆者：五十嵐陽介、平子達也、衣畑智秀、金愛蘭、橋本行洋、澤田浩子、田中牧郎、平塚雄亮、佐野真一郎、窪田悠介、山東功

国語科における「話し合い」学習の理論と実践

内田剛著　　定価7,800円+税

新型コロナウイルス感染拡大に伴うオンライン・ツールの普及によって、私たちのコミュニケーションは否応なしに変化を迫られている。このような変化の時期だからこそ、私たちは冷静に「話し合う」ことの重要性を再認識しなければならない。本書は明治期から現在における国語教育の「話し合い」学習が、どのような理論や目標に基づいて行われてきたかを分析した上で、今求められる「話し合い」学習の具体的な実践案を提案している。

国語科教育に求められるヴィジュアル・リテラシーの探究

奥泉香著　　定価5,300円+税

言語教育(特に国語科教育)を担当する教員が、文字のみで書かれたテクストだけでなく、絵や写真、図といった図像テクスト、さらにはそれらと文章テクストとの組み合わせから意味を構築したり、発信したりする授業を構想する際に、必要となる基礎的な理論枠組みを整理・提示した。学習者を取り巻くテクスト環境の変化に対応するため、本書ではこういった情報の形態の違いを理論的・意識的に整理・活用した授業実践の具体的なアイディアも提示している。

一人ひとりのことばをつくり出す国語教育

府川源一郎著　　定価2,800円+税

国語教育は、ことばによる一人ひとりの自立を支援する教育的営みである。学びの場でそれを具体的に実現するには、どのような準備と考え方とが必要なのか。本書は、この問題を以下の三つの観点から検討する。1. 国語科の教育内容の問い直し、2. ことばの学びの成立に関わる事例の考察、3. 史的観点からの位置づけの更新。新稿も含めて、著者による最新の成果を集成した創見に満ちた論考集。